陈春花 著

陈春花文集　　第二集

商业评论 ①
经营

华南理工大学出版社
SOUTH CHINA UNIVERSITY OF TECHNOLOGY PRESS
·广州·

图书在版编目（CIP）数据

经营/陈春花著．—广州：华南理工大学出版社，2018.9
（陈春花文集．第二集，商业评论；1）
ISBN 978-7-5623-5763-6

Ⅰ.①经… Ⅱ.①陈… Ⅲ.①企业管理 Ⅳ.①F272

中国版本图书馆CIP数据核字（2018）第191896号

Jingying

经营

陈春花 著

出 版 人：	卢家明
出版发行：	华南理工大学出版社
	（广州五山华南理工大学17号楼，邮编510640）
	http://www.scutpress.com.cn　E-mail:scutc13@scut.edu.cn
	营销部电话：020-87113487　87111048（传真）
总 策 划：	卢家明
策划编辑：	罗月花
责任编辑：	卢红兵　兰新文
印 刷 者：	广州市新怡印务有限公司
开　　本：	787mm×960mm　1/16　印张：22.75　字数：421千
版　　次：	2018年9月第1版　2018年9月第1次印刷
印　　数：	1～2000册
定　　价：	98.00元

版权所有　盗版必究　印装差错　负责调换

《陈春花文集》总序

对实践敬仰，守理论自信

如果不是这样的幸运，我相信这套文集不会有面世的一天。

我是幸运的。1982年开始能够在华南理工大学学习和工作，让我有机会置身于改革开放浪潮下的珠江三角洲这片热土。1992年开始，因为青年教师需要到基层学习和实践，我来到东莞厚街镇，在这里我直接接触并切身体会到乡镇经济发展的点点滴滴。之后由于学校的机缘到汕头春源集团任职，在这家香港企业家投资创办的加工企业参与管理，深入了解境外投资企业本土化的管理过程。随后，我开始有机会到康佳、TCL、科龙、美的、万和、顺德农商银行（原顺德信用合作社）、南方航空、深圳航空、南方电网、广东电信、珠江啤酒、香港星光集团、招商基金、威创股份、东方园林等企业做管理顾问工作或者主持咨询项目，与这些企业一起成长并拥有了长期近距离观察企业的机会。更有幸的是，2003—2004年出任山东六和集团总裁，2013—2016年出任新希望六和股份有限公司联席董事长兼首席执行官，2017年则接任新华都集团的工作。这些直接的管理实践，让我更清晰地理解管理研究与管理实践之间的融合度，也为我能够展开研究奠定了丰厚的企业实践基础。

而对我而言，最大的幸运是一直可以保有作为一个管理学教师和研究者的身份，与众多的商学院学生们一起学习和交流，见证和参与了中国改革开放40年间中国企业的成长与进步。这些经历无疑给了我巨大的帮助，让我能够因应企业的

成长去透彻理解管理理论的价值,去理解并找寻理论的本质内涵,去发现和发展管理理论与研究的真正意义。也正因如此,在过去30年从教经历中,可以针对管理问题展开充分的讨论,并形成了这些文字。企业实践中不断涌现出新的方案,也促使我的思考、研究与写作源源不断,那些实践激荡我的想法,甚至有无法停下来的感觉,这种感觉真的很好。感恩这所大学,感恩这片热土,感恩这个时代,感恩中国,感恩中国企业实践。

研究会带来什么?

当我决定做一个教师,把教学与研究作为终生职业的时候,我并未真的理解"研究到底意味着什么"。20多年前,我把自己的研究目标确定为研究"中国本土企业成长模式"时,我和我的团队开始对研究进行了漫长而艰难的思考,其产品就是那本《领先之道》。这本书的内容是对中国企业成长的分析,在其中,我们试图回答这些问题:一些中国企业为什么可以成为领先者?这个成长的过程到底发生了什么?这些影响因素是否可以让其他企业借鉴并获得成长?对于这三个问题的追问和探讨,持续了接近30年,我们持续给出阶段性的答案,这些答案帮助到一些企业成长,也帮助了我和我的团队成长。更重要的是,对这些问题的答案的不断追寻使我持续与企业互动,并将感悟持续融入教学、研究中,让更多人去关注这三个问题,去寻找属于每个思考过这三个问题者自己的答案。接近30年持续的研究,让我可以真切地理解研究带来的贡献到底是什么,研究本身给我的帮助是什么。

我深受彼得·德鲁克先生的影响,德鲁克先生1994年写给《经济学人》主编的信中再一次重申管理研究要解决实践问题。在信中,他列举自己1950—1971年间从事管理学研究和实践的累累硕果。这一时期,他完成了自己9部主要管理学著作中的6部;这一时期,他是纽约大学研究生院的全职管理学教授,其中有10年,他还在宾夕法尼亚大学沃顿商学院任兼职教授;他的主要商业咨询活动也是在这一时期完成的。这样的研究路径,让德鲁克的著作承载着其极具旺盛生命力的管理实践思想。

德鲁克先生认为,管理研究要解答实践问题。能提出管理实践中出现的问题并解决这些问题,是管理学进步的标志。在其一系列经典著作中,德鲁克回答了管理实践研究中最根本的问题:管理作为独特的组织活动如何设定自己的结构?管理中如何面对人?管理决策的依据是什么?管理的范围如何界定?管理实践界定的标准是什么?管理的成效如何评价?当德鲁克先生清晰、准确地回答了这些问题的时候,管理实践所取得的成效成为人类历史上最激动人心的一项创新。而对于管理教育应该如何具有价值,也应该如德鲁克先生所设计的那样,让管理者"可以把课堂上学的东西立即运用到他们的实践中,同时把他们在日常工作中的经验和问题拿到课堂上进行讨论分析"。

"比使命更重要的是实践"这句话是我总结德鲁克先生经典著作《价值贡献》一文的结束语。在点评先生的信件时,我忍不住还是用这句话做结束语,但是改动了一个词"行动"——"比使命更重要的是行动"。我们一直在思考德鲁克思想旺盛生命力的来源,最后发现其长盛不衰的原因就在于,作为旁观者的德鲁克的思考是如此地贴近管理实践的真实情况,以至于后人的所有优秀作品的重要观点几乎都可以从其思想中找到根源。德鲁克的思想可以被不同的个人和组织所接受,并且应用于不同的领域。正是源于他对于管理本质的界定:"管理是一种实践,其本质不在于'知',而在于'行',其验证不在于逻辑,而在于成果。"对于每一个管理学者而言,比使命更重要的是行动,就像德鲁克先生倾力实践他的使命一样。我是这样评价先生的,也是这样去要求自己的。

研究会带来什么?在管理学领域,研究可以解答实践问题。我的研究致力于关注中国企业的实践,那些存在于管理日常行为中的、对绩效和成长有意义的、充满着鲜明个性的却又隐含着共性价值的各种真实案例。在我看来,如果不能够真切地去观察、去理解并融入其中,是无法真正理解管理本身、无法真正理解管理理论本身的。管理研究的对象不仅仅是管理本身,同时也是管理研究及理论在管理实践中的位置,它对日常管理生活的意义,它在日常管理生活中的功能,尤其是它的思想方式和行为方式本身,都会直接或者间接地彰显着管理理论及研究的价值。如果作为管理研究学者,根本未关注到这些真实的管理对象,未能真正接受和理解这一事实,我们又怎么可能真正有对于管理理论与知识的自信呢?

波提舍(Sulpiz Boisser`ee, 1783—1854)说过一句让我记忆深刻的话:"对不引人注意之事的虔敬。"在19世纪的进程中,这一揶揄之词却成了充满敬意的话语，因为人们开始将许多被忽略的民间文化看作是文化的见证。每每想到这句话，我也总是对企业实践充满敬意，从1992年的东莞厚街开始，我几乎一半的时间都在与实践者交流、与实践对话，这些交流与对话，给了我用实践的视角去看待管理问题的帮助，正如哲学家恩斯特·布洛赫（Ernst Bloch）提出的警言，即我们不能隔岸钓鱼。

我也同样要求自己拿出另外一半的时间，保持与实践的距离，因为我把自己定位于一个研究学者，定位于一个让理论与研究创造价值的人，如果我完全陷入到具体的日常管理中，这又会导致我因缺少必要的时间和距离，无法去反思实践，无法去找寻理论的价值，或者只是满足于解决个案，满足于具体的实践绩效，而陷入到经验主义之中。

珠江三角洲企业的实践给了我莫大的帮助，这里有大量的企业实践、大量的创新和可见的绩效，这里区域经济发展和产业集群的功效，让我既可以看到企业成功的个案，也可以理解产业价值链的集合成效；让我既可以了解非经济因素的作用，也可以感受每一次外部环境变化对企业成长的影响；只要我踏实地走在这片土地上，这里的企业实践总是会以它们鲜活的事例，给我的研究以支撑和启示，甚至于我的很多观点完全是因为它们而得出。

保持对实践的敬仰，又坚守理论的自信，这就是过去近30年的研究带给我的帮助。正是这个帮助，让我可以安静而持续地做研究，可以真切地与中国本土企业成长互动，可以呈现出自己的思考和观点，并与企业实践做深度的对话。

研究学者会带来什么？

在我的初中学习生活中，因为宁齐堃老师，每一天我们都要提前一个小时到学校，大声朗诵《古文观止》《增广贤文》和唐宋诗词。年少的我并不知道这样的学习，对我意味着什么。到了大学的时候，我保留了阅读典籍的习惯，《大学》《论语》《道德经》《金刚经》《易经》和《六祖坛经》等，这些经书典籍的阅读，在其时我并不能够完全理解，只是因为阅读变成习惯，保持了下来。但是多年后，我才恍然大悟，这些不期然的、积极投入的朗诵和阅读，已经把这些经典沉淀在我的认知和秉性里，这些我早年并不理解的典籍，已经在多年前成了改变我人生埋入的种子。时至今日，这些看似遥远的典籍，却真实地解决了今天世事的苦恼与问题——怎样与自然相处？怎样与变化相处？怎样与人相处？怎样去发现和想象美好？选择怎样的生活？让我在今天，能够去理解"如何成为一个更好的人"和"如何创造一个更好的世界"的思维方式和可能性。

借助于怀特海在《教育的目的》一书中的一段话来说明我的想法，他在书中写道："要用充满想象力的视角去看任何人类组织的约束力，用充满同情的眼光去看人类天赋的局限性以及唤起服务忠诚度的条件。要掌握一些养生规律、疲劳规律和保持持久耐力的条件的知识。要富有想象地理解工厂的社会影响。要对科学对现代社会的作用有充分的概念。要懂得对别人说'不'或是'好'的原则，不是出于盲目的固执，而是出于对相关可选择的方案经过理智的评估后得出的坚定回答。"

无论是中国传统文化的典籍还是有关现代大学教育作用的诠释，都给予我们有关知识的魅力和价值的理解。美国《独立宣言》的作者杰弗逊（Thomas Jefferson）曾说："我们相信最终会证明，人是可以受理性和真理支配的。"先贤把知识比喻为一个代代相传的火炬，照亮着人类前行的路，并指向人类的理想。人类的自信心是由人类社会在获取知识进步方面所取得的成就而产生的自豪感，如果回顾人类发展的历程，进步的地方通常就是那些知识空前繁荣的地方。怀特海继续写道："学者的作用是唤起生活中的智慧和美……一个前进中的社会需要依靠这三类人：学者、发现者和发明者。它的进步也依赖这样一个事实，即社会中的受教育人群由同时具有些许学识、发现能力和创造能力的人组成。我在这里用的'发现'，指的是关于具有高度一般性的原理方面的知识进步；'发明'，指的是根据当前的需求，一般原理以某些特殊方式进行应用的知识进步。"

研究学者会带来什么？在管理学领域，研究学者带来理论知识与实践经验的完美组合。我从这个组合中获益良多。我之所以能够享受到管理研究与管理实践之间的自由切换，正是基于这样的原因：一是理论研究与教学，让我得以了解较为完整的知识体系；更多的阅读让我了解丰富的案例和文献，让我可以隔开一定的距离理性地面对问题，并了解其中关联与相互的影响。二是承担具体的企业绩效成长，让我得以面对各式各样的实际问题与挑战，并与同事们寻找一个又一个解决方案，从而取得绩效实现目标；承担具体的绩效成长，让我得以承受压力而去感受管理者真实的立场和角色，从而要求自己做出理性决策并承担责任。

我明确地意识到了这种组合的完美，我们去看管理经典理论产生的背景和缘由，不难发现，那些贡献了经典管理理论的研究学者，无一不是把理论知识与实践经验完美组合的人。Coloquitt和Zapata-Phelan（2007）回顾了1963—2007年在AMJ杂志上发表的667篇文章，发现管理学领域中的大部分理论都是在20世纪50—80年代之间发展起来的。结合管理实践现象不难发现，在这个时期出现了有意思的实践现象。在20世纪50—80年代，是欧美经济快速发展、工业化进程非常高的时期，也就是在这个时期，管理实践的创新层出不穷。以前从来没有过一家工厂可以有十几万人，在大工业革命时代成为现实；以前从来没有过一个小的组织单元可以全球分布，这个时候已经做出来了；以前也从来没有过用绩效来获取收益的职业经理人。所以我们会发现，实践上做出一堆创新，研究上就会贡献出一堆新理论。管理研究和管理实践本身的合一，造就了非常多的、具有影响力的、改变世界进程的管理理论。这些理论学者共性的地方，是密切观察，并且亲身经历了他们那个时代的社会问题。更重要的是他们对已观察到的各种组织形式和实践的变异，具有很深的感受和困惑，然后试图去解答它，而且幸运的是，他们解答出来了，也就出现了相应的管理理论。因此研究与实践是本源归一的。

所以，管理研究学者的基本价值取向是：理论研究与实践经验不能分离，研究主题的选择要基于某些管理实践现实中的问题并包含着对现实的启蒙。就如《浮士德》里的句子："如果你们没有感觉，你们就不能有所追求！"在具体责任之下的、对决策结果的理解是最真实的。当你需要对几万人的成长负责、对每一个顾客负责、对每一分钱的投资负责、对利益相关者和社会负责的时候，对于管理决策本身的理解是极为深刻而清晰的，而由此对理论价值的阐述和界定也是深刻而清晰的。就如泰勒对于生产效率的理解，波特对于成本与竞争优势关系的理解，德鲁克对于知识员工价值创造的理解，他们都是把自己置身于真实的管理实践之中，寻找到有效的答案——将实践经验升华为理论知识。

康德在《实践理性批判》第一卷第一章第一节中，对实践原理下了定义，在他看来，所谓实践原理是包含意志一般决定的一些命题，这种决定在自身之下有更多的实践规则。当主体认为条件仅对自己的意志有效时，这些原理是主观的，或者是准则；当主体认为条件是客观的，对于每个理性存在者的意志均有效时，这些原理是客观的，或者就是法则。这些话的意思其实就是说只有这些实践原理对每个理性存在者都是客观有效的，才能够成为普遍受用的法则，否则就是准则了，这些准则只能主观上受用。康德还明确地指出："实践的规则始终是理性的产物，因为它指定作为手段的行为，以达到作为目的的结果。"我试着去理解康德，去理解实践理性，这也许可以帮助我们去理解研究学者的价值与意义。

研究学者必须强调学术性，必须能够运用抽象的、理论性的表述，准确的引文以及规范性训练，这是基本技能，但是这不是学术本身，即便是詹姆斯·马奇（James G. March），一个被誉为一以贯之的数理科学倾向的学者，其核心也是一直围绕着人类的各种决策过程和问题的解决过程，以及这些过程在不同组织中的表现和意义。

研究主题的选择要基于某些管理实践中的问题并包含着对现实的启蒙，这就是研究学者能够贡献的价值。《墨经》上说：知，接也。人的知觉，是与外面物质界接触而生的。我依然觉得自己幸运，可以与中国企业的实践界充分接触，从而有机会去感受管理理论知识的意义与价值，并有机会把这些理论知识借助课堂传递出去，从而见证和参与了一些企业的成长和发展。

重新创造"道"

我曾经为我的一个班的学生写过一段毕业寄语，这段话比较完整地表达了我之所以写出这样多文章的原因。毕业寄语如下：

你们无疑会成为各自领域里的未来领导者，也正因如此，你们的品性与思想将会显得更重要，因为那会影响到很多人。所以，我决定手抄《德道经》送给大家，因为这是对我影响至深的，关于"道"的启悟。

很多人都相信每个人应该是一个充分认识自我的独特个体，尤其是在互联网技术的驱动下，每个人都相信自己应该活得真实，对真理保持忠诚。所以，我们都会为"如何成为一个更好的人"和"如何创造一个更好的世界"做出努力，这也是我想教授给你们的一种世界观。

因我们拥有着共同生长的训练，你不会让自己从整个世界中抽离出来，而是

让自己深深地融入现实世界中,因为你我都很清楚,唯有在实践与行动中,人的性格才会被培养出来。换句话说:我们不止于我们现在的样子,我们还可以成为更好的人。这项任务并不简单,这要求我们改变自己,而从你我认识的那一天开始,我希望改变开始发生。

我们再回到"道"。"道"并不是一个我们必须尽力遵循的"理想",而是一条通过我们自身的选择、行动与努力而不断去开拓的道路。

这套文集就是我的选择、行动与努力,集合了过去20多年我对于中国企业实践的观察、思考与判断。这套文集,我并不曾想如管理学家们,有系统、有组织、严格地、精准地,把思想凝练在一条线上,依照逻辑的推演,祈求创造出一个理论体系。我只是想把伴随中国企业成长过程中所遭遇的各种真实问题,展开真实的对话,让理论与实践之间实现动态呼应,让管理研究与管理教育,能够根植于中国企业的实践,能够面向中国企业实践,能够与企业管理者交流,并给实践以理论的回应和支持。

所以这套文集分为3集10卷,第一集《管理研究》,包含5卷,分别为:《组织与文化管理》《变革与创新》《企业家与领导力》《组织学习与知识管理》《本土管理研究》,这是我在管理学研究领域所发表的观点,我在自己定位组织与文化管理领域、关注组织与文化管理过程中所产生的问题,以及有关这些问题的答案。第二集《商业评论》,包含3卷,分别为:《经营》《管理》《成长》,这是围绕着每个阶段现实案例和企业实践所面对的现实问题而展开的思考,我曾经分别在主要的财经杂志开设专栏,及时与大家探讨中国企业面临的现实问题,并给出我自己的答案。第三集《春暖花开》,包含2卷,分别为:《不为彼岸只为海:陈春花人生感悟》和《正在发生的未来:陈春花商业洞见》,这是在我所主持的微信公众号"春暖花开"上所发布的一系列的随笔,虽然不是全部,但是也收入了大部分。在"春暖花开"公众号上,我不仅仅关注企业管理实践,也关注人们的日常生活,甚至是人生部分的自我管理与自我成长,这是我另外一部分的价值创造。

整理这套文集出版,是接受了华南理工大学出版社卢家明社长的建议,社长从学术价值如何得以更持久展开的视角,尤其是对于中国改革开放40年取得成效的视角,给了我这个建议,让我深受感动和鼓舞;编审罗月花老师细心地和我探讨具体的内容安排、文体以及相应的建议和帮助，罗老师从其专业的视角给出明确的指引和帮助，让我下定决心整理这套文集。整理这套文集整整花费了10个月的时间，在这10个月的时间里，苏涛、程城、李芷慧、王霞、袁璐、蔡明峡、刘祯一直陪伴着我，刘祯最后还承担了分类和分卷的工作。这些工作需要极大的耐心和细心，需要专注与认真，当我看到最后文集总成的文稿时，内心充满了感激，感恩学生们与我在一起，激励并启发我。而在这套文集整理好交付给出版社后，华南理工大学出版基金又给予了巨大的支持，让这套文集得以呈现在大家面前，正如我开篇说的那样，能够在华南理工大学学习与工作，是我的大幸！

整理出版这套文集，我需要着重强调，我坚持持续研究写作，也是为了鼓励我的同仁们采取行动。管理本身是知行合一的，而其核心在于"行"。在过去40年中国企业成长的过程中，管理研究与管理教育产生了很大的影响并贡献了价值，但是在学界和实践界也一直存在着质疑，质疑管理研究是否对管理实践真正发挥了应有的价值影响。我对这种质疑深表理解，但依然坚持认为管理研究与管理实践是合一的，并确信管理理论能够解决管理实践的问题，我是这样想的，也是这样做的，并借此希望，我的写作能够起到一种作用，促使管理学界付诸行动，让自己的研究面向企业实践，面对现实问题并对现实启蒙。

对中国企业来讲，我们来到了一个最重要的时代机遇点。这是中国企业从未有过的一个时间点，我们在改革开放40年前里一直都在跟随西方先进企业，并没有太多的优势，无论是在规模上，还是在技术、人才和资本积累上，都无法与传统强国企业竞争。但是，我们来到了一个特殊的时间点，互联网技术使得数据、协同、智能等全新的生产力要素能高效组合在一起，也就重构了整个商业系统。

处在整个商业系统重构的今天，无论是中国企业还是世界企业，都重新站在同一条起跑线上。所以，有人跟我讲我们要不要做"弯道超车"，我不同意这个词。我们今天没有弯道，我们共同站在一个全新的起点上，我们不需要在弯道超越谁，只需要站在一个新起点上重新开始就可以。

而且已有很多中国企业的确做到了。在彭博社公布的 2017年4月份全球市值排名榜中，中国有两家企业进入前十，这在以前是不可思议的，可见中国企业进步的速度是非常快的。在2017年世界 500 强的名单中，无论是中国的国有企业，还是民营企业，都在彰显着它们的中国力量，也越来越多进入世界 500 强的排行榜。再看看中国的"新四大发明"以及很多的优秀产品案例，其实中国企业正在悄然地改变着世界。不仅仅是在规模和市值方面，我觉得最重要的是中国企业开始真正去创造一些全新的价值，这个价值跟人类所追寻的美好生活相关，蕴含着生活的意义。

如果说中国企业已经来到最好的时代机遇点上，这也同样意味着中国管理研究也已经来到最好的时代机遇点上。说到致敬改革开放40年，我们最好的致敬方式就是：站在这个时代最好的机遇点上，昂然走出一条全新的道路来。这条道路如果按照十九大的报告，用国家领导人的说法就是"中国智慧和中国方案"。我相信经历了改革开放40年的中国实践，肯定会为世界贡献一个优秀的中国方案，这就是我们研究学者的价值贡献，这是使命更是行动！

陈春花
2018年1月3日 于朗润园

第二集

序

工作是修行

2004年开始，我为商业期刊和报纸写专栏，诱发我做这件事是因为，常常听到大家讨论一些即时性话题，企业界的朋友们非常希望听到理论界的声音，希望能够在现实发生的管理问题或者企业案例中，得到明确的观点和及时的帮助。当我经常被企业界朋友问询时，发现一些问题是共性问题，所以就决定写专栏，来做即时回复和讨论并给出我自己的看法。

开设专栏的第一本期刊是《销售与市场》，时间在2004年，但是没有想到从这一年开始，在《销售与市场》的专栏整整写了8年（2004—2011年）；随后就开始了我写专栏的模式，《中国商业评论》（2004—2014年）；《经济观察报》管理专栏（2005年）；《21世纪经济报道》管理专栏（2005—2006年）；《北大商业评论》（2005—2008年）；《海南航空》（2007年）；《IT经理人》（2010—2013年）；《商学院》（2010年）；《哈佛商业评论（中文网）》（2009—2012年）；《中国企业家》（2017年）；《清华管理评论》（2017年）。

专栏写作既是对耐力的考验，也是对思考力的考验，这部分的训练给了我很大的帮助，那就是如何让自己贴近现实问题和挑战，展开思考和研究，并养成每日写作的习惯。我想，如果不是这样的训练，也许我也无法在微信公众号出现后，自己可以承担独立写作支撑"春暖花开"微信公众号的"大工作量"，也就无法有这三卷文集的出现。

记得1998年自己在华南理工大学工商管理学院当班主任的时候，为其中一个班的同学写过这样一段毕业留言：

你最贵重的财产和最伟大的力量

常常是看不见和摸不着的，

没有人能拿走它们。

你，只有你，

才能够分配它们。

经 营

我想写这段文字并不只是为了给学生们,也是为了给我自己,所以在为自己的一本随笔写序时,再一次把这段话作为序,就如现在我依然选择这段话作为序的内容一样。这虽然是20年前写给学生和自己的一段话,也是20年来不断警醒和要求自己的话。我知道,我的一切贡献和价值只有我自己能够分配它,如果我不为我的价值创造分配时间和努力,也就无法真正拥有财富和力量。

巨变的时代裹挟着我们每一个人,没有人成为旁观者。只有行动,这才是人最贵重的财产和最伟大的力量,因为付出和分享。也许每一个人都很渺小,每一个人都无法判断自己能够承受什么,但是一旦决定付出的时候,拥有的力量就无法战胜。

今天所处的环境,要求我们必须重构企业的商业模式以及管理者自己的思维范式,必须让自己和企业拥有与变化共舞的能力。在商业模式的重构上,我们需要关注的不再是产品功能,而是能够与顾客互动,共同创造;不再是对盈利的理解,而是对顾客价值的理解;不再是拥有多少资源,而是能够整合多少资源……

在思维范式的重构上,我们不能够只关注自己的发展,而是需要在与外部环境和相关联的世界中,发展建立明确而连贯的使命和价值认知;我们不再关注彼此的界限与优劣势,而是采用更开放的心态和合作模式,变成共生成长的关系;不再是传统与经验主义,而是动态与学习化……

这一切的重构,都依赖于持续精进提供基础。我甚至认为商业模式和思维范式的重构,取决于自我修行的成效,这也是我对自己的期待与要求,也是我坚持用写作专栏的形式,帮助自己每日精进和修炼的方式。

文字只是一种力量,这个力量的来源是所有的行动选择;专栏写作是一种标准,这种标准的价值是与读者价值构建的关联性;交流是一种关怀,这种关怀的本质是让彼此产生共鸣。作为一个管理领域的研究学者,我很清醒地知道,自己需要展开面向现实问题的思考与研究,借助于更多的媒介,让管理知识对现实中的实践问题更快更好地响应——不仅仅是以自己的研究为中心,更是以解决问题为主导。

因为对管理学者责任的认知,我们可以成为管理实践者的真正伙伴;因为对研究与实践协同的理解,我们可以拥有被管理实践所激发出来的无穷智慧和力量;因为对理论价值创新的确信,我们可以衔接研究与实践的过去与现在,从而一起去创造属于中国管理的未来。

陈春花

2018年1月17日 于五山

第一部分　论经营增长

好风借力渡沧海
　　——构建广州中小企业服务中心的总体思路　　/ 002
WTO为中国家电业带来什么（上）　　/ 014
WTO为中国家电业带来什么（下）　　/ 019
企业管理：回归经营的本质　　/ 025
中国企业10大"悬念"　　/ 028
加快我国企业国际化步伐　　/ 037
中国家电：战略务本　　/ 040
布局者的修炼　　/ 044
硬不起来的竞争力　　/ 048
中国家电业的战略回归　　/ 055
明天的"热点"问题　　/ 058
小宫隆太郎是对的?　　/ 061
第二起跑线　　/ 063
企业是什么?　　/ 066
寻求"满意解"　　/ 068

微利时代的经营模式 / 071
善于寻找机会的人 / 073
中国企业需要经营能力 / 074
谁可以走得更远 / 076
靠什么应对动荡环境的挑战 / 081
抓住成为价值型企业的机会 / 085
怎样成为价值型企业 / 090
冬天的作为：从规模增长到价值增长 / 093
新国企的挑战 / 098
沃尔沃为什么被卖掉 / 103
价值型企业是真正的冠军 / 105
中国乳业之殇与战略思维 / 111
伟大的渴望 / 117
国际化，中国企业如何走得更远？ / 120
2012年的关键词 / 123
创业的思考 / 126
2013年的关键词 / 129
农牧企业的未来在哪里？ / 132

以变革之力穿越迷失 / 134

经营的本质 / 138

2015年，企业家应该关注三件事 / 139

变化时代的经营选择 / 143

2015，中国经济的关键词 / 147

超越变化的四个关键选择 / 150

平衡现在与未来的三个方法 / 152

2016年企业经营对策的三个关键词 / 157

回归商业经营的本质 / 159

中国企业为什么一定要全球化 / 161

打破边界的思维方式 / 164

亚马逊的战略头脑 / 165

2017年的三个关键词 / 172

三种错误的增长方式，你的企业犯了吗？ / 178

认识未知而非经验传承 / 182

不确定的是环境，确定的是你自己 / 184

环境到底发生了哪些变化 / 186

企业家与企业家精神 / 188

转型比创新更难　　　／　190
驾驭不确定性　　　／　192
对话柳传志：总裁是怎样炼成的　　　／　194

第二部分　　论营销战略

该怎样留住顾客　　　／　202
电信运营商：品牌制胜　　　／　205
《十面埋伏》与"顾客价值"　　　／　210
终极追问：谁才是目标与对手　　　／　212
2004年哪些营销思想不能遗忘　　　／　217
营销就是在合适的时间做合适的事情　　　／　225
渠道驱动还是品牌驱动？　　　／　231
建立伙伴关系的渠道发展观　　　／　238
免费服务有没有赶跑你的顾客？　　　／　242
营销，"手"高于"脑"　　　／　248
贡献价值才可以称雄市场　　　／　252

创新，而且实践 / 255

控制终端，一定是错误的方向 / 256

创新，你可能忘了要实践 / 257

远离竞争（上） / 259

远离竞争（下） / 262

用营销重塑企业经营 / 265

重塑企业的经营 / 269

品牌是顾客体验的总和 / 271

全球市场的管理定义 / 276

发挥营销想象力 / 281

中国企业开始步上品牌之路 / 284

"公共传播时代"的公众沟通 / 286

本土市场领先才是全球化的前提 / 291

回归中国消费概念 / 296

品牌内核之源 / 300

减法营销：企业经营战略的重新定位 / 303

顾客为王：回归营销本质 / 308

产品是对企业理念最好的阐释 / 315

顾客为王时代的到来 / 317

无"心"之失导致大国寡"品"

　　——网络时代的品牌概念与品牌构建 / 319

回到顾客身边才能生存 / 327

服务应创造独立价值 / 331

食品安全

　　——我们的价值追求与行动承诺 / 338

有价值的服务要让顾客来决定 / 341

第一部分

论经营增长

好风借力渡沧海
——构建广州中小企业服务中心的总体思路

效益滑坡、资金缺乏、相互拖欠严重、科技力量薄弱、市场信息滞后、企业制度陈旧、管理水平低下，已成为中国目前中小企业发展普遍存在的严峻问题。早在几年之前，以著名的经济学家吴敬琏为代表的一批精英就开始为中小企业的发展而呐喊呼唤。到了1998年国家正式确认了要支持中小企业发展的政策。全国上下的专家学者、政府部门和中小企业开展了一系列的研讨。目的只有一个：寻求中国应该如何支持中小企业发展的答案。

中小企业占全部的企业户数95%以上的广州该怎么办？1999年，林树森市长代表市政府为广州市社会科学基金的第十次研究课题招标，圈定了关于建立广州中小企业服务中心的研究课题，一场新的发展战役正在拉开序幕……

随着中小企业在世界各地社会经济中重要作用的日益显现，很多国家和地区开始通过政策和其他措施扶持来寻求支持中小企业发展的有效途径。

在广州，通过改革开放，中小企业迅速地发展和成长了起来，成为推动经济发展的重要力量。到目前为止，广州的中小企业在全部的企业户数中占95%以上，在工业总产值中占60%以上，在实现利税中占40%左右，在就业人数中占75%左右，在新增的就业机会中占80%以上，中小企业在广州国民经济中的重要作用可见一斑。

但是，由于我们长期对中小企业的发展不够重视，中小企业的各项支持措施显得比较薄弱，并且，由于宏观环境和中小企业内部因素的影响，广州中小企业发展走到了一个紧要关头。

一、广州中小企业发展的困境

（一）从运行机制上看

1. 效益继续滑坡

随着计划经济体制向市场经济体制的逐步转变，以及国际经济与国内经济的逐渐融合，中小企业面临着巨大的挑战，由于供大于求，出现了劳动力过剩，生产能力过剩，小企业对市场竞争适应能力不足，企业的平均盈利能力下降，亏损额在扩大，特别是国有中小企业亏损面上50%以上。

2. 资金极度缺乏

资金紧缺问题是当前小企业普遍存在的问题，由于绝大多数的小企业的资产负债率较高，银行信誉较差，从银行取得贷款可能性非常小，特别是个别存在发展潜力的中小企业，往往因为没有启动资金而失去了本来可以占领的市场，失去了可以起死回生的机会。

3. 相互拖欠严重

在计划经济的年代，国有中小企业销售是统包统销，企业之间可以相互交换材料，只记账不给资金，改革之后，就形成了应收款。而且企业有一种观念，这是过去的钱，这是银行的钱，可以不还，这样相互拖欠，掩盖企业经营好坏，被欠的多利润少，被欠的少利润多。

4. 科技力量薄弱

由于中小企业无论在规模上还是在知名度上，都比不上大企业，导致一些优秀的科技人才向大企业、政府部门、独资合资、大专院校、科研单位集中，其结果是由于科技人才的严重短缺，导致了中小企业科技力量薄弱，从而影响了企业的发展。

5. 市场信息滞后

目前大部分中小企业中，有不少不是把握不住信息，而是信息滞后，或者是根本就没有获得信息的渠道，特别是一些困难的中小企业，由于不能及时、全面地把握市场信息，就不能及时根据市场需求开发适销对路的产品，不能随着市场需求结构的变化，及时调整产品结构，就容易造成产品的积压，最终导致被市场所淘汰。

（二）从管理体制看

1. 企业制度陈旧

很多中小企业的利益主体不明确，改革缺乏动力，从制度看是产权不清、政企不分、权责不明、管理不严、私营企业中家族观念严重。

2. 管理水平低下

目前企业管理水平下降主要反映在三个方面。一是人员结构不合理，三多三少，即脱产人员多，非脱产人员少；非经营人员多，经营性人员少；管理人员多，搞专业技术人员少，人员结构已不适应市场经济。二是三项费用超支严重，管理费用超支严重，直接创造效益的人过少；生产费用超支严重，企业原材料浪费，仓库积压，厂房、土地闲置，使得生产费用增加；财务费用超支严重，投入大于产出，支出大于收入、融资大于回报、得益大于效益、利息增加，质量下降，废品过多。三是管理流程没有变化，还是按老的习惯在运行，流程相当复杂，影响企业有效管理。

二、广州人在行动

这些问题对中小企业来说是无法只依靠其自身的力量来解决的。所以，早在几年之前，以著名的经济学家吴敬琏为代表的一批精英就开始为中小企业的发展而呐喊呼唤。到了1998年国家正式确认了要支持中小企业发展的政策，全国上下的专家学者、政府部门和中小企业开展了一系列的研讨，目的只有一个：寻求中国应该如何支持中小企业发展的答案。

善于学习是我们中国人的特长。让我们看看发达国家和地区的政府是如何支持中小企业的发展吧！美国、意大利、加拿大、法国、英国、日本和中国台湾等发达的国家和地区都已根据自身的特点，成功地建立了较完善的中小企业服务系统，其提供服务的侧重点各不相同，可以说是各具特色的中小企业服务项目，这些服务带动了区域内其他服务于中小企业的机构的发展，对中小企业的发展壮大起到了很大的作用，这些服务的系统都有一个共同的特点：都有一个核心的组织。在美国叫小企业管理局（SBA）、在台湾地区叫中小企业处，这些核心组织负责组织当地的有关机构为中小企业提供周到的服务。实践证明，这是一种有效地推动中小企业发展的措施。

实干的广州人在这上面学到了什么呢？国内外不同地区和国家的经验告诉我

们，建立广州中小企业服务中心意义重大。

1999年，林树森市长代表市政府为广州市社会科学基金的第十次研究课题招标，圈定了关于建立广州中小企业服务中心的研究课题。显而易见，虽然广州在中小企业的发展扶持上面已经远远地落后于一些发达的国家和地区，但是，广州决心采取有力的措施去奋起追赶。

（一）这有必要吗？

这是看过了许多无所作为的政府机构的人们的疑问。

然而，我们不能不看到存在的问题：中小企业本身规模小、市场竞争的能力弱；中小企业信用能力低，尤其是高科技企业的发展存在着技术风险和资金风险；单靠企业自身的力量是无法解决的；中小企业获取信息的概率低，需要健全的社会服务网络的帮助；中小企业的管理者相对的管理能力较差、素质低。意欲流向中小企业的人才少，需要宏观的调控；中小企业发展技术的能力有待提高，中小企业对政策、法规缺乏了解。

对广州而言，它的城市建设目标是建成现代化的大都市，要较好地协调广州三种产业的比例和加快第三产业的发展，那么一个管理、协调中小企业以及组织中小企业服务网络的机构的出现是必要的。

作为广东省的政治、经济、文化、科技中心，广州市有着发展高新技术企业的良好条件和必要，建立广州中小企业服务中心、整合广州发展高新技术产业的优势条件，孵化一批在高新技术领域中的中小企业，调整广州发展的整体布局。

要保证广州市在下一个世纪实现可持续发展，培养一批在高新技术领域大有发展前途的中小企业是必要的，建立中小企业服务中心就是服务于这一需求。

广州市现在的中小企业的管理机构繁多，没有一个统一的机构来担负起中小企业的管理和扶植的责任，政府关于中小企业的政策无法落实。广州中小企业服务中心的建立将结束这样的局面。

广州发展中小企业的支持体系松散，需要广州中小企业服务中心肩负起整合广州科学园区资源、科研资源、资金资源、咨询辅导资源、信息资源等中小企业发展的重要资源的责任。

台湾的经验告诉我们，拥有众多优秀的中小企业能有效抵抗外界的冲击。1999年11月16日中美正式达成关于中国入关双边协议，中国入世在即。培育广州中小企业的服务支持体系，加强中小企业的抵抗力，是最有必要的准备之一。

（二）它可行吗？

这是个需要大量使用纳税人资金的项目，我们必然要谨慎地探讨这个重要的问题。

1. 广州的条件

广州是华南地区的政治、经济、文化、科技、金融、信息、交通中心，在发展中小企业社会服务体系核心机构——广州中小企业服务中心上有优势，广州有着长时间的商业发展历史，商业意识浓厚，创业氛围好。广州已有众多企业发展辅导机构，其中包括高校资源、专业咨询培训机构、质量管理机构等。广州市已形成了广州技术开发区、天河软件园等企业孵化系统，广州有众多的商业银行和投资机构，并已形成了一定风险投资环境，能为中小企业的发展提供资助。

2. 需求

当前广州市现有的数目庞大的中小众业的发展需要中小企业服务中心的有效支持。随着广州中小企业服务中心的建立，其服务的需求范围将进一步扩大，广东的成千上万家中小企业将成为它未来的顾客群。可见，广州中小企业服务中心的"市场"十分庞大。

三、可供借鉴的成功经验

国际上使用中小企业服务中心的形式来支持中小企业的做法已相当成熟，以下是部分发达国家和地区中小企业服务中心运作方式的对比，广州可以根据自身条件来选择一种更适合自己的模式。

（一）美国

美国在1929年经济危机以后，罗斯福的新政时期为了解决1929年大危机后变得十分严重的失业问题，开始关注小企业的创立和发展。1953年美国政府建立了一个专门为小企业服务的机构——小企业管理局（SBA）。1981年里根就任美国总统，采取了一系列政策促进小企业的发展：解除对农业、能源工业、航空、电讯等的管制，使小企业有更多的发展空间，小企业的企业活动日趋活跃，SBA的工作也愈发有成效。SBA的法定任务是通过保护小企业的利益，对小企业提供帮助和咨询，协助美国经济保持其力量。SBA拥有4000多名雇员、在全美设有10个区分局和100多个地区办公室，协同全国的信贷、教育、培训机构和14000名志愿人员分布在390个分团、270个办事处的退休经理服务团向小企业提供免费咨询服务。SBA对小企业的帮助主要有：提供管理、营销、技术的辅导和培训；金融协助；开展国际贸易方面的帮助；为小企业争取政府合同。

（二）日本

日本的中小企业服务机构主要是由金融机构组成，为了解决金融机构对中小企业提供金融服务面临的困难，日本政府建立了中小企业信贷提供保险的中小企业贷款保险公司，JCIC（The Japan Small Business Credit Insurance Corporations）作为中小企业贷款提供担保服务的贷款担保公司（Credit Guarantee Corporations）和专门为中小企业提供金融支持的金融机构，组成了具有日本特色的、完整的为中小企业提供金融服务的中小企业金融组织体系。

（三）加拿大

加拿大政府中的小企业管理机构并不标榜自己是小企业权益的代言人，它只是在政府其他部门、私人部门、工会组织、协会等各种利益团体中间，起到一种政策协调人的作用，以保证自己在政府机构中的公正地位和良好信誉。而小企业的权益主要是由小企业自己的组织来保护和争取，如加拿大独立企业协会（CFIB）就是这样的组织。CFIB成立于1971年，一开始就是一个具有游说性质的组织，目前有9万个企业会员，财务独立（经费完全由企业自主交纳），会员完全由小企业主组成。它的公开主张就是只代表小企业的利益。在税收、就业、环境保护、融资、基础设施和信息交流等方面，与政府、工会组织和大企业进行谈判，极力维护小企业的权益。CFIB还对小企业提供商业信息服务和企业咨询服务，帮助小企业提高管理能力和市场信息获得能力，更好地开拓国内外市场。CFIB所有上述工作的基础，在于它对小企业的生存和发展问题进行了长期、全面和深入的基础研究，CFIB对小企业的发展现状与面临的问题十分清楚，并不断向议会和政府提供解决小企业问题的对策建议。

（四）台湾地区

早在20世纪60年代初期，台湾当局就充分认识到中小企业对经济发展的重要性。为此，专门制订了一系列政策和措施，并成立了中小企业处。以中小企业处为核心，逐步建立了一套比较完善的中小企业辅导体系，为中小企业的发展壮大提供宽松的政策环境。今天的中小企业处已在台湾成功地组织了一个庞大的中小

企业协作网。

四、广州应该怎么做

广州中小企业服务中心中的企业培育中心以建立完善中小企业孵化机制为主要任务。广州中小企业服务中心给予广州中小企业以全方位的服务支持，培育出一批高技术、高效益的企业，同时帮助中小企业建立符合国际规范的标准化的市场运作及管理体系，鼓励技术创新，逐步过渡到技术升级。提升附加值的状态，力争创造出一批属于自己的世界知名品牌。

广州中小企业服务中心应以市场为导向、企业为主体、产品为龙头、技术创新为动力。通过政策倾斜，逐步形成一个享誉全国的集研究、开发、生产服务为一体的中小企业服务基地，从而促进中小企业形成产业规模，推动产业结构的升级，为广东经济持续发展服务；服务中心以服务为导向，充当全市乃至全省的企业服务基地，通过对内对外项目、培养大批具有技术及管理才能的人才，最终建立一个在国内拥有市场及拥有规模化生产基地的国内大型服务企业。

（一）为"中心"制定一个可行的发展战略

第一步，集中精力完善基础设施。完善自身的管理、服务体系，达到一定的管理、服务质量；第二步，积极扩大影响，在广州的中小企业中形成良好的声誉；第三步，通过与其他机构的有效合作，以广州中小企业服务中心为核心，形成广州中小企业服务中心，形成广州中小企业服务网络；第四步，通过扩大与省内其他地区和香港、澳门等地的中小企业服务机构的合作，形成广东中小企业服务中心协作网，即虚拟的"大广东中小企业服务中心"。

（二）考虑建立"中心"项目的特色

1. 成为高新技术中小企业的孵化中心

目前国内各地建立的中小企业服务中心的功能大部分都局限在提供有限的服务上，例如深圳的中小企业服务中心仅有三个部门，仅仅能提供一些诸如政策咨询的服务，对中小企业的发展起到的作用不大。广州应该领全国之先，通过与已有高新技术孵化系统的合作，整合有关资源，树立一个"大高新技术企业孵化器"的形象。

2. 成为中小企业服务协作网的核心

一个国家和地区的中小企业服务体系是否成功的标志是其中小企业服务的网络是否建立起来，广州中小企业服务中心应该走到最前沿，努力成为中小企业服务协作网的核心。

五、服务的模式和内容

（一）模式选择

中小企业服务的项目主要有公共服务、金融辅导、市场辅导、技术发展、管理咨询、信息服务等六个方面。

所以它运作的模式应该是由一个常设机构来代表政府（可称为广州中小企业服务中心管理委员会）管理中小企业服务中心，并应由市政府的主要领导和各相关部门的主要领导组成顾问委员会；各服务项目分别由各组成部门负责领衔推动；由中小企业服务中心组织社会的有关机构形成中小企业协作网来为中小企业提供完善的服务。见图1：

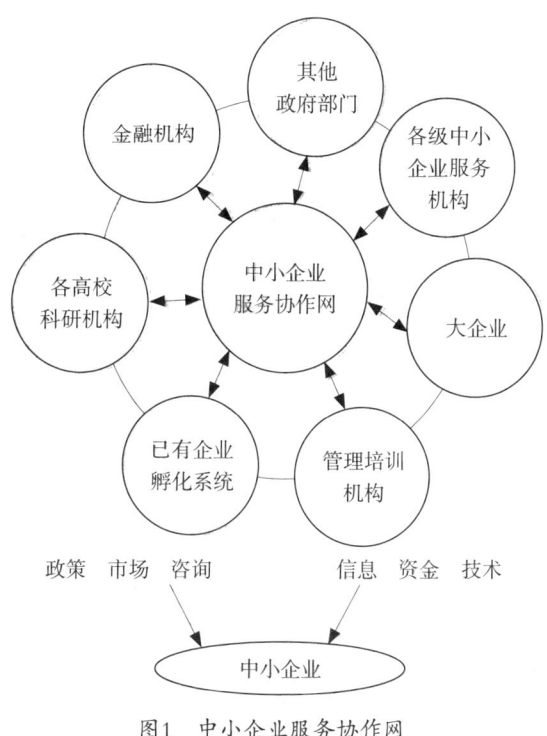

图1　中小企业服务协作网

在具体的运作中应该遵循以下的运作原则：①综合性原则。对于中小企业的辅导必须采取综合性计划，兼顾管理、培训、资金、技术、市场、设计、原料供应、企业创新精神、内外环境改变、业主协助合作等，因此辅导的方式必须是全盘的、整体的、持久的。②效仿原则。可以效仿已经成功地建立了中小企业服务体系的国家的政策和措施，但不能照搬。③选择原则。中小企业辅导的目的不是在于给予单纯的保护，也不是维护其中小规模，而是在于帮助有经济价值的中小企业成长合理化、现代化。因此，不能一视同仁地对中小企业全体给予优惠，需对产业、行业以及地区作慎重的、有计划的选择。

（二）服务内容

1. 技术创新

由于中小企业在技术创新方面有着自己独特的优势，中小企业服务中心通过建立以下机构来协助企业进行技术创新：

（1）中小企业技术创新促进会，推动政府制定扶持政策、指导中小企业技术创新和促进有关方面法律法规的形成，同时由中小企业技术创新促进会协调有关的风险投资机构，设立中小企业创新专门基金，如：研究发展贴息基金、贷款担保基金、中小企业促进基金鼓励中小企业的创造性行为，强化企业创新动机。

（2）创业育成（协作网），所谓创业育成实际上利用了孵化器的概念，它是综合利用大学、科研机构内专业人士、设备、空间及行政服务等资源，为以高科技为导向的中小企业提供商务技术、管理、空间及设施支援或培育的机构。我们可以借鉴台湾的做法，建立起完善的创业育成机制。以广州中小企业服务中心为组织者，整合广州的创新育成机构，在华南理工大学、中山大学、暨南大学等高校和部分有较强科研实力的科研单位中首先实施。

2. 管理咨询

（1）管理咨询

交流合作：办理中小企业业内、跨业交流活动，在广州成立35组跨业（业内合作）小组，通过交流活动，达成互助合作的目的，进而开创新商机。

管理顾问：由管理咨询处负责编辑管理顾问名录，为中小企业提供查询；在中小企业服务中心逐渐形成自身的管理顾问咨询力量；鼓励社会力量和管理研究力量加入中小企业管理顾问行业。鼓励企业诊断机构和专家为中小企业"坐堂问诊"，帮助中小企业发现经营中存在的问题。

质量管理协会：由质量管理协作网收集中小企业的有关需求信息（也可由中小企业主动提交申请），并根据中小企业的需要组成为企业提供服务的工作小组，为企业提供贴身服务。由质量管理协作网通过质量管理机构收集中小企业质量状况，分行业向中小企业提供报告。对于质量状况出现问题的行业（有较多的中小企业的质量出现问题），由质量管理协作网组织研究机构研究对策。

（2）培训服务

通过对中小企业进行长期和短期的培训，不断发展广州的中小企业培训事业，联合广州的著名高校筹建"广州中小企业培训中心"，在广州形成一个以该培训中心为核心的，由众多的管理咨询企业和管理科研机构参与的完善体系。

3. 市场辅导

市场辅导体系对中小企业进行全方位的服务，其中包括：

（1）出口辅导：为广州中小企业产品进军国际市场提供全方位的服务，服务的全过程包括信息的收集到产品的销售。

（2）品牌辅导：品牌建立是提高中小企业竞争力的一个关键因素，服务中心通过各项鼓励、优惠和保护政策，帮助企业建立或加强品牌影响力，提高企业的竞争力。

（3）市场协作：中小企业经营的规模还不能满足市场竞争的需求（企业的规模太小），所以，我们应该通过中小企业服务中心的作用，推动中小企业开展横向或纵向的合作，以增强他们的市场运作能力。

（4）营销辅导：提供营销管理培训、营销管理先进技能的推广和营销管理咨询等各项服务，建立一套行之有效的营销管理辅导机制。

（5）市场构建：我们分为三个方面来构建，其中包括：①网络市场的构建，在网上实现国内、国际顾客系统，查询并且逐步建立和完善产品的网上交易；②推动交易市场秩序的整顿工作，强化市场监管、确立竞争规则，为中小企业建立一个良好的竞争环境；③帮助中小企业建立产品销售渠道，建立区域性的专业化商品市场，搞活当地的流通，引导中小企业生产市场所需要的产品。

4. 金融服务

（1）担保贷款计划：贷款担保基金的主要功能在于排除中小企业向金融机构申请融资时，担保品欠缺或信用不足的障碍，提供信用保证，补充中小企业信用的不足，同时分担金融机构对中小企业融资的风险，以提升其办理融资的意愿，使中小企业得以与大企业立于平等地位，同享金融资源，进而茁壮成长，健全发展。

（2）融资辅导：针对向银行申请融资遭遇的策略性及具有发展潜力的中小企业，给予财务诊断和辅导，协助其取得融资。开展经营管理辅导、中小企业融资咨询服务、举办辅导讲座等项目，协助中小企业建立会计制度，改善财务结构，强化经营体制，取得所需贷款。借融资辅导，促进企业建立科学的管理机制，协助中小企业全面发展，对广州市发展作出应有的贡献。

5. 信息服务

（1）市场信息服务：市场信息服务的运作方式分为两大类：其一，免费提供的市场信息；其二，有偿提供的市场调研信息。

（2）构造以中小企业服务中心为协调核心的企业协作网：由广州中小企业服务中心推动中小企业开展专业化分工协作，如产品专业化、零部件专业化、地区专业化、技术后方专业化等，并在此基础上开展各种方式的协作，形成不同的中小企业组织模式，在地域空间上则形成了企业专业化生产区或中小企业群，大大增强了企业的生命力。

（3）构建"大广州中小企业协作信息网"：互联网络在知识经济飞速发展的今天显得日益重要，中小企业服务中心要肩负起推动中小企业信息化的进程。主要的形式除了引导信息产业企业为中小企业提供有效的信息解决方案之外，更重要的是在中小企业中形成协作的信息网。

6. 公共服务

（1）中小企业发展研究会：研究中小企业发展方向，为广州市政府提供中小企业发展政策咨询，为市人大提供中小企业立法提案；研究中小企业发展现状，研究保证有关中小企业保护政策得以实施；了解中小企业发展的具体情况，提出并敦促政府实施为中小企业获取利益的倾斜政策。

（2）政策服务：为中小企业提供基本法律知识普及服务；为中小企业提供保护政策服务。

（3）人才服务：建立中小企业人才库，为中小企业提供人才招聘服务。

（4）政府服务：税务服务。协助税收部门提高综合服务功能，为纳税人提供方便、快捷的"一条龙"服务；为中小企业建立申请登记一条龙服务，把申请兴办中小企业的手续集中到中小企业服务中来；为中小企业提供其他的政府服务，例如，出国办证等。

（5）中心的行政办公室：公共服务处在中心中担当行政办公室的角色。

六、服务质量监控

广州中小企业服务中心要有效地起到对中小企业的促进作用,就必须强调服务的质量。为此我们要在中心建立起CS体系。CS体系的运作要义:①建立起每个服务员工的服务准则,强调以中小企业为导向的服务。对广州中小企业服务中心的员工进行顾客满意工程的行为规范培训,让员工形成真心真意为中小企业提供服务的意识。②建立反馈和监督的制度,让中小企业加入到CS体系的改善工作中来。

(原载:《广东科技》,2000年Z1期;合作者:谢钢、谢剑强、肖智兴)

WTO为中国家电业带来什么（上）

中国家电行业的真正发展不过只有短短的20年时间，然而其发展速度却令人不得不惊讶，中国家电市场的平均年增长率是15%，目前的规模已经达到了国际市场的8%。

中国家电的发展具有中国特色。世界家电史上没有哪个地方的竞争会像中国家电这样。中国家电企业因此也很少按常理出牌。事实上，一些经典理论、经典论述、主流观点在中国家电行业中往往会被证明是不适用的。这也正应了中国改革开放的总设计师邓小平同志的话："不管白猫黑描，抓到老鼠才是好猫""发展才是硬道理"。

尽管如此，作者依然努力去探索中国家行业电发展的规律。毕竟，中国家电行业是中国市场化运营程度最高的行业。既然是市场化的，那就必定符合市场经济的一些基本规律。作者结合中国家电行业的实践，将世界大师的经典理论应用于中国，期望在混沌中探索出一些能够切实指导中国家电企业发展的对策来。

一、全球化的盛筵

相对于"全球化的挑战""WTO的影响"之类的词语来说，作者更倾向于使用"全球化的盛筵"这一词。因为，全球化，不仅仅意味着跨国公司要把"世界的企业做成中国的"，更是意味着中国公司要把"中国的企业做成世界的"。

林肯执政时的美国外交部长威廉·亨利·赛华德说过一句名言："地中海乃过去之海，大西洋为当代之海，而太平洋是未来之海"。

（一）WTO到底给中国家电业带来了什么

今天，WTO成了挂在中国人嘴边最时髦的一个词，言必称WTO，关于WTO的文章也汗牛充栋，然而WTO到底给中国家电业带来什么呢？许多人往往只是停留在表面上，缺乏对问题的本质把握。

主流的观点是这样的：

挑战

①分销服务市场的开放；②进口商品许可证制度和进口商品数量限制清单的逐步取消；③国外对知识产权的保护将影响家电业的发展；④国外利用技术壁垒阻碍我国家电产品的出口；⑤国外利用反倾销策略阻碍我国家电产品出口。

机遇

①有利于在国际大分工格局中提升我国家电行业的整体实力；②有利于扩大产品出口；③有利于降低成本，提高竞争力；④有利于国内企业到国外发展和开展国际合作；⑤有利于中国家电业的技术提升。

建议

①家电行业要放眼全世界，拓宽经营思路；②家电企业要注重技术上的改进、创新和进步；③家电企业要积极取得国际市场的认证；④家电企业要注意产品的工业设计；⑤家电企业要注意收集国际市场的信息，把握国际市场动态，在瞬息万变的动态中，审时度势，及时果断地调整自身的策略，突出自身产品的优势，把有限的财力和物力投入到最为需要的地方，尽快形成自己的拳头产品和知名品牌，确立自己的地位。

而实际上，WTO的本质是一种游戏规则，或者是一个新的舞台。对中国的家电业来说，WTO不会派生实力，只为实力的发展创造条件。WTO并非无所不管，而只是管理和规范那些与贸易有关的、影响贸易正常发展的政策与立法。WTO是个舞台，在演出的过程中谁唱主角谁当配角，这些都不是由舞台所决定的，而是由演员也就是每个成员的经济实力和市场份额决定的。所以说，加入WTO只是一个新的开始，它留给企业的是一个相对公平、自由的国际竞争环境，同时这也意味着中国家电企业的国际化程度必将逐步加深。

透过这些游戏规则表面影响的背后，我们至少要明白，WTO真正为中国家电带来的，是新一轮洗牌的机遇，行业排名将重新确定。而这，正是有远见、有实力的家电企业期待已久的。

中国加入WTO，改变最大的其实不是企业，而是政府。降低关税，开放市场，只是一个表面现象；真正发生深层次变革的，是中国政府将开始按照国际规则运行。WTO基本规则和协议的作用主要是限制政府干预市场、干预企业的行为。因此，入世，意味着中国政府管理体制的改革，政府越位的要还位，不到位的要到位，也就是说政府会陆续从家电企业中退出。处于中国改革开放前沿的广东省顺德区，政府已经逐步从企业中淡出了股权，美的、科龙都是最先的改革者。

中国家电一个特有的现象就是"该死的死不了"。以彩电为例，到2000年底，国产彩电前6位厂商的产量已经占全行业产量的66.9%，第7名到第12名厂商的产量占全行业产量的12.2%，其余20%左右的产量分布于60余家中小企业中，但是1999年、2000年这两年，最残酷的价格战仍不能使这60多家中小厂商完全退出竞争。位于广东江门的高路华彩电可能成为国内彩电企业的第一批破产者，而事实却是高路华经过重组转变为"新高路华"，并且一度准备借发行两年未上市的"通海高科"踏进资本市场的正门。西湖、牡丹等厂家年减产幅度均超过50%，但至今却未见被淘汰。北京的牡丹集团甚至根本不承认将会出局，尽管1998年全北京彩电业的生产总量仅为11.1万台。究其原因，这些企业大多是当地曾经红极一时的明星企业和当地电子行业中的龙头，对当地财政、税收、就业有举足轻重的影响。因此，地方政府都像护自己的孩子一样拼命保这些企业，不断以减免税收、增加投资和贷款等手段输血并拒绝兼并，无论如何不让其垮掉。结果是彩电巨头们满心希望发动的每场歼灭战都无一例外地打成了消耗战。

（二）最丰盛的晚餐——世界制造中心移向中国

在全球经济一体化的大背景下，"不知天下之大势者，无法与之论天下；不知家电产业转移之大势者，无法与之论市场"。

21世纪的开篇第一年，一场以中国为目的地的工厂大搬家浪潮在世界波翻浪涌。从松下到东芝，从飞利浦到惠尔浦，从西门子到伊莱克斯，纷纷通过合资或贴牌形式将生产基地转移到中国。中国正在成为全球性的家电大工厂。

2001年7月，松下电器公司停止在美国肯塔基州的微波炉生产基地，移师上海；同月，东芝公司宣布停止在中国国内生产显像管电视，把包含数字电视在内的电视机生产线全部转移到中国大连。此前，索尼、三洋、三菱等早在1998年就已经登陆中国。一夜之间，几乎世界所有的家电品牌都在中国生产自己的产品。

"中国造"家电开始横扫全球。1999年全球彩电市场销售量达1178万台，其中有四成来自中国。当五年前微波炉还成为许多家庭的奢侈品的时候，2000年中国的微波炉产量已经跃居世界的首位，全球平均每三台就有一台"made in China"。从去年起，中国造的微波炉、电视机、空调、洗衣机、高温消毒柜及成套配件开始席卷发展中国家,在东南亚、中东、拉美以及欧美,以合适的价格和毫不逊色的质量,不断地以惊人之势扩展市场,对日本、韩国乃至欧洲同类企业构成了严重的冲击和挑战。松下公司的一位高层领导对此更是感到危机重重:如果不将生产基地移师中国,松下的名字很可能从中国的市场上消失。

种种迹象无可辩驳地表明:世界家电制造中心正在移向中国!

今天,家电制造中心正在向中国转移,这对中国品牌提升为世界级的品牌创造了条件,但是,中国的价格战却延缓了中国的家电企业创世界品牌的进程,或者是在很大程度上丧失了很多名额。制造中心的转移为日本提供了索尼等六个世界级的品牌,为韩国提供了三星与LG两个品牌,那么这一次为中国提供的品牌名额还会有多少呢?

二、打造核心竞争力

核心竞争力是"组织中的积累性学识,特别是关心如何协调不同的生产技能和有机结合多种技术流派的学识"。

核心竞争力有四个基本特征:

(1)价值性。即核心竞争力能够为企业提供根本性的好处或效用。

(2)独特性。企业的任何一项专长要成为核心能力,必须独树一帜。

(3)难以模仿。其他企业不能获取或者必须付出高昂代价才能得到。

(4)无法替代。和其他资源或能力相比,核心竞争力很难被替代。

核心竞争力分析代表了20世纪90年代以来国际企业经营战略理论的发展趋势。核心竞争力的概念自1990年提出以来,运用企业能力理论揭示企业经营战略奥秘已成为当今世界的最新潮流。越来越多的人认识到,企业要在未来的市场竞争中赢得优势并获取丰厚利润,必须拥有自己的核心竞争力;任何一个想在未来竞争中获得成功的企业,必须明确为了赢得未来应怎样建立自己的核心竞争力。

三、比较优势与中国家电格局

比较优势理论,包含着国际分工与国际交换的基本原理。从广义上讲,比较优势是指一个国家国内各个产业部门在生产要素等方面与国外同类部门相比较的状况。如果一个部门由于自然资源、劳动力、资本、技术、管理、生产效率等方面都优于国外同类部门，从而使该部门生产某种产品的机会成本可以由其他产品来衡量。低于在其他国家生产该种产品的机会成本，则这个国家在该种产品生产上具有比较优势，否则就没有优势。对于以资源消耗为特征的产业部门而言，自然资源的丰富程度是决定该部门是否具有比较优势的重要条件；而在高科技部门，资本、技术、管理三大要素的丰富程度则是决定一个部门是否具有比较优势的关键。

萨缪尔森在哈佛当学生的时候，一位同学要他在所有社会科学原理中，指出一种既正确又重要的理论。萨缪尔森在当时已经是崭露头角的哈佛高才生，一下子竟被难住了，未能给出一个好的答案。此后，这个问题萦绕在他脑子里竟达30年之久。直到1969年，也就是在他获得诺贝尔经济学奖的前一年，才终于自认为有了满意的答案。萨缪尔森认为，李嘉图的比较优势原理，是在那些可以称作既正确且重要的社会科学原理中首屈一指的。学说史亦表明，这一原理在逻辑上的正确性无需数学家论证，其重要性则为无数睿智的人们所证实。

比较优势理论为国际制造业向中国进行大转移提供了理论依据。中国目前在劳动力成本、劳动力质量、生产配套、市场资源等方面相对于其他国家和地区存在较大的优势。随着经济全球化的不断推进，全球正在变成一个大市场，每家企业、每个地区由于自身的资源有限，必须在产品领域、区域产业链环节等方面进行准确定位，专业分工是必然之路。对于有较好制造业基础的中国而言，承接全球家电行业的资本转移，这将是一次千载难逢的发展机遇。

同时，比较优势理论也为中国家电企业的国际生产力布局及国内生产力布局提供了理论指导。

（原载：《企业研究》，2002年第3期）

WTO为中国家电业带来什么（下）

四、品牌与中国家电格局

David A.Aake & Erich Joachim Sthaler著（2000）*Brand Leader ship*《品牌领导》一书中，作者通过对欧洲、美国和其他国家300多个企业的实地调查研究，在强势品牌和品牌资产的理论基础上，又提出了品牌领导的理论。

Aake指出，传统品牌管理模式着眼于短期销售额，所以品牌投资见效与否很容易判断，看它是否能带来销售额和利润就行了。相反，品牌领导模式着眼于建立能带来长期利润的资产，这往往很难甚至无法论证。建立品牌需要经年累月的强化，立竿见影的回报只是一小部分。

Aake还认为，企业要防止产品变成大众化的同质商品，唯一能替代价格竞争的办法是创建品牌。价格作为一种推动力的重要性往往被高估。调查显示，几乎没有消费者会仅仅凭借价格因素来决定购买。在任何情况下，强大的品牌都能防止企业在价格一条战线上竞争。

"在日益拥挤的市场上，傻瓜才会进行价格竞争。赢家会想方设法在消费者心目中创造持久的价值。"汤姆·彼得斯这样说。

因此，创建品牌是有回报的。品牌领导模式就是在未来创建强势品牌时所必须具备的思维方式。Aake指出的品牌领导创建模式如图1所示：

长期以来，中国家电业就形成了以海尔、科龙为代表的"品牌派"，以格兰仕、亿龙为代表的"低调派"，以及众多方向尚不明确的"中间派"。品牌的投资是巨大的，然而大多数企业的心中并没有底：如此巨大的投资到底能为企业带来什么，中国家电企业到底要不要创建品牌？

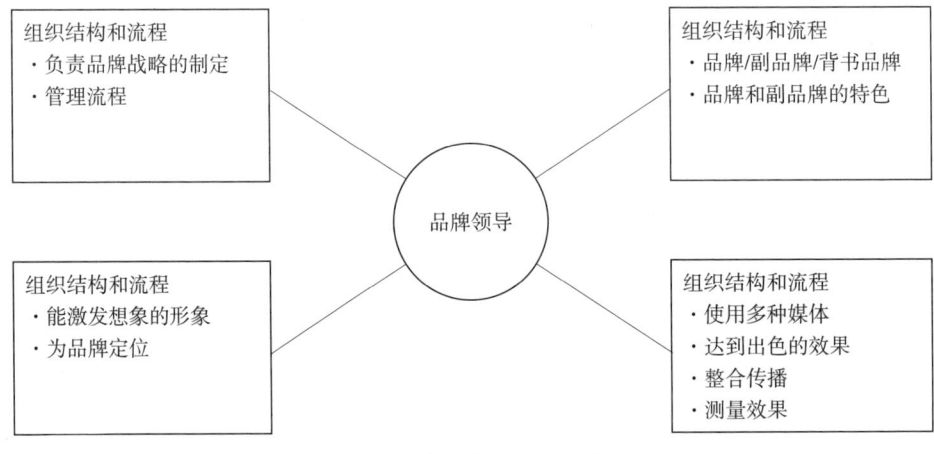

图1 品牌领导的创建模式

五、渠道与中国家电格局

Philip Kotler著（1997）*Marketing Management*《经营管理》一书中，阐述了渠道的选择和管理。Kotler认为，营销渠道决策是管理当局面临的最重要的决策，公司所选择的渠道将直接影响所有其他营销决策。

在渠道选择上，Kotler指出：制造商面临许多进入市场的选择。他们可以自己建终端直接销售，或者使用一、二、三甚至更多的中间渠道层次。决策使用哪一种渠道可以从以下三方面来进行：

①分析顾客需要；②建立渠道目标；③辨认和评价可供选择的主渠道，包括这些渠道中间商的类型和数量。

在渠道激励上，Kotler建议：有效的渠道管理要求选好中间机构并激励他们。其目标是建立一个长期的伙伴关系，并使所有渠道成员都能够盈利。个别渠道成员必须根据事先建立的标准进行定期评估，并且在市场条件变化时，对渠道的安排进行修正。

在渠道冲突管理上，Kotler认为：所有的营销渠道都存在潜在的渠道冲突以及来自于目标不一致、任务和权力不明确、感觉上的差别和互相依赖性而引起的竞争。管理这些冲突的方法是寻找超级目标，在两个或两个以上的层次上互换人员，赢得另一方渠道领导的合作和支持等。

由于中国的商业资本一直处于养尊处优的环境中,所以很少有优秀的企业和优秀的商业人才,直到1999年,才有"苏宁国美,南拳北腿"的崛起。于是很自然地,家电企业都在拼命地建自己的渠道网络,近些年来甚至大规模地建立自己的零售终端,"强化终端"又成了目前很时髦的词语。

许多人批判中国家电企业"不务正业",自己建渠道不符合"社会分工"的原则。然而事实就摆在眼前:不建渠道吗?小企业或许还可以,做大了就死路一条。海尔几乎完全用的是自己的渠道,在各个地区成立了自己的商流推进事业部(类似于营销中心),把渠道控制权牢牢抓在自己手上;TCL凭借其强大的延伸至农村的分销网络,一开始就尝到了自有网络的甜头;美的凭借其上万个零售终端,不断扩充产品线,捷报频传,取得了骄人的成绩;长虹在"郑百文"的幻想破灭以后,扬言要斥资2.5亿元,在全国建立1万个零售终端。渠道被公认为是这些家电企业的核心竞争力之一。

然而在这些目前看来是成功的案例背后,我们还要反思:面对日益加剧的渠道成本费用,这样做真的值得吗?

六、技术与中国家电格局

Michael E.Porter著(1985)*Competitive Advantage*《竞争优势》一书中,作者分析了技术与竞争优势的关系。Porter认为:当今的大企业,许多是从他们能加以利用的技术变革中脱颖而出的,在所有能够改变竞争规则的因素中,技术变革属于最显著的一种因素。技术变革就本身而言并不重要,但是,如果技术变革影响竞争优势和产业机构,它就举足轻重了。要注意的是:高技术并不保证盈利。事实上,由于产业结构不适应,许多高技术远远不如"低技术"盈利。

在技术战略的选择上,Porter提出了如下建议:

(一)开发何种技术

技术战略的核心是企业努力获取何种类型的竞争优势。应当开发那些对企业的基本战略贡献最大的技术,同时要权衡开发这些技术的成功率。技术战略是企业可用以追求三个基本战略中任意一个的潜在强大工具。但是,根据企业追随的基本战略的不同,技术战略的特征会有很大不同,如表1所示。

表1 产品与工艺技术基本战略

	成本领先	标岐立异	成本集聚	岐异性集聚
产品技术变革	开发能够降低使用材料数量、便利制造过程、简化后勤需要的技术来降低产品成本	开发能够提高产品质量、特性、送货能力或是转换成本的技术	开发能够满足目标市场需要的性能和技术	开发能使产品在满足某一特定细分市场的同时，比目标广泛的竞争对手做得更好的技术
工艺技术变革	开发能够使学习曲线提高、材料使用减少、劳动力投入降低的工艺技术	开发能够支持高精度公差、更严格质量控制、更可靠日程安排、更快对订单做出响应以及其他提高买方价值领域的工艺技术	开发能够使价值链与细分市场的需求相符，并以此来降低服务和细分市场成本的工艺技术	开发能够使价值链与细分市场需求相符，并以此提高买方价值的工艺技术

（二）是否寻求技术领导地位

在技术战略中，企业必须解决的第二大问题是，是否寻求技术领导地位。技术追随应当是一种自觉和主动的战略，企业可以明确地选择不首先创新。在重要技术中是选择做技术领导者，还是追随者，取决于以下三个因素：①技术领先的持久性：在某技术上企业能保持对竞争对手领先地位的程度；②率先行动者优势：企业首先采用新技术而获得的优势；③率先行动者劣势：企业率先行动而非等待其他企业先行动的劣势，选择成为技术领导者或追随者，还可以成为获取低成本或岐异性的一种方法。如表2所示：

表2 技术领导与竞争优势

	技术领导	技术追随
成本优势	开创最低成本的产品设计 最先降低学习曲线 创造完成价值活动的低成本方法	通过学习领导者经验，降低产品或价值活动成本 通过模仿，降低研究与开发成本
岐异性	开创提高买方价值的独特产品在其他活动中创新以提高买方价值	通过学习领导者的经验，使产品或送货系统更密切地适应买方需要

中国家电企业没有一家拥有核心技术，然而却几乎所有的企业都把"技术创新"摆到了一个非常高的位置。世界上没有哪个国家的家电市场像中国这样，各种新概念层出不穷。这真是一个绝大的讽刺。

七、治理结构与中国家电格局

John Pound 1995年在 *Harvard Business Review*《哈佛商业评论》上撰文 "The Future of Governed Corporation"《治理型公司的前景》指出：公司治理的核心不是权力而是保证有效地做出决策。这就是为什么权力关系的改革本身并不能创造出运行得更畅顺的组织。

Pound按治理模式把公司分为两种，一种叫"管理型公司"（Managed Corporation），另一种叫"治理型公司"（Governed Corporation）。

20世纪80年代的接管和杠杆收购典型地表现了管理型公司的特征。接管是要解雇掉没有能力的经理，换上有能力的经理。杠杆收购是授予董事会成员和经理大量的股权，从而激励他们创造价值。但是，这些市场机制常常不足以提高企业绩效。失败的原因就是：接管或杠杆收购并没有直接解决公司治理中实际存在的问题。他们虽然改变了所有权结构，转移了控制权，却没有自动改善企业决策。

以杠杆收购为例，它通过把所有权集中在企业高层一小群人手中，为经理和董事会成员提供了巨大激励。但是，这样做也使公司远离了公开市场和监督。如果新的领导班子开始做出错误决策，就没有其他股东可以施加改革压力。20世纪80年代的许多杠杆收购在创造了巨额财务收益的同时也带来了高风险。

Pound认为，建立治理型公司则有益于解决这些问题。治理型模式的核心不在于监督经理而在于改善决策。

它的目标是降低发生错误的可能性和加快纠正错误的速度。其最重要的措施是使董事和股东参与决策，使三类关键主体（董事、经理和股东）都拥有发言权。因此，治理型公司有更有力、多元化和适应性更强的决策过程，监督过程的认知特色较弱，它强调的核心不是CEO的能力而是组织的有效性，并且它的政策使得它必须对市场负责。

Pound还提供了建立治理型公司的方法。要建立治理型公司，必须进行以下五方面的改革：①董事会成员必须是专家；②董事会会议程序应该集中在讨论新的决策、战略和政策上，而不仅仅是考核历史业绩；③董事需要有更好的渠道获得信息——关于产品、客户想法、市场条件和重大战略与组织问题的信息；④董事必须投入更多的时间到公司中；⑤董事会成员必须有足够的激励。

纵观中国的家电企业，除了美的、春兰等少数几家已经实施了较为规范的治理结构外，大多数企业依然处于带有浓厚色彩的"人治"状态。中国家电行业聚集了中国最优秀的企业家:张瑞敏、倪润峰、李东生、陶建幸等等,然而,接下来的一个问题就是,一旦他们退位,谁来接他们的班?目前的治理结构能够保证这些企业所做的决策没有重大失误吗?

(原载:《企业研究》,2002年第4期)

企业管理：回归经营的本质

近10年来，中国企业热衷于追赶时髦理论。但是，大家都忘了一个简单的事实：企业不是新理论和新工具的实验场。

企业，真正需要的并不是令人眼前一亮的新管理工具，也不是新的管理概念，它需要的是实实在在的经营结果。因此，企业正确的选择是回归企业经营本质的基本元素，并以此为中心展开运作，否则一切努力终将无效。

而经营本质的基本元素又该如何界定？我将此概括为：价值、成本、规模、盈利。

一、顾客的价值

真正影响企业持续成功的主要重心不是公司的策略目标，也不是发展策略的流程，而是专注、集中焦点于为顾客创造价值的力量。

沃尔玛"顾客永远是对的"的经营原则，使得这个公司做出了一系列的创新，开架销售、24小时经营、连锁经营、仓储式销售、会员店、全球定位系统的推出，都是为了让顾客获得最优廉最便捷采购的商品，并带动了全球百货业的改造与兴旺。

但是，在我们企业的现实运作中，常常为顺应来自各部门的需求分散资源，忽视了聚焦于为顾客创造价值这个关键基本元素上。我们必须再次提醒企业，聚焦于为顾客创造价值是企业成功关键中的关键。我们应该专心致志于为顾客创造价值的能力不断提高，根据顾客的价值需要来发展策略，让顾客价值成为企业产品的起点、企业服务附加价值的起点、企业策略的内在标准、企业行为的准则。

二、有竞争力的合理成本

成本是衡量企业管理水平的关键元素，同时，控制成本的能力也是实现企业经营绩效的基础。但是，我坚持企业不要追求最低成本，因为没有最低成本。我把成本定义为有竞争力的合理成本。20多年来，中国很多企业总是以自己的成本低于跨国公司而自认为具有了迈克尔·波特所提出的低成本领先战略，但是事实上，我们的"低成本"是把成本转嫁出去的低成本，是放弃了社会义务的成本，这样的低成本不是真正意义上的低成本，而是不规范经营、没有承担企业本该承担的责任的侥幸结果。当今天的企业面对规范的市场经济，面对WTO，面对制造业的反倾销、农产品的贸易壁垒、环保认证、技术壁垒、HACCP认证等时，我们曾经有的低成本优势不堪一击。

可能多数人都未料到，使合理成本具有竞争力竟然是攸关企业持续成功的四项基本元素之一。中国企业认真理解成本构成，透彻分析自己成本的合理性，寻找成本的竞争优势已经是迫在眉睫。

三、有效的规模

曾经有很多企业界的朋友问我，应该追求规模还是追求盈利？每每遇到这样的问题，我都不会直接回答，因为把规模和盈利放在对立的角度思考的方式本身就是错误的。

企业是否要追求规模，这个问题不需要问，当然应该追求，因为规模是企业存在的一个基础。但经营企业的人必须清醒地知道，规模的本质意义是：带来成本优势，带来市场影响力。

我们需要澄清的是，用大量的资源投入获得的规模不是有效的规模。因此，衡量规模的标准并不是多少或者大小，更不是数量上的概念，衡量规模是否有效的指标是人均投入和产出，是效率概念。

四、具深度人性关怀的盈利

从企业的属性来说，盈利是它的根本。同时，我们还必须认识到企业是有机体，是整个社会系统的构成部分，承担着自己的社会责任。企业的社会责任就是透过实现社会期望价值的途径表现出来。

先人告诫我们谋利要取之有道，现代意义上的理解是：所有利益的来源应该是人性的回归——深度的人性关怀。具体表现在企业经营实务中，就是把实现社会期望价值转化为企业核心价值。如西安杨森公司的献身科学、奉献健康；联想集团的解决问题；华为公司以科技创新改善生活品质；星巴克的透过咖啡所创造的交往与平和；麦当劳以品质、服务、附加价值为儿童带来真正的快乐；IKEA以家具创造民主生活形式的实践；中国移动的沟通从心开始等；都是深度人性关怀的展现。

其深度人性关怀的盈利还体现在企业的所有成员的成长性上。把群体凝聚在一起的内在力量是让每个人都有奉行不渝的价值（终极关怀）。那就要问，我们的核心价值是什么？如何展现深度人性的关怀？红塔集团的"山高人为峰"、丰田汽车的"造车之前先造人"、通用汽车的"当代精神当代车"、华为的"人力资本永远大过财务资本"都是深度人性关怀的表现。

在全球化的今天，中国企业需要的是：清醒的自觉与面对真实的反思。

（原载：《民营科技》，2004年第6期）

中国企业10大"悬念"

记得去年《销售与市场杂志》问过我一个问题：中国企业快速发展的二十余年是战略的成功，还是管理的成功？我一直没有回答。因为，如果我们说一个企业的战略成功，那么就意味着这个企业具有核心能力，具有核心专长。当经济中不确定的因素越多，这个企业的发展机会也越大——因为环境的不确定性反而促使这样的企业衍生出更积极的竞争态势。如果我们强调一个企业具有管理的水平，那么就意味着这个企业至少在三个方面表现优秀：一是计划管理，即企业的目标和资源是匹配的，企业不会因为环境的改变调整自己的计划，企业总是可以寻找到不同的资源实现自己的计划目标，计划永远可以超越变化；二是流程管理，即企业能够保持运营效率超越同行水平，能够以最快的效率为顾客服务；三是组织管理，即企业的权力和责任是匹配的，企业能够把合适的人放在合适的岗位上。

但是，在刚过去的10年里，对企业战略来说，像是一场梦：中国企业界总是谈论各种战略理论，但是在实际的操作中却仍然处在模仿、互杀价格、透支服务的状态中。如果你所努力的事业，是和你的竞争对手一模一样的，那么，你就不可能做得很成功。我们看不到企业明晰的战略意图，看到的只是针对竞争对手的策略。更糟糕的情况是很多企业仅仅以对手为中心的做法，往往还会导致两败俱伤的竞争形势。如果人人都想竭力占领同一个位置，那就必然会使客户根据价格来选择产品。过去10年以来，当我们目睹狼烟四起的价格战之时，就该明白它是企业战略缺失的一个征兆。

同时，对于企业管理来说，更像是一场试验：领导者们往往表现出对新的管理理论的过分注重，市面上一传播新理论，企业界就纷纷应用。例如，20世纪80年代末90年代初所出现的全面质量管理、即时生产及流程再造等。但是我们恰恰忘记了，企业最关键的是积累出符合自己目标、资源和能力的管理办法而不是照搬管理理论，过去10年以来，当我们看到市场需求拉着企业蹒跚向前的步子，就该明白它是企业管理缺失的一个征兆。

10年来我们能够取得这样的成功，我觉得根本的原因还是：中国企业的命好！因为这10年来整个市场一直保持旺盛的态势，人们的需求一直保持上升趋势，世界一流的竞争对手还没有完全进入中国市场，再加上中国经济持续保持高增长的势头、竞争对手弱小，这一切无疑给中国企业一个非常好的市场空间和机会。但是接着下来的10年，我们就不能够再依靠运气来生存，我们必须知道自己的长处与不足，必须知道我们应该着手解决哪些问题，才能够继续把握机会，我们必须在下列问题的对峙中做出抉择。

一、盈利与战略目标

观点：不盈利，企业没必要存在

战略的根本原则就是运用战略使得公司能够获得超过平均水准的回报。作为企业战略，我们不需要太多的指标来衡量，我们只需要一个指标：持续的获利能力。

一般认为，合理的战略始于确立正确的目标。而我可以套用迈克尔·波特的观点：能主持合理战略的唯一目标就是超强持续盈利能力。如果你的公司不是从这个目标出发而是直接奔向这个目标，那么，公司很快就会被引到摧毁战略的歧路上。

让我们来看看，如果公司的目标是盈利之外的任何东西，譬如这个目标只是将公司做大，或者是快速成长，或者是成为技术领导者，那都会使公司陷入麻烦之中。

二、管理理念与战略思维

观点：不能只顾管理理念而放弃战略思维

战略思维与管理理念有着根本区别。战略本身意味着做出艰难的抉择，选择那些有利的事情，它事关各种业务的处理方式。战略思维是：①你想干什么？②凭什么？③你有什么？④你缺什么？关键的问题是：你要干些什么？管理理念是：遇到任何问题都要找到解决的办法；管理没有对错，只有面对问题，解决问题。因此，不管遇到什么问题，战略思维要求首先问自己：我想干什么，而不是去问自己如何解决问题，后者是管理理念。

作为企业，如果仅仅能够看到问题、解决问题是危险的。如果你所努力的方向就是解决问题，那么，你就是只顾管理理念的人。但是在今天，信息流和资金流以惊人的速度运转时，只会管理的公司就前途难测了。

更糟糕的情况是，仅仅以管理为中心的做法，往往还会导致企业陷入故步自封的形态。如果人人都想竭力解决问题，那就必然会使企业根据自己的能力来决定产品。10年以来，当我们看到大量积压的库存时，就该明白它是只顾管理而忽略战略的结果。

也许有人会提出异议，说企业没有管理理念怎么能行？我不反对这个说法，但是我更强调，企业首先要有战略思维，其次才是管理理念。我们必须学会先思考我们要干什么，再思考我们解决什么问题及如何解决。

三、专业化与多元化

观点：没有专业化便没有意义

有一种学说认为，管理者们应该通过边走边看的方法来寻找机会：先尝试它，看它是否管用，然后再向前走——这基本上是一个不断试验的过程。我认为这种方法难以奏效，因为，战略在本质上是要做权衡取舍，做抉择，然后调整之。

举个例子来说，可口可乐公司一直专注于以浓缩液的制造商，商标使用授权与广告为核心的价值链管理的战略，即向区域性的企业提供独家装瓶许可和地区销售许可权。可口可乐公司在各个装瓶厂几乎不占任何股份。在当时的情况下，每个装瓶商都与可口可乐签订"特许协议合同"。合同中规定浓缩液的价格，以及授予装瓶商地区独家经营权——这种早期的特许装瓶商模式取得了巨大的成功。消费者满意，装瓶商致富，可口可乐则成为头号公司。这种战略一直延续了好些年，现在，该公司的行事方法与100年前大不一样了——今天可口可乐新的经营模式是：①扩大消费者的范围——顾客选择；②成为价值链的管理者——价值获利；③对销售渠道进行重组——战略控制；④关键业务的确定与拓展——范围界定；⑤进军国际市场；⑥从追求市场份额转变为努力增加股东的价值。但是你仍然看得出来，它仍然是在为那些具有原来需求的客户服务！

可口可乐公司为什么能取得巨大的成功呢？因为该公司是在对价值链管理具有专业能力的基础上，保持了战略的连续性。

所以我们看到一些颇有风范的跨国企业，进入了这样一个良性循环，它一直在某一方面处于最领先的地位，它更具有吸收新技术的能力。它的专业化水平越高，专业化的标准越清楚，就越能抓住新的机会，证明自己的价值诉求。

常常有企业问我，是专业化好还是多元化好，我总是很肯定地说，必须在专业化的基础上做多元化，如果专业化能力不能够延伸到其他领域去，多元化只是死路一条。

四、企业文化与企业经营

观点：不要迷信企业文化的神话

20世纪80年代，随着日本成功而诞生的企业文化管理被推到了极致，一时间似乎文化是一切问题的根源，文化又是解决一切问题的灵丹妙药，但事实上，企业文化并不应该上到这样的高度。

换句话说，企业文化管理并不像我们所设想的那么广泛有效。当然，具有划时代意义的企业文化管理确实存在，但是，价值观、经营理念、经营哲学等词语显然是被滥用了。

企业文化管理的作用需要在企业具有了良好的获利能力前提下才能够发挥。运用企业文化管理需要在企业相适应的阶段才会奏效。当企业处在创业阶段的时候，企业应该关心的关键问题是企业的产品，尤其是企业产品的质量，这样可以让企业活下来。到企业发展阶段，企业应该在销售网络技术服务、品牌建设方面下功夫，这样可让企业有空间发展。而到了企业成长阶段，文化管理可摆上日程，因为这个时期企业应该在凝聚力、价值认同方面作出努力，这样才能够保持持续经营。

因此，企业文化只是回答能否持续经营的问题，其他的问题要交给其他的经营手段来解决。更需要明白的是，企业的核心价值观必须是从企业实现社会期望价值的角度获得，离开社会期望价值来谈企业价值是根本性的错误。

五、主人翁意识、打工意识与职业意识

观点：我们更需要培养职业意识

对于每一个中国企业而言，一直没有解决的难题之一就是企业应该培养什么

样的意识。因为遗传的原因，中国的大多数企业都有很浓的主人翁意识，人人当家做主，人人参与管理，民主管理，参政议政成了很多企业推崇的观念。改革开放之后，随着不同经济类型的出现，很多老板又大力推行雇佣意识，很多员工抱着给多少钱办多少事的态度做事，公司是老板的，身体是自己的，不停地转换企业、转换行业，一时间成了时髦的观念和行为。

联想公司的大裁员所造成的冲击是联想高层始料不及的。媒体和人们的关注程度也令人费解，其中核心问题是：公司不再是个家。人们对于一个企业根据自己的经营所作的选择做出这样的反应应该可以说明一些问题。

另一方面，我们又看到更可怕的数据：在一个针对200多家"正常活着"的中国企业进行的调查，结果发现：5%的人看不出来是在工作，而是在制造矛盾、无事生非，即破坏性地干；10%的人正在等待着什么，即不想干；20%的人正在为增加库存而工作，即蛮干、盲干、胡干；10%的人没有对公司做出贡献，即是负效劳动；40%的人正在按照低效的标准或方法工作；只有15%的人属于正常范围，但绩效仍然不高，即干不好。

联想裁员和这组数据让我们看到，一个是停留在主人翁的意识中，一个是停留在雇佣意识中，但是这两种意识对于今天的企业发展都是不合适的。问题的根本是企业缺少职业意识。

何谓职业：是个人获取生活来源的一项主要手段；是一个特定的社会角色；是一条自我实现之路。

职业意识包括6个层面：①以实用为导向的知识；②以专业为导向的技能；③以敬业为导向的态度；④以生存为导向的心理；⑤以结果为导向的思维；⑥以开放为导向的价值观。员工的个人职业化表现应该是：以最小的成本获取最大的经济效益；以职业为事业，专业化发展，别人不能轻易替代；理性态度对待工作；细微之处做的专业；善于协同；个性发展要符合共性原则；思想要奔放；行为要约束；在合适的环境里做合适的事。如果企业内部不能够形成这样的职业意识，企业就无法理性面对各种竞争和新陈代谢。

六、权利、责任与价值分享

观点：必须保证价值分享成为可能

管理在本质上讲是一种分配，管理分配的原理就是把权力、责任、利益分成等边三角形。做到这一点，管理就处在合理状态；如果违背这一点，管理就出现混乱。

很多时候我们发现人们在从事管理活动的时候，更注重管理工具和方法，更注重对于管理目标的评价，但是恰恰需要注重的是管理本质的维护，也就是应该回到管理最本质的意义上来发挥管理的效能。如果拥有了权力，但是不承担责任那是多么可怕的事情；如果拥有责任，但是不被授予权力，相信这样的责任是无法承担的；同样的道理，如果仅仅是拥有权力、责任，但是不能够分享到利益，结果只能是带来腐败和不负责任的各种行为。

同样的道理可以延伸到企业的价值链当中，一个企业应该处理好企业内部和企业外部价值分享的问题，在企业外部也一样要做到权力、责任、利益的等分。我们看到中国企业成长到一定的阶段，无法突破，无法上到更高的高度，究其原因可以归结为不能够做到价值分享。但是如果不能够解决企业与经理人、员工的价值分享，不能够解决企业与利益相关者的价值分享，不能够解决与社会的价值分享的话，企业就无法走得更远，上得更高。

看看杰克·韦尔奇的例子。韦尔奇先生在访问中国的对话中介绍GE的做法，他说："在美国股票期权是非常中用的一项激励机制，我从通用电气公司退休的时候，整个公司90%的期权都是由公司最高管理层之下的所有人共同持有的，所以说这样的一种股票期权分配的机制是非常重要的。每个人在公司中都有一种回到家里的感觉，有一种主人翁的感觉，当整个公司的市值上升的时候，你作为管理人的话，管理公司就更加容易了。因为你所有的员工都看到了自己手里的股票在不断地升值。"因此，必须保证价值分享成为可能。

七、社会责任与企业责任

观点：做好企业是最大的社会责任

多年来，我发现很多企业家在参与慈善事业、参加社区建设、赞助希望工程的时候，往往被冠以具有社会责任感。但是什么才是企业的社会责任，我们应该有清醒的认识才对。在10多年的研究和教学中，我一直认为企业应该具有4个特征才能称之为企业。第一，企业能够提供产品或者服务；第二，企业能够盈利；第三，企业能够提供就业机会；第四，企业能够实现社会的期望价值。这四点是企业存活的原因，也是它所承担的社会责任。

因此，对于企业而言社会责任首先就是要把公司做成功，当这个公司非常成功的时候，员工会感到非常安全，对工作有安全感，这样的话人才能回报于社会、交税，他们可以培养下一代，他们可以去贫困地区进行帮助。只有获胜的、杰出的公司才能够回报于社会。

对于企业家而言，最大的"独善其身"不是说种点树、捐些钱、做些慈善事业，而是有能力让企业持续经营。其次，企业家要做好自己的本职工作。一个企业家把你的企业搞好了，制度安排好了，不断提供就业的机会，提供税收了，这才是最大的社会责任。

八、做大、做强与长大

观点：长大是自然而然的事

企业如何长大一直是中国企业苦苦追寻的问题，很多企业都想得到答案。有些学者和企业家认为，企业应该做大做强，有些人又认为做强更重要，更多的企业追求进入世界500强。但是，我坚持企业长大是自然的事情，它需要时间，需要空间，并不以人的意志为转移。

这样说来似乎有些宿命论，但是这才是企业真正的规律，我们需要理解这个规律并顺应这个规律，之后才能够运用这个规律。

企业真正需要做的事情不是求大，也不是求强，而是求符合规律。企业应该了解市场规律，懂得价值规律。当经济发展迅猛的时候，有一点公司要意识到，就是企业不是天才，数额不可能涨到天上去。所以当你经济增长迅速的时候，时刻都要准备好低谷的到来；当你享受利用这样的成长发展的同时，一定要记住，总是要出现问题的，所以要时刻做好准备。

所以很多时候我们必须告诉经理人在高增长的时候，不要总觉得这是他们的功劳，不是他们的工作造成了高增长，是市场高增长带来企业增长。而在这个时候要对经理人进行管理，要做好准备，准备经济衰落的时候带来的问题。

在时间坐标中做正确的事情，在空间坐标中做正确的事情，成长就是自然而然的了。

九、领导风格与企业价值

观点：经理人要始终如一地交付企业价值

多数的企业都认为必须有一个很强有力的领导者，他有能力做出选择，也很乐意进行权衡取舍。我也发现，在优良战略和强势领导者之间，存在着惊人的相关关系。

这似乎可以理解为，强有力的领导者容易取得成功。但是这不是我的本意，我认为企业的领导者是强有力还是平和并不是关键，关键是这个领导者能够清晰确定企业的战略，能够传播这个战略意图和企业价值，使得企业上下一致理解并落实到实际的运营中。

在任何企业中，每天都会有成千上万的想法蜂拥而至，如员工建议、客户要求以及供应商的推销等。而所有这些输入的信息，99%都和企业战略不协调。领导者应该知道，就战略本身而言，坚持一个清晰而持续不变的方向，能激发出员工的紧迫感和发展意识。

企业领导者应该做的就是获悉每日发生在企业中的数以千计的事情中的每一件，而且，还要确保这些事情都被整合到了同一个基本经营方向之下。最好的经理人会走近普通职员，走近供应商，走近客户，许诺一再重复：这就是我们所主张的东西，始终如一地交付企业的价值。

十、企业家封顶与企业寿命

观点：企业家的高度决定企业的高度

中国企业发展到今天这个阶段，会遇到一个更为艰巨的考验，这就是创业的企业家如何面对变化和发展对自己提出的新要求。

事实上，企业家的高度决定企业的高度，企业家的胸怀决定企业的胸怀，企业家的境界决定公司的境界。正因为如此，今天对于企业家的要求与初创时期对于企业家的要求是完全不一样的。初创时期企业依赖于企业家的冒险精神、经营能力、亲力亲为和关注细节以及示范作用。但是到了发展阶段，对于企业家来说，以往的优点都不重要，重要的是企业家本人如何超越自己。

企业家是否能够让经理人、员工分享企业成长的价值；是否能够谦虚和提供服务；是否能够关注行业的成长并带动行业；是否能够承担社会责任；是否能够倾听、学习和分享；是否能够放弃个人影响改为团队影响，决定了这个企业是否能够持续成长。做不到这些的企业家，我们称之为企业家封顶，这样的企业也到了封顶的时候。

综上，也许这10个问题不能够囊括中国企业10年来的所有问题，但是这些问题是未来10年中国企业真的需要认真面对的问题。接受挑战，迎接未来，我希望中国企业能够有备而战：国外旅途中写完这篇文章，奥运会结束了，看到中国代表队夺得32枚金牌，知道希腊神话是给有准备而执着的人准备的，企业的道理也是一样。

(原载：《销售与市场》，2004年第28期)

加快我国企业国际化步伐

目前国内许多企业开始加快国际化进程，利用国内国际两种资源，开发国内国际两个市场，全面参与国际竞争，积极参与国际分工。但我国企业的国际化道路究竟应该怎么走，必须进行深入的分析。

一、企业国际化的几种模式

第一种模式是"代工"。这种做法的好处是进入国际市场的门槛较低、路径方便，对管理、技术及资金的要求不高，有利于在对外合作的过程中锤炼企业的能力，培养具有国际化经验的人才，逐渐提升生产管理水平。但是，由于在产业链的国际分工中处于不利的地位，我国企业的代工收益率极低，并且以消耗大量的资源为代价。尽管如此，因代工模式对国内就业贡献较大，加之我国劳动力丰富、成本低，比较优势长期存在，在今后相当长的时间内，它依然是国内企业"国际化"的主要方式。

第二种模式是国外定制（采购）。与代工相比，它是"国际化"的较高级形态：品牌归中国企业所有，并有一定的国际影响力。这种模式的利润相对较高，具有可持续性。它依赖于企业强大的制造基础和技术、工艺能力。

第三种模式是在国外设立销售网络。生产基地设在国内，国外市场销售主要由企业自建的境外销售组织承担；研发平台则根据需要国内、国外分置。这是一种融入当地市场、参与国际化分工、进行全球供给链整合的模式。它可以打破国际市场上的渠道、品牌屏障，使中国产品的性价比优势及技术特征为国际用户所深切认知和体会；同时，与国外对手正面交锋，有利于我国企业在激烈的竞争环境中发育、锻炼和提升核心竞争能力。这种模式的主要问题是投入大、见效慢、管理成本高。

第四种模式是国外设厂。这种模式贴近消费者，对市场的反应灵敏、快捷，并能受到所在国的欢迎，比较适合在发展中国家和地区运作。

第五种模式是国际购并。它的优点在于借助资本杠杆，一步到位地成为真正的国际性企业。问题主要有两个：一是收购的业务及资产，往往是跨国企业产业升级后的淘汰物，必须考虑其先进性、成长性和未来价值。二是购并后的跨区域、跨文化的管理整合较为艰难，从历史经验看，成功的概率较小。

二、企业国际化进程中的主要障碍

我国企业的"国际化"尚面临着较为严峻的局面。具体说，我国企业"国际化"的障碍主要有：

第一，渠道障碍。即我国企业的产品难以进入国际市场上的主流通路。一些发达国家的市场经过多年的发展、演变，流通业已呈现出集中度高、结构稳定的特征。主流制造商和主流渠道结成策略联盟，初来乍到的中国企业，哪怕产品再物美价廉，有时也不被接受。

第二，品牌障碍。也可以称作消费者认知障碍。长期以来中国产品出口以来料加工、贴牌代工居多，但国外消费者对大量具体的品牌却无认识，更谈不上情感上的认同。这与中国企业附加值低、在国际市场上品牌投入过少有关。

第三，技术障碍。在很多产业领域，国外跨国企业掌握技术标准。它与部分市场准入条款相关联，不遵从者难以进入国外市场；也使国外用户产生了依赖和惯性（用户使用非"标准"产品的风险、代价过大）。

第四，资源障碍。我国出口产品大多是初级产品，需消耗大量资源。有些资源供不应求，需进口弥补国内供应的缺口，国际企业及资本可以利用这一情况，通过涨价等方式制约、削减我国产品的国际竞争力。

第五，非关税壁垒。包括法制、社会、文化、环境、风俗等多种障碍。

第六，人才壁垒。目前，虽有留学人员不断返国，但国内的国际化人才仍较为匮乏。而外派的本土人才，在语言、环境熟悉等方面需有一个相当长的磨合期。由于种种原因，外派人才流失率往往偏高，使得中国企业国际化人才短缺问题雪上加霜。

我国企业国际化进程中的障碍，很大程度上反映出自身管理基础的薄弱和能力的欠缺。因此，必须努力锻造核心竞争能力。

三、加快国际化步伐的若干策略

从企业角度看,面对"国际化"路上的难题,在策略上应注意以下几个方面:一是目标市场。精准的目标市场定位,是企业努力的方向,也是重要的竞争策略。二是产品竞争力。无论什么层次的产品,如果本身的功能、品质、性价比达到国际领先水平,渠道壁垒、品牌壁垒都有可能破解。三是技术进步。我国企业一方面需加大研发的投入力度,拥有更多的自主知识产权,另一方面需通过合作、合资以及设立境外研发机构等多种方式消化、吸收技术。四是营销运作。渠道网络的开拓与布局,策略性公关的谋划与实施等,都是中国企业在国内市场上的强项,完全有理由在国外市场做好。五是资金筹措。中国企业绝大多数起点低、起步晚、家底薄。在产品大步迈向国际市场的同时,需以"国际化"的思路,与国际资本市场有深入的互动。六是组织延伸。这是产品对外渗透的保证。除了到境外设厂之外,设立国外销售组织十分重要。完全依赖国外流通网络,既受制于人,也不可能支撑中国企业的品牌。凭借自身"国际化"的销售机构及团队,在主要的国际市场上逐步建立覆盖面广、渗透程度较深、可控性较强的销售网络,对一些企业来说,是具有战略意义的必由之路。此外,向国际市场的组织延伸,也是避开多种非关税壁垒、获得所在国支持的有效途径。七是管理对接。走向国际的中国企业在管理上必须与国际通用的、主流的管理规则衔接、契合。与国际巨头同台竞技并有所收获,应当虚心、扎实地学习对方的管理经验,打好自身的管理基础。八是人力资源开发。我国企业应构建全球化的人力资源管理模式。"推出去",即把国内人才推向国际市场;"请进来",即根据需要,引入一些外籍技术、管理人员到国内工作;"当地化",即在境外聘用当地人才。在国内、国际人才一体化的同时,用包容、开放、理性的心态和管理理念,解决跨文化管理问题。

(原载:《经济日报》,2005年5月9日;合作者:施炜、彭剑锋)

中国家电：战略务本

最简单的就是最坚韧的，战略也不外乎如是。

早在1995年，三星的李健熙就提出：三星的竞争对手是中国家电企业。如果三星也定位于生产品质好又低廉的家电产品，那么三星做不过中国企业，因此三星必须走高端路线。他的判断是基于国际分工的考虑。于是，三星开始二次创业，重新定位。十年后的今天，其年营业额大约为韩国国民生产总值的1/4，公司的市值约占韩国上市公司总值的60%。在核心技术上，它和索尼签订合作协议，共享除核心技术外的所有技术专利权。三星成了巨人。

一、问题：谁将成为王者

十年前被三星称为"最大竞争对手"的中国家电企业，却陷入相对过剩的危机——产品同质化导致库存大量出现，即便那些产品依然可以被称作"物美价廉"。在混乱中，"看不见"的手开始主导着中国家电业的整合。

三年前，在谈及中国家电的战略突围，我曾用"命好"这个词来形容中国的家电企业。国际分工和制造中心的转移的必然趋势，似乎预示着在中国的家电企业中将诞生国际性大品牌。

于是，不论是进行跨国收购的TCL，还是忙于"本土部队"收编的美的，都被寄予厚望。而近几天，媒体传出海尔将收购美国第三大家电制造商美泰克的消息，更是让许多人倍感兴奋。另一方面，当下的数据表明："亏损"成了家电行业并购行为的脚注——格林柯尔的亏损、美的的新"包袱"以及TTE未竟事功……许多人把目光聚焦在"它们赢不赢利"的问题上。

或许，是时候重新审视中国家电行业的脉络，但重点不在财务数据上的赢利情况，关键在于如今的生存者中，到底谁将成为王者？

二、归零：思考基本面

重新思考中国家电企业的战略，我倾向于用三个纬度：

首先，看企业的努力方向是否和行业发展的内在规律相契合。家电属于日常消费品，家电产品的消费特征决定了这是一个规模性的行业。最后的市场格局必然是大部分的市场份额集中到"寡头"手里，而如今的市场是无国界的。和国际大型家电制造商相比较，中国家电企业还必须为规模而努力。因此，不论是家电品牌相互间的并购、还是家电行业与其他行业或者资本市场的结合，只要是为规模而努力的企业，我觉得它至少有第一个存活的理由。

此时，回看海尔、TCL、美的等家电企业这几年的举动，我们可以先大致判断其方向是否正确。若是方向对了，那么再看它的手段在现下的环境中是否可行；方向错了，一切就不足为论。

其次，看它们在如何设计产业链。一家企业从追随者成长为领导者，关键之所在是它设计产业链的能力。它必须关心产业链的分布，要知道它的供应商在哪、它的渠道在哪、它的消费者在哪以及它的员工在哪。

设计产业链，并不意味着从原材料到终端渠道，全部要由一家企业自己"全部包办"，自我投资、自我建设。"一应俱全"还是在做产品，是产品中心式的思维。由于中国家电企业冒出之际，国内缺乏相匹配的供应商与渠道商，大多数家电企业的做法是：自建供应和培养渠道。这直接保证20世纪80—90年代，中国家电行业的爆炸式增长。问题是3C融合的冲击紧接而至，以彩电为例，数字化、轻薄化和智能化已然成趋势。而构成新产品的各类零部件，成了中国彩电制造商的瓶颈。此战略之误在于忽略对供应商的管理。

中国人的思维是比较急功近利的，不是一种战略性思维模式。所谓战略的思维模式是：做什么、不做什么和企业自己要做什么，这要很清晰。我们中国人是忙着看结果的，而培养供应商的结果是很难立时就能看到的，但培养渠道，销量的上升经常能立竿见影。这反映到家电行业，我们会看到中国大多数家电企业把绝大多数经理放在渠道建设上。

竞争上升到更高层次，不仅是终端的游戏，更关键是全球范围内整合供应商的能力。这方面，最近在两个行业里，我们已经暂时落败。一是钢铁；二是手机。因此，家电企业要明确其终端客户是上端的供应商，这是源头活水。

三、跨越：方向在何处

最后，要看它们是否具备创新能力、速度能力和全球化能力。

创新、速度和全球化，也许是这个商业时代中，引用频率最高的三个词。只不过如今看来中国企业对这三个词的理解，只停留在感觉上，未凝结到结果中。

关于创新，经济学家熊彼特一早就圈定为5个领域：新产品、新市场、新的企业组合、新替代原材料和新的商业模式。

索尼在技术上是绝对领先，因此它在产品上不断创新；松下的理念则是整合市场，让没有能力享受电视的人有能力享受电视，在索尼认为无法销售电视的地方去培育电视消费能力，这是市场创新的范例。在企业组合上的创新，百事可乐值得称道。通过和肯德基的战略合作，借助后者的渠道，它得以壮大到与可口可乐抗衡；而杜邦和戴尔则在原材料和商业模式的创新上，已臻化境。

从这五个层面来看，对于中国家电企业而言，比较困难的是开拓新产品，因为我们的技术还有待提高；除此之外的四个方面，我们是有很大空间的。现实情况是：中国家电企业一直在追求创新，在制度创新、流程再造、管理变革上做了很大努力。这些方面的努力也有效，只不过这些行为只能保证"一时好"，不能保证这些企业"一直好"。

这里的问题在于它们在追求的是创新的感觉，而没有回到创新的结果上。我们没有看到新产品诞生，也没诞生戴尔式的企业在商业模式上独树一帜，更没有实现行业内外真正意义上的战略合作……

所以相对于全球市场来讲，我们竞争优势不够。回到速度上，沃尔玛和联邦快递以及戴尔都是成功的例子。一个企业的速度取决于两个指标：一个是技术转化为产品的速度，另一个是产品交到消费者手上的速度。而这两个指标最终得到的结果就是企业应对变化的能力，也就是速度能力。回看日本企业的成功，来自于对技术转化为产品的能力，所以我们今天不是要不要学习日本企业的问题，而是必须学习日本企业的问题，没有速度就不会有企业的规模，而没有规模的家电企业就没有生存下去的理由了。中国企业近年来也一直在做服务，希望服务能够为企业带来增值，这个方向的努力是好的，问题的关键是服务要基于什么去做？沃尔玛、戴尔、联邦快递之所以被我们称之为成功的典范，是他们会基于顾客的价值来做！沃尔玛关心的是"高效的消费者反应"，戴尔是尽可能减少中间环节为消费者做"直接定制"，联邦快递提出"明天上午10点半送到"，这些努力就是他们最直接的服务体现。但是中国的大部分企业的服务是基于产品的,甚至是基于企业自身的,这样的服务是不可能让企业和顾客的链接最直接、最省时、最有效,也就无法实现速度能力提升这个目的。

全球化能力对于中国家电企业来讲更是最真实的考验,一方面家电企业必须进入国际分工,另一方面家电企业又必须能够整合全球供应链资源。这两个方面的要求使得中国家电企业面对更大的挑战。

常常有企业问我,中国家电企业是否要做品牌,是否可以放弃代工。我从来都坚持,中国家电企业必须两条腿走路,代工的路还要坚持走下去,品牌的路也必须要有所作为。但是做到这两点是非常不容易的,不过我们还是要这样做。如果不做代工,我们的企业就不能够累积足够的规模,同时也不能够掌握新的技术和新的资源,甚至不能够学到新的知识和了解行业的趋势和方向,所以代工是万万不能够放弃的。如果不做品牌的努力,中国的家电企业就不会真正了解终端,真正成为国家分工中有价值的一员,虽然我不认为中国家电企业目前真的具备做品牌的条件和能力,但是这个方向的努力是必需的,也是家电企业自身需要做好付出和承受的。

全球化的能力最直接的体现是在两个能力上:一个是全球化的资源整合能力,另一个是全球化的人力资源整合能力。如果以这两个能力来衡量我们的确有很大的距离,目前的中国家电企业在资源上都是在用中国的资源开拓国际市场,而在人力资源整合上因为语言、管理基础、支付能力等等因素而常常无法有所作为,因此全球化的能力对于中国家电企业来说还是一个需要更关注、更投入、更努力的部分。

前几天为中信出版社出版的一本有关三星的书写序,让我再一次审视中国家电企业的发展所遇到的瓶颈。从去年开始无论是自己管理企业还是研究中国企业的经营管理,我感受到我们还是应该回到基本面上去思考,回到经营的基本元素上去努力。中国家电企业作了很多努力,也取得了令人瞩目的成就,但是如何在全球化的背景下、如何在竞争的环境中持续成长,如何应对变化所带来的挑战,似乎开始有些混乱。看到家电制造商与渠道商的争端、看到制造商与供应商的距离,我们知道中国的企业没有在战略的基本层面上做努力,很多的做法仅仅是解决了竞争的暂时性的问题,长久的问题没有做正确的思考和正确的行为,其实真正成功的企业就是一招,然后一直做下去,吃透它。

(原载:《21世纪经济报道》,2005年6月23日)

布局者的修炼

日本经济学家大前研一曾经估算,如果市场上的价值是100%的话,其中制造产生的只占25%。在制造这个25%的过程中,还需要购买零配件,因此制造的价值最多只有6%~8%的份额。这个数字能够说明代工企业的价值,同时也让我们清晰地看到中国代工企业的困境。

来自美国首席营销官协会的数字说,平均起来,贴牌生产商的产品的毛利率为19%,而品牌生产商的为27%。由于毛利过低,亚太地区最大的100家贴牌生产商的利润加在一起也只有40亿美元。品牌生产商还拥有那些无形的益处,在市场上有更大的影响力,更多的战略联盟机会,更优秀的人才,更强的进入新领域的能力。比起贴牌生产商在一个你死我活的世界里挣扎,品牌生产商更能够把握自己的命运,如果品牌生产商发现了成本更低的地方,为之贴牌的生产商难逃被抛弃甚至覆灭的命运。

一、多元化妨碍专注创新

近来,我总是想起两个事情,一个是20世纪80年代初,日本经济学家小宫隆太郎来到中国考察后宣布一个令人吃惊的观点:中国没有企业。20年后,我们终于看到了海尔创造了年销售额1000亿元的奇迹,中国企业开始了面向全球的征程,20年来中国企业的确成长并取得了成就,但是我想起另外一个事情,这个就是三星。

1993年的李健熙以"除了妻儿,一切皆变"为理念开始了10年的改革之路和铸造品牌之路,三星这10年正好也是中国家电企业快速发展的10年,但是10年后的三星成为销售额2000亿元美元的全球第一电子品牌,而我们还在做代工企业。

三星的10年路,中国家电企业20年的路,让我们不得不思考如何走出代工的困境,而获得企业真正的价值,这也让我们需要认真思考什么样的企业才能够摆脱代工的命运，成为一个"布局者"，像GE那样，我们知道20年来海尔一直这样做，但是无论比之GE，还是比之三星，似乎海尔还有很大的距离，究竟是什么让我们的企业无法成为布局者而只能够做代工呢？

迈克尔·波特在研究典型亚洲跨国企业时，非常惊讶地发现，亚洲企业家把办企业完全看作是在做生意，而不是创造新产品和服务。但是一个不能够首先想到发明产品、创新产品的企业家是不可能把企业发展下去的。三星打动我的第一个地方是它对于产品的专注和偏执，三星电子曾经大刀阔斧地剥离非核心业务，认准数码方向全力以赴，转变为以高技术和尖端设计为核心的追求高利润率和现金流的品牌生产营销的模式，大获成功。在中国虽然海尔已经是一个对产品非常专注的企业，但是海尔的多元化令我非常的担心，如果海尔不断地进入越来越多的产品领域，我会对海尔一直强调产品创新的方向表示担心和怀疑。

二、全球化盛筵的主人

对中国的家电业来说，WTO不会派生实力，只为实力的发展创造条件。WTO并非无所不管，而只是管理和规范那些与贸易有关的、影响贸易正常发展的政策与立法。WTO是个舞台，在演出的过程中谁唱主角谁当配角，这些都不是由舞台所决定的，而是由演员也就是每个成员的经济实力和市场份额决定的。所以说，加入WTO只是一个新的开始，它留给企业的是一个相对公平、自由的国际竞争环境。同时这也意味着中国家电企业的国际化程度必将逐步加深。

透过这些游戏规则表面影响的背后，我们至少要清楚地明白，全球化所需要的不仅是产品，更需要建立标准和游戏规则的能力。虽然在今天，家电制造中心正在向中国转移，这为中国品牌提升为世界级的品牌创造了条件，但是，中国的价格战却延缓了中国的家电企业创世界品牌的进程，或者是在很大程度上丧失了很多名额。制造中心的转移为日本提供了索尼等六个世界级的品牌，为韩国提供了三星与LG两个品牌，那么这一次为中国提供的品牌名额还会有多少呢？我们期待着最好的结局，但是这个结局需要能力来实现。

中国家电企业如何成为全球化盛筵的主人，如何成为布局者，解决之道也许来自下面一些最基本面的观点：

（一）核心竞争力的积累

C.K. Prahalad和Gary Hamel著（1990）*Corporate Core Competence*《公司核心竞争力》一文中，作者首先提出了核心竞争力（core competence）的概念。核心竞争力（core competence）是"组织中的积累性学识，特别是关心如何协调不同的生产技能和有机结合多种技术流派的学识"。

核心竞争力分析代表了1990年以来国际企业经营战略理论的发展趋向。核心竞争力的概念自1990年提出以来，运用企业能力理论揭示企业经营战略奥秘已成为当今世界的最新潮流。越来越多的人认识到，企业要在未来的市场竞争中赢得优势并获取丰厚利润，必须拥有自己的核心竞争力；任何一个想在未来竞争中获得成功的企业，必须明确为了赢得未来应怎样建立自己的核心竞争力。

（二）创建品牌

David A.Aake和Erich Joachimsthaler著（2000）*Brand Leadership*《品牌领导》一书中，作者通过对欧洲、美国和其他国家和地区300多个企业的实地调查研究，在强势品牌和品牌资产的理论基础上，又提出了品牌领导的理论。

Aake还认为，企业要防止产品变成大众化的同质商品，唯一能替代价格竞争的办法是创建品牌。价格作为一种推动力的重要性往往被高估。调查显示，几乎没有消费者会仅仅凭借价格因素来决定购买。在任何情况下，强大的品牌都能防止企业在价格一条战线上竞争。

因此，如果需要摆脱困境，品牌是必须走的一条路。记得我在与明基的董事长李耀探讨明基品牌的时候，他说过这样一句话：做品牌关键是承受力。这句话可以表明，做品牌是风险巨大的行动，所以我们在借鉴别人成功经验的同时，还必须知道我们的承受力如何。

长期以来，中国家电业就形成了以海尔、科龙为代表的"品牌派"，以格兰仕为代表的"低调派"，以及众多方向尚不明确的"中间派"。品牌的投资是巨大的，然而大多数企业的心中并没有底；但是如果想摆脱代工的困惑，这个元素是必不可少的。

（三）与渠道联盟

Philip Kotler著（1997）*Marketing Management*《营销管理》一书中，阐述了渠道的选择和管理。Kotler认为，营销渠道决策是管理当局面临的最重要的决策，公司所选择的渠道将直接影响所有其他营销决策。

由于中国的商业资本与渠道的结合，使得我们有机会看到渠道商的成熟和发展，事实上如果中国本土的渠道商不成长，中国家电企业想创造自己的品牌恐怕是难以做到的。问题的关键是渠道商是否能够发展成为真正的"超级终端"，同时渠道商是否能够与制造商成为战略联盟。

（四）技术驱动竞争优势

Michael E.Porter著（1985）*Competitive Advantage*《竞争优势》一书中，作者分析了技术与竞争优势的关系。Porter认为：当今的大企业，许多是从他们能加以利用的技术变革中脱颖而出的，在所有能够改变竞争规则的因素中，技术变革属于最显著的一种因素。技术变革就本身而言并不重要，但是，如果技术变革影响竞争优势和产业机构，它就举足轻重了。要注意的是：高技术并不保证盈利。罗兰·贝格曾经指出：中国企业的通病是"核心能力缺乏症"，当然这里指的核心能力不应该纯粹地理解为核心技术能力，中国企业也不是一定要拥有核心技术，但是如果需要成为一个布局者，就必须在核心技术上有所作为。

（原载：《21世纪经济报道》，2005年7月7日）

硬不起来的竞争力

按照企业的价值活动,家电企业的经营行为可以分为研发、制造和营销三个主要部分。其中研发内容的决策对研发成本和收益影响最大;在工艺、设备等同质化的状况下,产业结构与生产力布局是制造最关键的因素,将显著地影响投资的成败与成本的高低;而在营销中,品牌和渠道又构成了营销成本和营销业绩的最主要部分。

由此,研发、产业结构、生产力布局、品牌与渠道模式构成了家电行业竞争的关键因素。

一、研发的代价是什么呢?

中国家电发展了20多年,但拥有核心技术的企业几乎没有:彩电生产的关键技术(中频解码芯片、超大屏幕彩管和超薄平面显像管)不能自主开发;空调器的三大风扇轴流、贯流和离心不能自主设计;离开日本的变频压缩机、变频器就无法生产出变频空调器;离开国外的芯片和数字技术,就没有我们今天津津乐道的影音光碟机;中国的小家电是全球最大的OEM加工基地,但进入欧共体电水壶的核心部件——温控器还得从英国进口。

中国家电企业的研发速度也无法令人乐观:当我们刚刚研制出杀菌冰箱时,国外已生产出能够提示食品数量、保质期并能和电脑连接,自动向预定商店订货的智能网络冰箱了。

然而,拥有核心技术的代价又是十分高昂的:现在的家电产品多数取决于芯片和软件技术,要设计研发$0.18 \sim 0.25 \mu m$的芯片,在不知结果如何的情况下,投资额即高达30万~50万美元。松下公司每年在全球投入研究开发方面的经费有50亿美元,而中国唯一的一家年销售额突破50亿美元的家电企业仅海尔一个,每年的研发经费不超过30亿元人民币。面对如林的世界强手，要求中国的一个家电企业在芯片或软件的开发研究上站在世界前端是不太现实的。

即使中国的家电企业走自主研发之路，其所掌握的技术也仍依赖于国外厂家的核心技术。业内以研发著称的科龙自称目前已掌握了包括超级节能技术在内的10项重大冰箱创新技术，其中超级节能、自动开门、温度自感应、养鲜魔宝、四档变温软冷冻五项技术处于世界领先水平；可是，这些技术依然依赖于国外厂商的芯片技术，而且这些技术在市场上的反应如何尚不知晓。

就目前来说，中国家电企业无论是对外或是对内，其技术的优势均不明显，尤其是在技术同质化日趋严重的今天，应该说研发并不是目前中国家电业的关键性竞争因素。

二、产业结构是核心竞争力吗？

家电产品的配套产业结构群是非常重要的。综观世界上各大著名家电企业，均具有一个强大的配套产业结构群，这样一方面可以降低成本，另一方面可以加速相关联技术的提升。相对于国外著名家电企业，中国家电企业的起步较晚，且企业自身的产品配套功能较差，在20世纪80—90年代中期以前，谁拥有了核心零部件配套群，谁就赢得了市场。20世纪90年代中期美的空调的崛起，20世纪90年代末期格兰仕微波炉的成功均证明了这一理论。

连年的价格大战使得家电行业早早步入了微利时代，各厂家都在努力降低成本，走材料国产化、应用新技术、新材料之路，随之而起的中国三大生态圈的形成同时使得各家电生产厂家的配套产业结构和能力得到了保障，但是也造成了中国各家电生产厂家的配套实力相当、成本相当、材料相当、规模相当，产品也相当。而开放的市场也吸引了众多外资企业纷纷移师三大生态圈。

机会面前人人平等。与此同时，中国家电企业的海外扩张之路并不明朗。海尔在美国南卡罗来纳州投资3000万美元建美国海尔工业园；TCL在越南投资1000万美元建彩电生产工厂，在印度与巴朗国际有限公司共同注资2000万美元成立新公司，购并汤姆逊的道路还在跋涉；格力在巴西投资控股2000万美元的分体空调厂；海信集团投资400万美元收购韩国大宇南非工厂；美的在越南投资设厂……中国家电企业纷纷去海外投资，但投资成功与否尚是未知数。至少到目前为止没有一家企业很明确地告知媒体海外设厂盈利。

作为中国的企业，要成功地实现向世界性品牌的过渡，全球销售和全球生产是必不可少的一步，然而为什么目前在向外扩张过程中的生产力布局前景仍不明朗呢？在经过20世纪80年代家电生产线建设高潮之后，近期跨国公司又在大规模地涌向中国，纷纷在中国设立生产基地，有近十家国外家电企业酝酿或正在向中国搬迁生产线。松下电器不久前将美国肯塔基州的微波炉生产线搬到了上海。东芝公司把包括数字电视在内的电视机生产线全部转移到中国，并已经在中国投资了60亿美元，未来几年还准备投资100亿日元，将中国作为其最重要的海外基地。LG、三星、夏普、东芝等跨国公司在中国的生产企业中，超过50%的产品用于出口。

当配套产业结构使得中国各家电企业的价格、成本、材料及产品同质化日趋严重的时候，产业结构也不能成为目前中国家电业的关键性竞争因素。

三、品牌能为我们带来什么？

这是一个品牌的时代。

当可口可乐、万宝路、IBM、宝洁、耐克等世界一流品牌凭借着强大的品牌力量在全球获得巨大成功的时候，我们不禁要问：品牌到底是什么？对于家电，品牌又意味着什么？中国家电品牌时代是否已经来临？

对于家电消费者，品牌意味着什么？

就中国目前家电品牌发展状况而言，更多企业的品牌是标记，也就是名牌阶段。

但如果要问起来，海尔的产品和美的的产品到底有哪些区别，可能许多消费者能答出的只是产品外观、设计而已。这是因为由于产品的同质化及营销手段的趋同化，中国家电品牌普遍缺乏个性，没有人知道在品质差不多的空调之间，产品本身还会再有什么显著的差别。所以，家电品牌在更多意义上代表的是一种对产品品质和服务的信任，消费者对于家电的品牌个性关注得并不多或者说其本身的品牌核心价值并不鲜明。这也正是为什么几乎所有著名家电企业，例如通用、惠而浦、伊莱克斯、松下、三星、LG等，消费者并未从产品中发现真正与众不同的东西，差异最大的，也就是产品本身设计与外观的差异。

品牌在家电产品中不过是能给予消费者信心的符号而已，对于家电消费者，品牌更意味着质量、服务和亲和（见图1、图2）。所以，对于家电而言，品牌并不是最重要的。这一点中外家电企业均无明显差异，也无法构成中国家电企业的竞争关键因素。

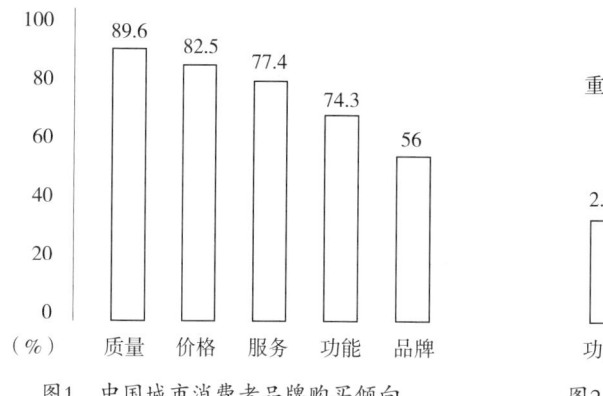

图1 中国城市消费者品牌购买倾向

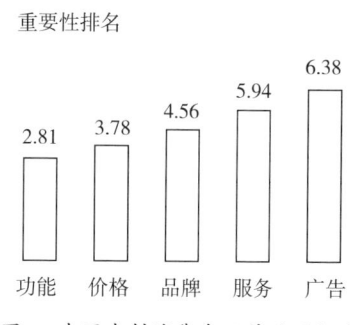

图2 中国农村消费者品牌购买倾向

四、渠道何以制胜？

当中国家电业的技术、产品、品牌与服务的同质化已成大势，企业所提供的产品在性能上的差异不再像以前那样明显，价格也正越来越困难地扮演其作为产品优势的角色，整个产业的运作效率也已达到了某种均势状态时，也即大多数企业并不拥有任何可持续的竞争优势的来源时，渠道就成了中国家电企业竞逐的舞台。

中国家电渠道的演变经历了三个阶段：大户制、网络代理制和直供分销制。由于各个企业实际状况各不相同，所以到目前为止，依然是多种形式并存，甚至同一个企业都在采取多种形式。

20世纪90年代中期以前，中国家电处于卖方市场。一方面，在供方市场条件下，许多经销商靠厂家的扶持发展壮大，厂家也在客观上利用大户经销商的销售渠道、资金、流通设施及人力开拓市场；另一方面，过分依赖大户商家又滋长了工厂的惰性，潜在的威胁是厂家只抓经销商，不开拓市场。两方面的影响为日后厂商矛盾埋下了伏笔，厂商之间和睦相处的日子并不长久。

20世纪90年代中期开始，买方市场来临。面对供大于求的状况，降价成了最直接简单的办法，市场一片混乱，厂家也在市场上缺乏控制权。因此，矛盾的积聚引发了厂家对流通模式的重新构造，网络代理制应运而生。但与国际流行的代理制不同，网络代理制具有中国特色：一方面厂家依靠网络代理商，也就是以前大户的网络资源，大户的代理权仅局限于自己建立的分销网络；另一方面，厂家积极介入大户之外的一级批发商和重要零售商。从形式上讲，这种新的通路模式,既兼顾了市场开发,又兼顾了市场稳定,是个两全其美的上策。但是,由于中国的市场还不成熟,新厂家蜂拥而至,他们一般不是追求稳定的利润,而是追求规模,往往给大户代理商更高的利润。

经历了早期大户模式的辉煌,尝试了代理制的酸甜苦辣,厂家不约而同地把目光锁定——终端零售市场。海尔是最典型的,它回避同业竞争的焦点,找到新的销售通路——自建区域营销中心,直接给零售商、小户供货。因此,海尔的终端控制能力相当强,对价格的控制很到位。格力则以资本为纽带把各区域市场有实力的经销商"捆绑"在一起,共同出资建立专业销售公司,工厂直接参与市场销售及终端市场的跟进。长虹在原有销售渠道基础上,也推出了强化零售终端的渠道策略,投资2.5亿元在全国建设1万多家零售终端。TCL是国内最早大规模建设零售终端的家电企业之一,目前在全国已拥有8000多家零售终端,有1.2万销售人员,每年投在渠道上的资金接近10亿元。美的的渠道策略也从2000年开始由"控制一级,规范二级,强化终端"调整为"强化终端,规范二级,控制一级",并积极向扁平化发展。科龙在2001年还推出了"500工程"和"5000工程",即在一级城市中挑选500个有影响、有实力、信誉好的商场,在二、三级市场和农村市场建立5000个由容声自己选定的网点,直接介入终端。

尽管主流厂家都加大终端市场的"干预"力度,从潜流激荡中成功突围,但无论是直接参与角逐,还是迂回作战,经历了20世纪90年代中后期"封杀"大洗礼之后,厂家同时回归一个理性的选择——不激怒各地大户商家。因为,从这时候开始,出现了一些响亮的名字——苏宁、国美、三联等,它们被称为"超级终端"。

五、商业资本的抬头意味着什么?

当前构成传统渠道销售家电产品冲击最大的是以国美、苏宁、永乐为代表的家电连锁。这只重要的商业资本最显著的特征是经营规模大、资本雄厚、跨地域连锁经营、掌握着庞大的销售网络,是一个高效率、专业化的零售终端。它们以承担销售风险的方式获得家电生产企业最大限度的让利,因此除了在零售价格上具有优势外,在品种、数量上与其他销售渠道相比也同样具有明显优势。

此外,综合性连锁也是传统渠道的强劲竞争对手。综合性连锁目前以国外品牌为主,包括家乐福、沃尔玛、麦德龙等,价格和商品种类齐全是他们的主要竞争手段。目前虽然仅占家电产品总销量的2%左右,但是这些国外商流企业的资本、管理、品牌优势明显,已经加大在我国的扩展力度,成为极具影响力的销售渠道。

在美国,三大电器经销商则几乎垄断了全国的电器销售。在中国虽然不会是三家垄断全国电器销售,但是这些超级终端的影响已经是越演越烈。面对这样的超级终端,厂商对其是又爱又恨,却又无可奈何。一方面,它们的销量实在是很可观,进入这些渠道,出货可以很快,而且它们都是现款现货,或者淡季打款;另一方面,它们又很不"听话",经常大幅降价,打造"价格盆地",扰乱了渠道价格秩序,客观上损害了渠道其他经销商的利益,厂商也没办法控制。

表1 2004年1—10月主要家用电器产量情况

名称	产量	同比增幅	备注
彩电	6825.24万台	15.76%	
家用洗衣机	1798.87万台	24.39%	
家用电冰箱	2556.48万台	35.76%	
家用空调器	5974.38万台	44.43%	小家电产品继续保持了较好的成长性
电热水器	383.8万台	27.62%	
微波炉	3489.37万台	20.23%	
家用电热烘烤器具		53.01%	
洗碗机		152.31%	

数据来源:《上海证券报》2005-02-16。

从整体单一的产量角度考察,整个行业产量可谓"增势喜人"表明行业市场的主体还是在继续向"买方市场"倾斜,主体市场特征决定了产品自身可替换性强,消费者选择空间大,厂商竞争压力明显。

表2 2004年1—10月中国家电行业销售成本增幅情况

名称	销售成本同比增幅	比同期销售收入增速
家电行业累计	34.85%	3.7%
制冷电器制造业		4.7%
空调制造业		5.3%
厨房电器制造业		1.87%
清洁卫生电器制造业		2.97%

数据来源:国家信息中心。

这里的成本数据考察局限在销售成本环节，其实就是在销售终端或者渠道上的成本上升，可以隐约感觉到来自渠道的压力感觉。除了销售成本之外，还有原材料成本、物流成本等成本主体，从媒体数据来看，因原材料、能源、运输价格上涨导致的成本上升幅度在8%～15%之间。

表3　2004年1—11月家电行业利润增幅情况

名称	同比增幅	备注
家电行业实现利润	4%	同期销售收入增长幅度达30%
家用制冷电器	-4.2%	
家用厨房电器	-24.6%	
家用清洁卫生电器	-9.6%	
家用空调器	14.6%	

数据来源：国家统计局。

在国家统计局的数据显示中，1—10月在消费品价格指数同比上涨6.3%情况下，家电商品价格指数却同比下降2.8%。价格的萎靡不振让厂家郁闷到极点。

（原载：《21世纪经济报道》，2005年9月8日）

中国家电业的战略回归

一、尴尬：三星高看了我们？

早在1995年，三星的李健熙就提出：三星的竞争对手是中国家电企业。如果三星也定位于生产品质好又低廉的家电产品，那么三星做不过中国企业，因此三星必须走高端路线。他的判断是基于国际分工的考虑。于是三星开始二次创业，重新定位。十年后的今天，其年营业额大约为韩国国民生产总值的1/4，公司的市值约占韩国上市公司总市值的60%。在核心技术上，它可以和索尼签订合作协议，共享除核心技术外的所有技术专利权。三星成了巨人。

十年前被三星称为"最大竞争对手"的中国家电业，却陷入了相对过剩的危机。三年前在谈及中国家电的战略突围时，我曾用"命好"这个词来形容中国的家电企业。国际分工的明确和制造中心向中国转移的必然趋势，似乎预示着在中国家电企业中将诞生国际性大品牌。可追溯的先例是：20世纪60年代，欧美大陆上的通用电气、惠而浦、西屋电气、西门子、伊莱克斯。70—80年代，世界开始流行来自日本的松下、索尼和富士通的经营故事；90年代三星和LG在韩国奇迹般地崛起。于是，国人对国内的家电巨头们寄予了太多厚望。

另一方面，当下的数据却表明："亏损"成了家电企业扩张的孪生姐妹，如影随形、挥之不去，或许，已经到了应该重新审视中国家电业战略的时候了。在如今的生存者中到底谁将成为王者，中国家电企业需要考虑战略"归零"的问题，要回归到公司经营的基本面上来重新思考原有战略的合理性，来重新选择做什么和不做什么。

二、归零：思考基本面

重新思考中国家电企业的战略，我倾向于用三个维度：

首先，看企业的努力方向是否和行业发展的内在规律相契合。家电属于日常消费品，家电产品的消费特征决定了这是一个规模性的行业。最后的市场格局必然是大部分的市场份额集中到"寡头"手里，而如今的市场是无国界的。和国际大型家电制造商相较，中国家电企业还必须为规模而努力。因此，不论是家电品牌相互间的购并还是家电行业与其他行业或者资本市场的结合，只要是为规模而努力的企业，至少有一个存活的理由。

其次，看企业在如何设计产业链。一家企业从追随者成长为领导者关键之所在是它设计产业链的能力。它必须关心产业链的分布，要知道它的供应商、渠道、消费者以及员工在哪里。

设计产业链，并不意味着从原材料到终端渠道，全部要由一家企业自己"全部包办"、自我投资、自我建设。由于中国家电企业刚开始发展的时候，国内缺乏相匹配的供应商与渠道商，大多数家电企业的做法是：自建供应系统并培养渠道。这种做法带来了20世纪80—90年代中国家电行业的爆炸式增长。问题是3C融合的冲击紧接而至，我们该怎么办，以彩电为例数字化、轻薄化和智能化已然成趋势。而构成新产品的各类零部件成了中国彩电制造商的瓶颈。此战略之误在于忽略对供应商的管理。

中国人的思维是比较急功近利的，不是一种战略思维模式。我们总是喜欢看结果，而培养供应商是很难立时就能看到结果的，但培养渠道，销量的上升经常能立竿见影。所以我们会看到中国大多数家电企业把绝大部分精力放在了渠道建设上而很少关注产业链整合。

要知道，竞争上升到更高层次，不仅是终端的游戏，更关键是全球范围内整合供应商的能力。这方面，最近我们在两个行业里已经暂时落败。一是钢铁二是手机。因此，家电企业要明确其终端客户是上端的供应商，这是源头活水。此之外的四个方面，我们是有很大空间的。现实情况是中国家电企业一直在追求创新。

最后，要看企业是否具备创新能力、速度和全球化经营能力。

创新、速度和全球化，也许是这个商业时代中，引用频率最高的三个词。只不过如今看来，中国企业对这三个词的理解，只停留在感觉上，未凝结到结果中。

关于创新，熊彼特一早就圈定为五个方面：新产品、新市场、新的企业组合、新的替代原材料和新的商业模式。从这五个方面来看，对于中国家电企业而言比较困难的是开拓新产品，因为我们的技术还有待提高。除此之外的四个方面，我们是有很大空间的。现实情况是中国家电企业一直在追求创新，在制度创新、流程再造、管理变革上做了很大努力。这些努力也有效，只不过这些行为只能保证"一时好"，不能保证"一直好"。

这里的问题在于它们追求的是创新的感觉，而没有回到创新的结果上。我们没有看到新产品诞生，也没诞生独树一帜的商业模式，更没有实现行业内外真正意义上的战略合作……所以相对于全球市场来讲，我们竞争优势不够。

三、跨越：方向何在？

"人无远虑，必有近忧"，在中国家电企业战略家不是多了而是太少了。本文所倡导的战略回归，不过是希望家电行业的企业家们不仅要低头赶路而且要抬头看天。因为，看天，是为了明确方向。

（原载：《中外管理》，2005年第11期）

经 营

明天的"热点"问题

新技术带给人们各种体验和无尽的可能,但是同时也使得管理面对许多未知。标准的管理职能,不能够概括全新的情况。"计划、组织、领导、控制",这些由亨利·法约尔为代表的管理职能理论也只能够解决层级结构的组织,当组织变得越来越网络化,信息越来越复杂化,价值越来越多元化的时候,如何管理成了一个全新的话题。

如何进行管理变革?在回答这个问题之前,需要明确理解管理的新内涵,倘若无法理解管理内涵的变化,就无法进行管理变革。而管理的新内涵不同于传统的管理内涵,主要在于它不再仅仅从职能的角度来诠释管理,而是从管理的本质的角度来诠释管理,而且最为重要的是必须基于未来看待管理。

一、变革不是零和游戏

在讨论企业变革的各种研究材料中,可以发现30年前,跻身于财富100强的企业有三分之一被淘汰出局。同样是巨型企业,为什么有的企业能够长久不衰,有的企业却困难重重,这其中的一个重要原因是企业创造适应变革的管理机制。德勤国际集团首席执行官Jim Copeland说:"面对未来,我们唯一能确定的是:未来是不确定的。"在以网络科技和知识管理为特征的新经济中,变革管理成为企业管理中最重要的方面。

马基雅维利在《君主论》中提出:世界上没有比推动变革更难的事件。一方面因为多数当权者一般会担心自己的利益受损,对于变革一开始就持否定态度;另一方面员工由于不清楚变革后自己能否获得利益,也不会对变革给予十分的支持,这就导致变革管理很难被推动。变革管理的难点和目标在于平衡好变革与发展、稳定的关系,对于企业首先要确保变革逻辑正确。

变革最大的逻辑就是变革要以发展为目的。如果变革本身只是个零和游戏，不产生增值，那么变革就难以获得足够的支持。其逻辑性体现在变革要有长期目标、短期目标、合理的策略、较为详尽的计划和时间表、数据支持、具体的制度支持等。

但变革具有逻辑性只是确保变革能成功的一小部分，因为它只解决了变革与发展的关系问题。要想解决变革与稳定的关系问题，从政治的角度看待企业是非常关键的。变革毫无疑问会导致企业内部不同员工群体的权力利益的再分配。即使变革从总量上会增加整个企业的价值，如果在此过程中某一部分人会丧失一些权力利益，或者只是相对少地增加了权力利益，那么变革也会受到很大的阻力。从社会文化这三个角度来看待变革是确保可持续性发展的重要因素。重大变革不是以企业业绩在短期内达到预期水平为终结的。只有当企业内员工及与外部相关的人员（如股东、投资者、社区等）都充分地从思想上理解了此变革并在行为上给予支持时，变革的成果才可以长期维系。

二、知识是战略性变量

面向未来的企业管理的另一重要因素是知识管理。今天，科技在企业的应用领域逐步盛行，知识比以往任何时候都更廉价、更迅速地传播和繁衍，这就意味着一旦竞争对手获得了相同的知识，企业自身的优势很快就会丧失殆尽。为了使竞争优势能够持久，管理者还必须管理知识资源。企业的知识管理应当形成获取知识和把知识应用融合于组织中的两种能力。知识管理不仅是纯技术方面的知识，而且还包括技术与整个组织（如生产、财务、市场营销等）的兼容能力。

从有效知识管理的角度来看，获取知识和运用知识是相辅相成的。有人说过：一旦公司获得了知识和产品制造的技能，下一步便是要把它化为有形资产，对其进行开发，从而获得"基本产品"。基本产品的开发是公司管理中最为重要的活动之一。事实上，如果能在基本产品市场上占据领先地位，就可以长期地对最终产品市场中的制造标准及其演变加以控制。"知识运用"阶段则是由战略性经营单位通过生产和提供最终产品与服务而得到实施的。在这个阶段，主要可以采取四种战略使竞争优势维持更长时间：增值战略、锁定战略、先占战略和封锁战略。前两项战略用于吸引客户，并长期留住客户；而后两项战略则是用于维持竞争优势。总体目标是要使公司的技术标准得到改变和提高，防止竞争对手进入

市场或者至少使他们觉得进入这个市场并没有什么吸引力。

"所谓战略性方法要求具有丰富技术知识的高级经理人和企业首席技术官共同参与制定战略。"汉斯·丹尼尔迈尔在《未来公司》里这样总结,知识决策要由最高管理层这一级别做出,知识本身应视作战略性变量而非生产性变量。知识管理的作用在此凸显:它构成了一种综合协调各方力量、捕捉重大机遇的新型战略性方法,整个组织依靠这一方法得以创造知识一体化的格局,其有利之处在于,可以正确地应对技术开发过程中的不确定性,并能够在有关机构、企业和个人之间合理地分配所有权和生产责任。

所以管理的新内涵就是变革管理和知识管理,如果管理者没有转变思维来认识管理的新内涵,就会使得企业一直流连于传统的对于管理的评判和习惯当中,但是如果这样,相对于一个不断变化的环境来说,管理一定无法跟得上环境,从而导致管理桎梏人们的能力和创造性的发挥,这是非常令人担心的事情。

(原载:《21世纪经济报道》,2006年4月17日)

小宫隆太郎是对的？

5月1日因为需要参加一位自己喜爱的长者的女儿的婚礼，决定坐南方航空9点多的航班赶往青岛。一早7点从家里出发去机场，8点到了机场，换取登机牌的时候被通知航班延误到11点左右，到了10点半，又被告知飞机在11点半才会到白云机场，起飞时间再一次推迟。我无论如何没有想到"五一"第一个航班竟然会延误，而且延误在航空公司是如此的理所当然、如此的平常，以至于大家会认为航班正常反而是不正常的。

一家企业起码的责任就是对顾客负起责任，客票是顾客与航空公司之间的约定，航空公司应该尽自己最大的努力来实现给予顾客的这项承诺，如果承诺9点起飞，这就是该公司尽力要做的。一年当中，由于飞机的延误我写出了一本散文集，可见航空公司的延误和不负责任。

迈克尔·波特曾经被问到：亚洲的跨国企业和全球的跨国企业的区别是什么？迈克尔·波特回答说：亚洲跨国企业关心钱从哪里来，到哪里去赚钱？全球跨国企业关心产品从哪里来，产品到哪里去？我总是不断地传播他的这个观点，我们想成为全球领先的企业，但是不关注产品怎么可能呢？因为产品正是企业与顾客之间的约定，产品正是企业对于顾客的承诺的展示。近来，我总是想起一个事情，20世纪80年代初，日本经济学家小宫隆太郎来到中国考察后宣布一个令人吃惊的观点：中国没有企业。一开始我非常气愤，觉得他怎么能够这样评价中国的企业，但是经过了20年的企业发展，我甚至开始觉得他的观点可能是对的。缺失基本责任的企业怎么能够称之为企业？我们回答企业能够生存的理由的时候，排在第一位的理由就是：企业能够提供产品（服务）。

创业之初，有一次松下幸之助到理发店理发，当理发师知道这位年轻人正在创办一家全新的企业，理发师就建议年轻人一定要到东京最好的理发店找最好的理发师理发，理发师告诉年轻人：您的形象就是企业的形象，所以您一定要以最好的形象展示。松下幸之助接受了理发师的忠告，知道产品一定要做到最好，因为产品正是企业的形象，所以松下电器总是以产品的最佳状态上市，使得松下电器虽然在技术上没有索尼那么前沿，但是却一直保有强势的市场地位。我一直很喜欢农夫山泉，因为这个产品有着企业领导者的负责任的价值观，我也很喜欢香港的星光集团，这个印刷企业的领导者坚持"八不印"，看星光的产品你一定可以感受到企业领导人的社会责任感。企业的理念最直接体现在产品上，因此我们可以区分不同的产品。同样是产品，人们会接受一些品牌而放弃另外一些品牌，原因是选择的品牌代表着可靠。

也许航空公司有着充足的理由告诉顾客，航班延误，但是这样大面积、高频率的延误就不能够被接受，因为已经失去了顾客的信任。这让我想起沃尔玛的理念：第一条，顾客永远是对的；第二条，当顾客不对的时候，请回到第一条。如果用这个角度看我们的企业，能够称之为企业的到底有多少呢？人们一再地关心如何跳出竞争的僵局，近来我与杂志社配合开始撰写文章，探讨离开竞争的方式和办法，但是深入研究的结果，发现离开竞争还不是关键，关键是我们根本就没有立足的着力点，所有的竞争仅仅是最低层面上的挣扎而已。为什么三星不需要与中国家电企业竞争而成为全球电子最强？为什么诺基亚不需要与中国手机竞争而成为手机全球最强？为什么戴尔不需要与中国PC生产厂家竞争而成为全球PC最强？所有这些问题，难道仅仅是因为他们本身的强大？不是的，他们也曾经是行业里最小的企业，他们也曾经是处在竞争的格局中，但是他们快速地成长了，因为他们牢牢地把握自己的责任：关注产品、关注顾客。

前一段播出韩国一个电视剧《大长今》，我感慨于主人公毫不气馁的毅力的同时，还对其中一个场景印象深刻：当大长今考医女的时候，老师没有给她及格，原因是她太过自信，敢于为任何人做疾病诊治。当时，大长今觉得委屈，我也觉得不可思议，但是当老师把真实的原因告诉大长今的时候，我也被震惊了，老师说："一个医生必须要怀有敬畏之心，要对生命具有敬畏感，这样她才不会被自己的医术蒙蔽。而长今你太自信，没有敬畏之心，所以你不具备做医生的资格。"医生为病人诊治不是基于医术，而是基于对于生命的敬畏，那么管理者做经营也应该是这样的道理，我们不是基于管理知识和管理经验，而是基于对变化和生命的敬畏，才具备做管理者的资格。如果丧失了对于产品的专注，丧失了对于顾客的敬畏，企业真的会失去存活的依据的。

（原载：《21世纪经济报道》，2006年5月15日）

第二起跑线

具备建立和保持广泛协作关系的能力,对提高公司的竞争实力有着重要的作用;要离开"红海",最有效的方法就是自建跑道。

最近几天,由于铜的价格不断提升,广东的空调厂家做出了战略联盟的选择,一方面为了应对原材料的涨价的压力,另一方面是为了应对渠道商的压力,市场上如何反应,我们还需要观察。但是这件事情本身让我想起了多年前,美国学者诺萨贝斯·穆丝·坎特(Rosabeth Moss Kanter)曾经提出的一个观点"协作优势(collaborative advantage)",在她看来,具备卓越的建立和保持广泛协作关系的能力,对提高公司的竞争实力有着重要的作用。沿着这个思路,我们可以这样确定,离开竞争的一个有效的方向是协作效应。我们都很清楚,任何一个公司无法独立地生存,它总是在一条明确的产业链条中,不同的企业联合起来,为顾客创造价值,这种关系我称之为协同效应。一家公司可以加入多种关系当中,任何一种关系的合作者可能扮演许多不同的角色,最为强烈和密切的协作是基于价值链的合作关系,这也正是我所关注的协同效应。我想从五星与百思买的合作中展开讨论。

百思买—五星的合资合作方式主要有以下4点:第一,利用五星的销售网络,百思买正式进入中国家电零售渠道。第二,百思买与五星合资之后保留五星的品牌。第三,推进双方在销售模式的相互合作。第四,扩大百思买主要运营模式向五星的供应及技术协作。

全球化是战略联盟性质的商业利益共同经营的重要原动力之一。对于五星来说,与百思买的合作可以更有效地提升其专业零售品牌形象,而对百思买而言,更重要的是利用五星的庞大营销网络,尽快了解中国市场。这些利益共同体的主体,曾是竞争对手的关系,它们为了应对挑战、寻求协力优势而联合到一起。如果五星在原有的基础上与家电专业零售商中的国美、苏宁、永乐进行竞争,无疑会陷入被动，而百思买作为新进入者挑战中国成熟的家电专业零售商，也会带来意想不到的困难。目前双方选择合资合作，从竞争对手变成协作关系，一方面可以避开双方所面对的困境，另一方面又可以带来全新的竞争格局，很多人都认为，两者的结合无疑会使得专业连锁业进入一个多元化的竞争阶段，百思买和五星的结合，可以带来一个期待：带领家电营销的竞争模式的彻底改变，是一个非常有效的选择，百思买避开了与中国本土家电零售商的竞争，五星避开了与中国本土同行的竞争。协作效应的条件和前提是，与具有互补竞争优势的伙伴建立联盟，通过彼此协作取得相互的利益；这之中，了解和共享彼此的可互补优势显得尤为重要。

早在2004年我在研究中国领先企业的模型中，就总结过领先的企业对于行业的理解。我一直认为：对市场和外部环境能做出正确理解并运用到所有经营活动中，以获取竞争优势是领先企业所选择的方向。

任何一个企业都需要在与环境的互动中求得发展，所有成功的企业都是在不断地理解市场，创造新市场中成长起来，"创造新市场"几乎是每个企业领导者迅速摆脱困境或是取得实效的最超群的能力，表现在以下的特质：

第一，明确市场走向：
（1）创造并培养清晰的长期市场意识，以获取经营成功。
（2）预见顾客和消费者倾向及其需求变化，应付非可控的竞争对手。
（3）实现产品及服务的演变以满足未来需求。

第二，创造新市场：
（1）改变游戏规则，为竞争对手设置挑战。
（2）抢在他人之前预测和抓住市场、产品和服务机会，了解外部环境和全球发展。
（3）有确定正确的进退时机和手段的能力，这样公司可获得新的长期利润收益。

苹果公司这两年正是这样努力，结果在人们并没有多少关注的数字娱乐产品中脱颖而出，一个小小的苹果"mp3"产品就可以拯救一个庞大的公司，而联想也创造性地寻找到与IBM合作的机缘，有效地借助IBM的能力进入全球市场。百思买和五星的合作，我也列入这一类的判断中，我倾向认为百思买和五星都在寻求进入新市场的机会，如果不是用合作的方式，我相信两个企业都能够进入市场，但是现在以互动的方式进入，则会让我们有更大的期待。

可见，创造新市场更重要地取决于企业家对市场和机会的敏锐程度，以及对待改变、接受创新的弹性。企业家在这方面的特质，也影响着企业在面对残酷的现实或是积极寻求突破的情况下，是否可以及时地调整战略和战术。很多时候我们往往会将一个企业的成功归结为这个企业"英明转型"的决定——这个决定从哪里来的呢？是从广泛的市场调研中得到的吗？当企业面对残酷现实或是寻求发展突破时，他们如何制定新的战略以取得胜利呢？——诚实而努力地面对现实还是不够。

格兰仕的下一步发展目标要向全球制造的联合营销中心甚至"跨行业的互动式营销中心"。它的目标并不是联合降价促销及单纯的降价，而是一种新的营销模式的诞生；更确切地说，是将联盟各方在渠道整合过程中，节省下来的利润空间让给消费者。在竞争最为激烈的家电行业，这个利益共同体通过规模化、专业化集中取得优势，将在营销手段上遥遥领先。

对于中国家电零售业而言，也许我们还需要再进一步判断如何形成能够脱离竞争的协作效应。因为协作效应最大的好处是更好地接近顾客。

（原载：《21世纪经济报道》，2006年6月5日）

企业是什么？

曾经参加女儿学校的"第二届年级之星"的颁奖会，女儿得到嘉奖的原因是：拥有热情和责任，看着为女儿拍摄的短片，看到女儿对老师、学校和母亲的致谢，内心油然生出自豪与感慨。

任何的人和事，存在于这个世界上都有其存在的理由，学校让学生拥有热情和责任，这正是一个拥有知识的人在社会中的基本要素：一个拥有知识而又承担责任的人，学校的价值就是这样展示出来的。

那么企业也是一样，企业之所以成为企业，一定是因为它有着自身的价值，对于企业的认识是决定企业能够存活在社会中的基本出发点，虽然企业存在的历史已经有了很长的时间，但是对于企业是什么的思考到了德鲁克那里，才给出清晰明确的观点，德鲁克先生在《管理的实践》这本划时代的著作中，明确地告诉我们：企业就是创造顾客，企业从功能上讲只有两个功能：营销和创新，企业也只能够具有这两个功能。

这就是企业真实的价值，如果我们离开了对于企业的这个认识的理解，企业也就失去了存在的意义。这两年，中国企业发展都遇到了瓶颈，很多企业家以为是市场、竞争以及资源变化带来的挑战，我也同意这些要素都在改变，但是我们也发现，在同样的环境中仍然有企业做得非常的好，归结它们成功的原因，正是这些企业对于顾客价值的贡献。

人们一再地关心如何跳出竞争的僵局，近来我与杂志社配合开始撰写文章，探讨离开竞争的方式和办法，但是深入研究的结果，发现离开竞争还不是关键，关键是我们根本就没有立足的着力点，所有的竞争仅仅是最低层面上的挣扎而已，为什么三星不需要与中国家电企业竞争而成为全球电子最强，为什么诺基亚不需要与中国手机竞争而成为手机全球最强？为什么戴尔不需要与中国PC生产厂家竞争而成为全球PC最强？所有这些问题，难道仅仅是因为他们本身的强大？不是的,他们也曾经是行业里最小的企业,他们也曾经是处在竞争的格局中,但是他们快速地成长了,因为他们牢牢地把握住自己的责任:关注顾客。

但是关注顾客并不是停留在认知顾客的层面上,德鲁克先生告诫我们,企业就是在两个功能上实现对于顾客价值的创造的。营销和创新对于很多企业来说并不陌生,甚至很多企业也把这两点作为自己的工作重点,问题的关键是营销和创新如何实现?营销和创新应该基于对顾客的价值贡献,如果用更为直接的方式,那就是企业应该基于产品(服务)。

在技术同质化的今天,产品本身需要更多地体现企业的理念,也更需要产品具有企业领袖的价值取向,我一直很喜欢农夫山泉,因为这个产品有着企业领导者对所有人负责的价值观,我也很喜欢香港的星光集团,这个印刷企业的领导者坚持"八不印",看星光的产品你一定可以感受到企业领导人的社会责任感。因为企业的顾客理念在产品上的体现,你可以区分不同的产品,同样是产品,人们会接受一些品牌而放弃另外一些品牌,原因是选择的品牌代表着顾客的价值。

2006年世界500强公布沃尔玛再一次排在第二位,销售额超过3000亿美元,我一直惊讶一个零售百货企业在技术和知识为特征的时代,为什么能够保持强劲的竞争地位?但是如果分享沃尔玛的服务理念,就会知道根本的原因是什么。沃尔玛的服务理念:第一条,顾客永远是对的;第二条,当顾客不对的时候,请回到第一条。

(原载:《21世纪经济报道》,2007年2月9日)

寻求"满意解"

赫伯特·A.西蒙对于管理的贡献是人所共知的,他的《管理行为》被《公共管理评论》誉为"半个世纪以来的经典著作",它是社会科学思想方面最具影响力的著作之一,被诺贝尔奖评审委员会称为"具有划时代的意义",西蒙也因此成为管理方面唯一一位获得诺贝尔经济学奖的人。这些称誉并不是我多年来关注西蒙的原因,西蒙对我的启迪是在于他对于组织决策的分析和理解,西蒙认为:决策行为是管理的核心。更为重要的是西蒙通过对管理行为的细致的观察,清晰地主张"组织里的行为是有限理性的",这也正是我非常认同的地方。

在管理的实践中,组织目标与个人目标并不完全一致的情况,我们可以从很多角度来分析为什么存在不一致,这些多角度的分析都能够从一个侧面来解决问题,但是如果你了解西蒙的理论,你会发现,西蒙给出更为关键的一个角度,这就是个人目标可能不完全与组织目标保持协调一致,因为个人是有限理性的。所以,个人也会理智地努力提出个人目标,但是常常会与组织目标无法保持完全一致,甚至可能是背道而驰。

个人的行为是有限理性,通常的意思是说,他们的目标不是我们的目标;他们的行动依据是无效的、不完全的信息;他们忽视自己行动的后果;他们的情感蒙蔽了他们的判断力;他们只关注短期目标;等等。我们倒是很少指责他们的行动太随意,以至不可理喻。但是后者才是更为关键的,正是人们行动的随意性太大,导致了个人目标和组织目标的不一致性。

西蒙正是告知了我们一个基本的事实:个人行为达不到理性标准。

(1)按照理性的要求,行为主体必须完全了解并预期每项决策产生的结果。而实际上,我们对决策结果的了解总是零零碎碎、不完整的。

(2)由于决策产生的结果未来才会出现,所以在给它们赋值时就必须用想象力来弥补缺乏真实体验的不足,但是要完整地预期价值还是不可能。

（3）按照理性的要求，行为主体要在所有可行的备选方案中做出选择。而在真实的情况下，主体只可能想到有限的几个可行方案而已。

所以管理的关键是如何在有限理性的条件下进行选择，这也是作为管理者需要非常清醒认知的一个关键。我所观察的管理者们，常常忽略了这个根本性的问题，以为在一个共同的组织中，只要目标明确，组织的成员就会一起努力去实现目标。我在教授组织行为学的时候也同样强调组织目标的重要性，但是，衡量管理水平高低的标准正是能否让组织目标和个人目标合二为一。

大部分的管理者都会从激励、人员胜任的能力和素质、组织约束的手段层面去做努力，我同样也不反对。但是我们还是要回到西蒙的理论中，要先承认每个人是有限理性的，他们对于组织目标的理解与个人目标的理解一定是存在着差异性，每个人都是在对自己行动所处的环境条件的理解基础上推导出未来的结果，而不是在基于对组织的完全理解的基础上来作出判断。

懂得这一点其实是非常重要的。因为我们在管理中常常认定目标是一个必须而且能够统合大家的东西，更多的管理者以目标作为导向，从目标来展开管理，相信目标可以带动管理并得以实现。目标管理本身的意义是不容置疑的，但更重要的是如何确保目标可以实现。而确保目标的实现，管理者需要解决的是塑造每个人的行为指向目标。

这就要求管理者应该最关注的是个人行为的整合机制。西蒙在《管理行为》一书中告诉我们，形成个人行为整合包括三个主要的步骤：

（1）个人（或组织）大范围制定决策，决策范围包括确定个人活动所要实现的价值，实现这些价值所采用的一般方法，在政策限度内制定特定决策以及执行决策所必需的知识、技能和信息。

（2）个人设计并确立注意力的导向机制以及信息与知识的沟通机制，采用的方式要保证具体日常决策与实现规划相一致。

（3）个人在步骤（1）和步骤（2）所提供的基本框架下的日常决策和日常活动来执行计划。

一般的组织决策只能通过心理机制，给每一个人提供决策所需要的价值观和知识，从而控制个人的行为。在群体行为中，也同样有必要向执行计划者传达群体计划的信息。这不是必须传达整个计划的意思，而是每一个人都应该知道自己的任务。而在上述的三个步骤中，决策信息的沟通一般最不受重视，执行效果最差。最常见的情况是，不考虑计划对于群体各个成员的影响方式，让计划"强制"生效，发布程序手册之后，却不继续了解个人是否使用手册内容作为决策指南，虽然编写了书面的组织计划，但组织成员依然对于此计划茫然不知。如果我们忘记了个人行为是组织实现目标的根本，沟通就会失败。

这三个步骤非常明确地告知我们行为整合机制是确保目标实现的有效手段，对于一个管理者来说，需要能够做到以上三个步骤。简单地说，行为整合机制就是，确立一致的价值标准，再辅之以特定的知识和信息的沟通，以确保个人的日常的行动和决策符合这个价值的标准。西蒙给出一个非常简单的方法：关注个人的有限理性，从行为整合机制出发，刻意地创造一个组织环境，这个环境迫使个人不得不选择一些要素，作为个人决策必须依据的"给定条件"，确保组织目标实现。

《管理行为》一书如果从全面理解的角度来看，我所理解的只是很少的一部分，西蒙在本书中详尽地分析了两个方面的内容：首先是"有限理性"和"满意解"，其次是决策过程理论。西蒙提出，现实生活中个人和组织的决策需要一定程度的主观判断，这种判断都是在有限理性的条件下进行的。理想中的完全理性会导致人们寻求决策的最优解，而现实生活中的有限理性则导致人们寻求满意解。而在决策过程理论里，西蒙把组织内部的活动分为经常性的和非经常性的。前者的决策为程序化决策，后者的决策为非程序化决策。书中所作的所有分析和论证都会给予我们明确的指导，在每一个成员变得更容易拥有知识和信息的今天，重读西蒙的《管理行为》一定会给予我们更大的帮助。

（原载：《21世纪经济报道》，2007年3月14日）

微利时代的经营模式

通过价格、服务和质量的竞争力,中国企业在与国外企业产品的竞争中赢得了自己的位置。但问题是,当世界已经进入21世纪的时候,环境所需要的新的竞争力是速度、创新和全球化。如果我们的企业仍然是以过去的传统经验来应对,这将是非常可怕的事情!

我深信,面对不断变化的环境,企业需要回归到顾客层面去做全面的改变和调整,而改变的方法就是要基于变化,并且清醒地思考微利时代下的经营模式。

一、"我的七个不安"

我的七个不安是:

(1)持续的高增长是否有泡沫?
(2)能否保持稳定的持续增长?
(3)中国企业是否真的具备大规模作战的系统能力?
(4)在市场竞争中到底靠什么活着?
(5)中国企业是否已经达到了国际化的动作水准?
(6)中国企业是否已形成有效服务模式?
(7)中国企业的状态、心态、能力能否支撑其走得更远?

二、我不安的原因

我不安的原因是:

(1)增长如果仅仅是来源于价格的调整或市场的自然增长,而与自身为顾客提供的帮助无关,那是没有意义的;因为如果企业没有足够多和稳定的顾客,增长就只是无源之水。

（2）企业如果对于怎样吸引顾客、自己的潜在顾客有哪些需求以及自身的系统能力与顾客需求之间的回应能力如何等方面没有清楚了解，对于服务模式和服务心态以及自身学习心态和学习能力等问题也没有清楚的认识，而且也没有制定明确的战略和计划或关注市场上的事态，而是把注意力仅仅放在企业内部，那么企业根本不可能有效地面对这个充满变化的环境。企业应在经营模式上做出调整。

未来只属于那些顾客导向型，因为整个世界正在技术的推动下变得同质化。1996年，郭士纳为IBM指出了一个新的逻辑：技术与功能都不等于客户价值，创造价值的关键点在于提供解决方案，在于用户如何用这种设备去创造出商业价值，而不是完全在于技术本身。这是划时代的，点出了竞争对手的死穴：微软、英特尔等对手为客户提供的是工具、效率，而IBM提供的是提升客户价值的解决方案。2001年，IBM的服务收入首次超过硬件收入，达到349亿美元。

（原载：《经理人》，2007年第10期）

善于寻找机会的人

2001年，江南春已是一家年收入几千万元的广告代理公司——永怡传媒的老板，但他对现状并不满足。

经过长期观察，江南春发现了一个规律：公司的老板、高管鲜有机会接触电视媒体，他们常常是从家门口下电梯到车库，把车开进单位车库，再坐电梯进办公室，那么，在电梯里做广告，对于这类人就再合适不过了。江南春决定以写字楼电梯视频广告为切入点，开发中国楼宇视频广告。两年后，江南春把永怡传媒公司正式更名为分众传媒（中国）控股有限公司。

2002年5月开始，江南春陆续把自己2000多万元的家底都拿出来，在上海最顶级的50栋商业楼宇安装液晶显示屏。但对于这种全新的广告投放模式，客户们都没有忙着掏腰包，而是选择了观望。那段岁月使江南春体会到了失败的恐惧。但没想到，分众办公室午夜通明的灯光却引来了一段意想不到的"厕所奇缘"。

被吸引来的正是分众的邻居——日本软银风险投资公司。一次，该公司的一位负责人在卫生间里遇到了江南春，有心的江南春立即向他介绍分众的盈利模式和现状。由于每次入厕时间有限，经过半年断断续续的交流，软银的负责人才听完了江南春的故事。经过严格的考察和评估，软银与分众终于达成了投资的基本框架。

继软银之后，高盛等著名风险投资公司相继为分众注资，金额已逾5000万美元。

（原载：《共产党员月刊》，2007年第11期）

中国企业需要经营能力

企业的经营能力是什么？中国的企业是否具有经营能力？中国企业是战略成功还是管理成功？这是每个企业必须回答的问题。

当我理解了我们企业的高增长部分，其实是来源于市场自然增长的时候，第二个不安就会自然产生：我们能否保持稳定性的持续增长？

我曾经看过这样一些数据：2004年中国民营企业的平均寿命是5年，到了2005年则变为3.8年，而2006年中国民营企业的平均寿命仅有2.9年。

在经济持续增长的背景下，我们企业的平均寿命却持续下降。造成企业不能够稳定地持续增长的原因是什么呢？

一、中国企业的同质化现象严重

无论在国际市场还是国内市场，中国企业的同质化现象极为严重，中国企业在产品的研发技术、制造工艺、原料市场、服务等方面都存在这种现象。

我们很少看到中国企业能够像成功保持持续增长的优秀企业那样具有独特性。我也在很多场合批评中国企业的市场研究部可以改名为"同行研究部"，我们的企业更多的是关注同行，而没有关注顾客，结果就是每个企业几乎都是一样的：一样的产品、一样的服务、一样的营销，而在研发、工艺和服务方面却看不到不同，更看不到创新。

再看看在研发投入和专利技术上的差距：2005年中国家电企业做得好的仅占销售收入的4%，而三星研发投入53.7亿美元，占销售收入的9.4%。在研发人员素质和能力差距上就更加无法比较……TCL专利累计1000多件，其中多数是外观专利，实用新型和发明不到40%。中国企业申请PTC（专利合作条约）最多的是华为技术有限公司，249件，在全球排第37位；但SONY、日立、夏普等进入前5名、三星等也进入前10名。在强大的研发技术和专利技术背后，关键就是产品的创新和与众不同。

二、原材料涨价　全球化
政府政策等外部因素仍是困扰我们的关键因素

我们都对经历100年风雨变幻仍能屹立不倒的长寿公司充满敬意。同时发现这些长寿公司存活的理由非常简单：符合顾客期望的产品，稳定成长的员工、保守的财务。他们还拥有不同的其他特点，但这三点是他们的共性，而这三点不受外部环境影响，不受变化影响，这是企业自身能力积累所获得的主导市场的要素。

即使到了今天，我们的企业还是受外部环境影响的困扰，2006年人民币汇率的变化给中国企业带来了巨大的影响；2005—2006年间原材料价格的上涨带来的冲击，更是让中国企业无力招架。2005年中国电子百强利润总额29.3亿美元，相当于全球IT70强的24位，利润率为2.5%；但一个三星的利润就约60亿美元，利润率10%。当我们的企业不断强调原材料、市场竞争、汇率变化导致利润下滑的时候，三星的盈利能力是否可以给我们一些警醒。

企业的经营能力是什么？中国的企业是否具有经营能力？中国企业是战略成功还是管理成功？企业经营能力是每个企业必须回答的问题。

在20年间，中国企业具有了规模能力、成本能力及销售能力，可规模、成本、销售还不是企业的经营能力，这只是企业的生存能力。当一个企业具有一定规模水平、成本水平和销售水平的时候，企业能够让自己在市场当中存活下来，但并不意味着企业能够持续增长。只有具备经营能力的时候，企业才能够持续稳定地增长。

而真正的企业经营能力是企业能够主导供应链体系，投资、技术形成的价值链，企业决定着资本和技术的流向和流动方式。在这个时候的企业就能保持持续稳定的增长，不再受外部因素干扰。

这也正是我不安的原因：我们的企业能够把握地还是规模、成本和销售，并不能把握价值的传递，也不能影响资本和技术流向。市场外部的任何一个因素都可以导致我们的企业面临生死问题。而我们的国际同行却能够延续技术和资本能力，在强大的经营能力主导下不断增长。所以我更为不安的是竞争对手在大好行情下得到休养生息，而他们依据的是经营能力。

（原载：《新华航空》，2007年第11期）

谁可以走得更远

未雨绸缪、循序渐进的国际化战略是中国企业成功走向海外的基石。在国际化模式上，中国企业更多地选择"稳步积累式"的发展模式，而国际化是一个系统工程，必须创造多种竞争优势，整体推进。

将产品销售得更远，意味着产品的功能和设计必须是在了解最终客户基础上的创新，为此中国企业开始从过去的低成本转向技术创新和文化创新。30年来，中国企业在全球创造的第一个成果是制造了让用户高度依赖的低成本产品。而在今天，中国企业更加需要让全球消费者清楚地理解：

（1）我们会销售什么样的商品；

（2）我们如何控制产品的质量；

（3）我们的产品是如何生产的；

（4）我们如何对待本国和海外市场员工；

（5）我们为当地市场带来了怎样的价值。

换句话说，只有中国企业的战略逻辑契合全球市场价值的时候，才可以走得更远一些。

一、中国企业为什么走不远

如果企业希望能够持续存活下去，就必须回答"凭什么活下去"这个问题，而企业有多大、赚多少钱、是否具备品牌等只是经营的结果，只有回到"凭什么存活下去"这个问题上来思考，才是战略层面的思考。

人们认为成功的企业都是创造性地开辟了新的领域：星巴克使咖啡成为商务人士瞬间可以享受的休闲；杜邦公司"让女王的丝袜女仆也可以享用"；沃尔玛的商业模式让产品"总是以最低的价格销售"；阿里巴巴更是"让天下没有难做的生意"。不可否认，这些企业的奇迹都源于创新能力的发挥，这些创新依赖于技术、资金和人才，但关键是要能将技术、资金和人才转化为创新成果，而创新成果的转化往往依赖于企业所具有的明确的战略逻辑。

中国企业缺失的恰恰就是战略逻辑。绝大部分中国企业所做的努力都是管理的努力而不是战略的努力，追求的是解决问题，但解决问题是管理思考而非战略思考。对于一个企业来说，解决问题应该是第二位的，第一位是选择做什么和不做什么，也就是回答战略的问题，先回到战略思维方式上，之后再落到管理理念上解决问题。

战略思维与管理理念有着根本的区别。战略本身就意味着做出艰难的抉择，选择那些有利的事情；而管理则是那些不必作选择的事情，它事关各种业务的处理方式。战略思维需要确认什么才是最重要的，确认最后所选择的方向能够对应最初确定的目标，所以战略思维是用如下逻辑展开的：

首先要回答问题1"你想干什么"，实际上就是企业确定的目标；接着需要思考问题2"凭什么"，就是需要知道实现目标所必需的条件；然后要思考问题3"你有什么"，企业需要了解自己的能力和资源，也就是相对第2个问题中的条件，清晰了解自己的优势；除了已经拥有的条件，企业还需要面对问题4"你缺什么"，回答企业相对于第2个问题中的条件还欠缺的东西；最后要确定问题5"你要干些什么"，当企业清楚地知道了自己欠缺什么，就能够做出选择，决定最关键的是做什么，而这个选择就是战略的选择。所以，战略思维不是解决企业当前问题的，而是解决企业目标所带来的选择问题，它会让企业关心存活的依据，清楚界定盈利的来源，知道自己能够做什么，不能够做什么。

管理理念则是：遇到任何问题都要找到解决的办法。管理没有对错，只需要面对问题，解决问题。因此，不管遇到什么问题，处于管理的位置就要去解决，而并不需要关注这个问题本身。但是，很多人误以为解决问题就是作了战略的选择。

所以，中国企业不要急着解决问题，更应该先回答"到底要做什么"。30年来中国市场和企业实现了高速增长，但这种增长却掩盖了中国企业战略能力缺失这个最为关键的问题。当我们的增长可能来源于市场巨大需求的时候，中国企业不要急于追赶世界500强，也不要急着进行价值型企业的梦想里程；不要以为有了2000亿元的销售额就是世界强者，毕竟在战略上我们并没有做什么。沃尔玛的全球供应链效应、微软实现顾客价值的能力、宝洁对于消费者的深刻理解，这一切都表明并不单单是低价的问题，也不是创新的问题，而是是否具有坚实的战略基础的问题。

二、战略思维的出发点：价值链共享

宝钢在经历了2005年铁矿石涨价71%之后，又必须面对2006年19%的涨幅，2008年来临的时候，再一次承受71.5%的涨价。如果中国企业不明白价值链是今天竞争的基础，战略不能以价值链为出发点，那么市场将淘汰我们。中国企业需要从思维方式上作出根本的转变，同行不再是企业的对手，从某种意义上讲它们也是企业的合作伙伴；企业必须致力于对顾客价值的贡献，致力于带动业绩成长的营销服务；必须始终如一交付价值，并在从设计、生产到销售、分销和定价这一完整的业务流程中关注价值交付。

企业的持续成长是衡量企业能力的根本标准，保持企业成长的条件只有一个——顾客的价值增长。成功的企业会以顾客价值为导向，其战略逻辑是长期的并深植于顾客价值之中。对这样的企业来说，成功不在于专业化还是多元化，而在于顾客价值取向的判断，给世人一个"看世界的窗口"让微软在专业化的道路上一往无前，"科技造福人类"成就了多元化的GE。专业化或多元化只是战略方式的选择，这个选择并不重要，重要的是选择的战略逻辑是什么。顾客价值取向的战略逻辑，是支撑专业化或多元化成功的关键，顾客价值取向的判断可以称为战略思维方向。

而共享价值链作为战略的出发点，就是要确定整个价值链所有成员能够表现出价值。因为产品价值的界定、产品的差异化营销和价值分享的可能性，都来源于所有成员对价值的把握，来源于所有成员对顾客价值的理解。因此对企业而言，只有把分享价值作为战略的出发点，不断超越自己，才能够真正服务顾客，也才真正具有竞争力。

三、价值增长驱动企业远行

企业成长应该建立在核心业务的基础上，因为依赖市场自然增长带来的企业成长总会有停滞的时候，而只有建立在核心业务基础上的成长才能使企业走得更远。

拥有核心业务基础的企业需要具备四个特征：市场份额领先、盈利能力强、抗竞争能力强、综合能力突出且财务基础稳固。但是企业要具有这四个特征并不容易，因为"市场份额领先"需要企业有能力理解市场、理解顾客价值；"盈利能力强"需要企业有提升附加价值的能力，有满足顾客需求的独特能力；"抗竞争能力强"需要企业能够摆脱竞争，重新定义产品、顾客和价值；而"综合能力突出且财务基础稳固"对企业的要求更高，需要企业整个系统有能力实现所有的市场想法。

上述四个维度所界定的企业核心业务基础的能力，可以用一个概念来描述——价值增长。

30年来中国企业的成长，更多是来源于市场容量的自然增长，这就表明他们的成长并不是由于内在能力的增长。这样的成长，会导致企业忽略了需要关注的方向，这个方向就是如何满足顾客的需要，这恰恰是真正的成长来源。

什么是真正的商业成功？实质上就是使顾客满意，同时使企业赚钱。如果以这个标准来界定企业的发展，就可以判断企业的成长是否具有持续性，是否真正拥有成长的内在动力。

人们惊讶于苹果公司所实现的增长，而这些增长正是苹果公司与顾客之间全新价值体验的结果。苹果公司独有的创造价值被消费者认可——只要是苹果公司推出的产品，必然有其独到的存在价值。苹果公司有效结合产品设计与生产技术的能力深得业内人士赞赏，同时它非常注重用户体验以及产品设计对用户体验的影响。从2001年开始，苹果公司在全美开设专卖店，不仅销售产品，更多时候是为消费者提供最直接的产品体验——任何光顾者都可以使用店中摆放的电脑免费上网、听音乐、看电影、打游戏等，同时欢迎留下使用意见和建议。随着越来越多的消费者更直接、有效、深入地了解苹果，体验苹果带来的激情享受，进而从情感上接受苹果，跟随苹果，使得苹果公司获得了根本性的内在增长。

四、价值增长就是基于顾客价值创新

基于对顾客价值增长明确的需求，成长型企业的领导者需要不断关注以下几个问题：

第一，因为市场成熟度的提高，企业必须找到什么是企业成长的驱动因素；

第二，因为全球竞争的开始，企业必须清晰地知道在哪里竞争和如何竞争；

第三，因为产业合并的不断加剧并成为普遍，企业必须知道自己需要推出哪一项业务；

第四，因为资源已成为竞争的主要要素，企业必须明确应该把重点放在哪个发展机会上；

第五，因为新技术不断涌现，企业需要回答怎样使成长持续下去的问题。

这些问题已经是今天企业领袖们必须回答的战略问题,而连接这些问题的关键点就是顾客价值的创新。

Google的成长让人们更真切地感受到了顾客价值创新带来的变化。Google拥有清晰、明确的企业使命——"整合全球信息,服务所有用户",公司活动遵循用户优先的准则。在Google,"用户"一词多了一层含义,即自己的员工也是因特网的用户,Google的工程师们在研发产品的同时,也能够以最终用户的身份审视和评价产品,这样就使大多数产品的研发过程都会有最终用户的直接参与和全过程追踪,因此,Google在用户满意度的调查中更容易得到认同。也正是这样,Google成功地改变了我们的生活,通过它我们知道如何查询信息、如何学习、如何寻找灵感等。它创造并成功运作了一种搜索功能,填补了广大用户尚未意识到的需求空白,成为人们日常生活中不可或缺的工具。

除了搜索引擎之外,Google还不断推出"转移固有思维定式"的新产品,包括网络服务(电子邮件系统、即时通讯及日程管理)、信息平台(Google新闻、Google Finance与地图相关产品),以及电子商务系统(Google Base)等。因此,Google以极快的速度实现了技术、产品、业务模式、地域以及消费群体等方面的突破创新,它的新产品研发过程可以用"实时"来形容,而正是"实时"满足了顾客价值需求。借助于"实时"给予顾客的价值,Google也成为一家成长型公司。

人们确信,价值增长战略是必需的,更加确信实现顾客价值是实现价值增长的根本途径。这就需要回答一个关键的问题:如何洞悉顾客需求。

洞悉顾客需求并不像人们想象的那么困难,但为什么很多中国企业无法做到这一点?最为根本的原因是中国企业没有真正转变为顾客导向的思维方式和管理习惯。很多企业的管理者,尤其是高层管理者很少有机会贴近顾客,当然就很难真正了解顾客。华为公司的总裁任正非先生曾经告诫华为的高层管理人员,高层领导的责任就是三件事:布阵、点兵、陪顾客吃饭。由此可以知道,华为之所以能够在激烈的产业竞争中保持优越的位置,就是因为他们和顾客在一起,用顾客的思维方式选择自己的战略,华为的战略正是基于顾客成长的价值增长战略。

实现价值增长战略需要公司的勇气和能力,更需要企业文化所营造的创新氛围。当每一个员工都能够持续地关注创新并愿意参与创新的时候,当顾客价值的实现有了根本保障的时候,价值增长战略才会实现。记住:顾客是唯一能够解雇我们所有人的人。

(原载:《销售与市场》,2008年第10期)

靠什么应对动荡环境的挑战

经历了高速发展的中国企业,今天遇到了更加动荡复杂的经营环境、成本上涨、人民币升值乃至美国次贷危机的影响使大批企业受到冲击,甚至因此退出市场。如果用理性一些的眼光来看待,我们可以看到,不管是什么时间、以什么方式,这种市场选择在中国经济的发展和升级中不可避免;我们同时可以看到,即使在这样的环境变化下,依然有一些企业能够保持稳健、快速的发展,这也证明无论环境如何改变,企业并不是没有能力依照自己的设计前行。

中国企业运营水平的升级在今天显得更加迫切,而能够摆脱环境的左右,保持稳健发展的企业需要以下四个方面的能力,这也是企业在大浪淘沙的市场选择中能够持续走向未来的努力方向所在。

一、明确的战略定位

罗伯特·A.伯格曼(Robert A.Burgelman)曾说过"战略控制命运"。战略决定着企业的命运,新的战略资源为未来命运造就可能性,有助于企业的发展。战略作为取得和维持对企业现在和未来命运控制的手段,成为贯穿成功企业演进历程的主线。

战略回答的是企业做什么与不做什么这一根本问题,对企业而言,选择不做什么往往比选择做什么更为艰难。学会放弃是一种智慧,因为企业资源永远是有限的。企业追逐越来越多的顾客价值利益点似乎是合理的,但如此一来,众多企业便千篇一律地陷入到红海的厮杀中。擅长于做加法的企业理应思考一下是否可以适度做减法,为企业减负才能更有效地创新。企业只有专注于自己所长,才能持续获取超额利润。

1999年,携程旅行网成立,它依靠网络和电话呼叫中心,让消费者通过一根电话线就可以享受到和店面同样的服务。经过几轮融资,2003年,携程已成为中国旅游业第一家在美国纳斯达克上市的公司,并凭借稳定的业务发展和优异的盈利能力,成为纳斯达克表现最佳的中国概念股之一。携程的战略定位从拍卖、游戏、旅游、打折书甚至门户网站,到最后选择了在线旅游,可以说正是最终清晰的战略定位成就了携程——避开传统的店面式旅游,进入到一个完全依靠互联网和电话线就可以提供类似甚至更优服务的蓝海,携程超越了行业中传统意义上的竞争。

我们从携程的发展可以看出,它并没有热衷于一些时髦的领域如游戏、书籍等,而是专注于提供在线旅游服务,在此基础上,稳健地进行并购,扩展业务版图,海外资本市场的追捧也可见对其战略和发展模式的认可程度。

二、基于顾客价值的产品创新

顾客价值永远是产品创新的方向指针。现在的市场环境是以顾客需求为导向的,实现顾客价值是企业经营决策的唯一出发点,或者说顾客立场是企业的唯一立场。产品和服务的同质化是微利时代企业竞争的主要特征之一,企业要跳出传统的竞争模式,必须解决的问题之一就是如何持续地进行产品创新。新的技术和产品,只有在顾客认知的基础上才是有效的。

蒙牛1999年实现销售收入0.37亿元,同行业排名第119位,到2004年实现销售收入72.14亿元,同行业排名已开始稳居第二位,其创造的"蒙牛速度"成为中国企业的一面旗帜。2007年中国乳业格局再次被打破,蒙牛再次刷新纪录,赶超伊利成为中国乳业第一。为什么蒙牛会有如此的发展速度,当然原因很多,但是其中最重要的原因是蒙牛针对顾客需求能够提出一系列的解决方案。道理显而易见,它就是从顾客价值出发的,对不同的顾客需求、时间价值、购买习惯所进行的各种品类产品的创新,传递了蒙牛的顾客价值,它让顾客便捷地享受到了多样化的产品组合。

商业竞争环境的变化让国内企业也越来越关注产品层面的基本问题,因为产品是顾客价值的最本质的体现。顾客的需求是多样化的,正确理解并迅速采取行动,才会取得先发优势。

三、协同能力

企业的竞争已经告别单个企业之间竞争的模式,协同能力的竞争是未来商业竞争的主要形式。企业要适应今天的经营环境,就必须在经营模式上能够实现与更多的企业进行对接,提升整个供应链的价值,更大程度上方便顾客,节省其成本,提升反应速度。

招商银行的发展很大程度上就是得益于协同能力。从2004年到2006年,招商银行净利润复合年增长率达到44%,总资产复合年增长率为26.2%。截至2007年9月30日,它的资产总额达12193.66亿元,比年初增长30.5%,1—9月份实现净利润99.70亿元,同比增幅128.09%。2007年在中国银监会对股份制商业银行的内部评级中,招商银行连续四年被评为第一,而在境内外权威媒体和有关机构组织的各类调查评选中,也获得了"中国本土最佳银行""中国最佳零售银行"等多项殊荣,是中国银行业中公认的最具品牌影响力的银行之一。这些漂亮的业绩,正是来源于招商银行同企业、个人用户、金融机构的良好协同能力。

四、"六西格玛"管理习惯

要解决企业目前所面临的困境,积极改进管理方法,重塑企业文化是极其必要的——"六西格玛"正是全新文化的基本内涵。"六西格玛"管理最核心的内涵可概括为6个方面:其一,以顾客为关注重心;其二,基于事实和数据驱动的管理方法,注重统计方法和工具的运用,而不是基于经验和个人的主观臆断;其三,聚焦于流程改进;其四,有预见的积极管理;其五,无边界合作;其六,追求完美,容忍失误。"六西格玛"能够创造一种新文化,正是这种新的文化内涵使它超越了一种单纯的管理技术。

"像制造业一样生产服务",是携程成功的一个重要经验。"六西格玛"管理方法在服务行业中大刀阔斧地引入并不多见,在国内制造业中"六西格玛"管理的运用效果也并不理想,失败原因有很多,包括合格人才的匮乏、项目可行性差等。但是,携程通过引入"六西格玛"管理获得了比较显著的效果,将其服务产品的合格率控制在了99.99%的水平,订单差错率下降到万分之二,咨询准确率提高至99.89%,订单回复速度也上升到99.9%。

同样,美的微波炉事业部的成功也依赖于"六西格玛"管理技术的应用。

2004年，就有人称"微波炉行业发展已到冰封时期，稍有不慎就会出现集体崩盘的惨剧"，还有权威媒体报道"微波炉已没有多少油水可捞"，再加上上游原材料价格上涨、海外市场贸易壁垒不断增高、欧盟出台环保令、美国反倾销大棒也开始瞄准微波炉，中国市场微波炉价格持续走低，利润持续下滑，微波炉行业似乎面临崩溃的边缘。

然而经历了近两年的沉寂之后，2007年美的微波炉异军突起，市场份额突破40%，这一方面得益于其营销能力，另一方面得益于产品本身的竞争力。由2位黑带大师、8位黑带高手和32位绿带高手组成的"六西格玛"员工队伍推动实施"六西格玛"管理，有效地提高了产品竞争力。美的选择了一条富有创新意义的路线，扛起技术应用的大旗，策动了微波炉行业由价格厮杀到价值升华的裂变，终于找到了一个绝处逢生的方向。

"优胜劣汰，适者生存"。面对外部环境不断提出的新挑战，企业只有努力地去理解市场和顾客的需求变化，始终专注于自己的定位，从顾客价值出发关注产品、不断创新，提高协同作战能力，并通过导入先进的管理工具和方法使内部管理规范化，才能摆脱环境的左右，稳健地走向未来。

（原载：《销售与市场》，2008年第13期）

抓住成为价值型企业的机会

30年改革开放,中国商业环境发生了翻天覆地的变化。中国市场本身已经变成了最国际化的市场,成为世界上不同国家主要厂商进行竞争的主战场。中国不仅是中国企业的本土市场,也是培育在国外市场核心竞争力的场地。今天的中国企业更应思考如何利用本国市场去获取商业价值最大化。30年前,中国企业发展的机会来源于中国市场;30年后,中国企业的发展机会来源于全球化市场。在即将到来的未来面前,成为价值型企业,获取商业价值最大化,是中国企业的下一个机会。

一、价值型企业模型

成为价值型企业是中国企业所需要努力的方向。中国企业未来的发展,一要把握并顺应环境发展的趋势;二要具有内在的驱动力。

全球化是我们必须面对的环境发展的最大趋势,迎接全球化是必须的和必然的。因此,要真正融入全球化,并谋取到座席与话筒,我们需要了解在全球化背景下,国际运作规则是什么,价值标准是什么,要用符合国际惯例的方式来获得真正的认同。这要求中国企业具有全新的发展能力。

内在的发展驱动力来自于企业制定战略和实现战略能力的累积。在市场经营环境已经进入客户中心时代,要从简单地理解市场转化为理解客户。随着全球化的深入,人力资本强化和资源深化的要求,中国企业的增长方式不能再依赖于规模增长、投资增长和劳动力的单纯增长,需要新的增长模式——我称之为价值增长。

"成为价值型企业是中国企业的下一个机会"这个判断的根据,是经济增长方式从粗放型向集约型转变。20世纪90年代以来,中央关于从粗放型经济增长方式转变到集约经济增长方式的一贯要求是:经济增长从主要依靠增加投入、追求数量,转到主要依靠科技进步和提高劳动者素质上来,转到注重质量和以提高经济效益为中心的轨道上来。从国际经验可知,新型工业化和科技是消解经济发展与环境资源关系紧张的重要手段,而这也带来了企业增长方式的全面改变。

以下是我提出的价值型企业模型(图1)。它主要表现在对企业战略、执行和文化三个领域的塑造。

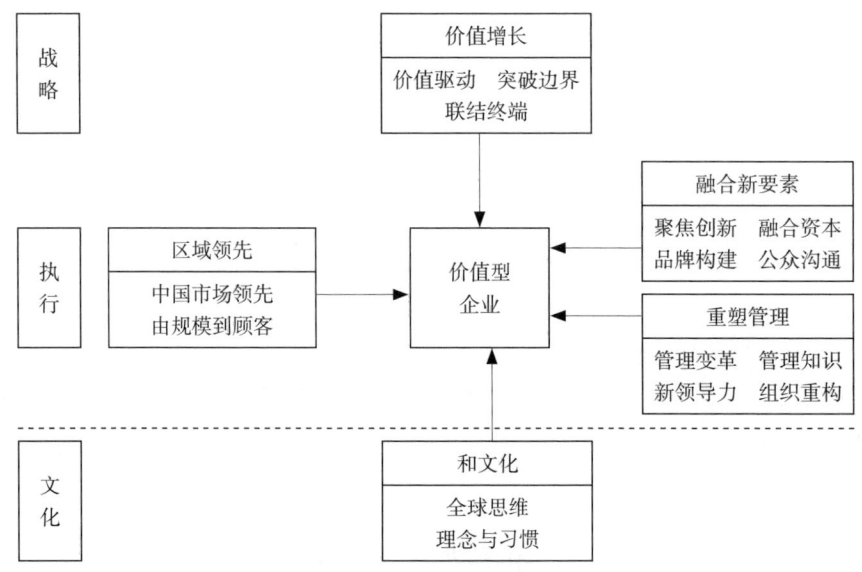

图1 价值型企业模型

在战略领域,是价值增长的战略。战略逻辑的清晰和持久性决定着企业是否可以获得持续的价值,价值型企业必须具有明确的价值驱动能力,要求战略的重心从价格转移到价值,从市场转移到客户,从产品转移到产业,从本土转移到全球。

在执行领域,包含三部分:一是区域领先的市场能力。本土市场的领先能力,决定企业能否实现价值增长。二是融合新的要素。过去驱动中国企业成长的要素是学习、成本、创新和市场,而今价值型企业的驱动要素表现在创新、资本、品牌和沟通。三是重新塑造管理。管理不再简单承担原有"计划、组织、领导、控制"的功能,知识和变革赋予管理全新的内涵。管理者要升级为领导者,必须从影响他人转化到信任个人和引领组织,组织所承担的功能也从追求效率转化为推动组织系统整体成长。

在文化领域,是"和"文化。企业需要在全球视野下确立新的思维方式,也需要在传统文化基础上进行选择和扬弃。我将这个新文化称为"和"文化,即融合世界的价值取向以及全球理念。

二、价值型企业的共性

那些无论市场变化、行情起伏、时间推移、地域差异都能够推进自己前进的企业,就是"价值型企业",即它们能够面对不断变化的环境并超越环境创造价值的企业。它们的共同特质有8个方面:

(1)持续的成长性。市场领导者没有根本意义,根本意义是企业的持续成长性。一个企业成为市场领导者并不意味着什么,最关键的是需要有一个明确而清晰的战略,而这个战略所能回答的问题就是企业持续成长的根源。

持续成长是衡量一个企业能力的根本标准,保持企业成长的条件只有一个,那就是顾客价值成长。因此价值型企业会以顾客价值为导向,它的战略逻辑是长期的,并深植于顾客价值之中,对于这样的企业来说不是专业化和多元化的区别,而是顾客价值取向的判断。我们看到,专业化的微软,推动微软的是给世人一个"看世界的窗口",我们也看到多元化的GE,成就GE的是"科技造福人类";无论是专业化还是多元化,这只是战略方式的选择,这个选择并不重要,重要的是选择的战略逻辑是什么。只要是顾客价值取向的战略逻辑,就可以支撑专业化或者多元化的成功;因为不是专业化或者多元化取得成功,而是顾客价值取得成功。

(2)创新性。德鲁克说过,企业就是创造顾客,只有两个功能:销售和创新。创新就是改变资源的产出,通过改变产品或者服务,为顾客提供价值,带来更高的满意度。今天的市场环境条件下,创新是企业能够成为价值型企业的能力所在。

创新表现在5个方面:创新的产品、创新的市场、创新的替代材料、创新的商业模式和创新的企业组合。人才、技术和资金需要转化为创新的成果,得到这5个方面的成果才是创新性的体现。正如熊彼特所言,"创新是判断企业家的唯一标准"。

(3)环境的匹配能力。企业与环境是互为主体的,企业如果不能够顺应环境的变化、不能够与环境互动,企业就不可能具有竞争力。IBM经历了小型机、大型机和互联网的时代,每一次都因为对环境变化有深刻理解,而始终保持领先位置。

中国企业近年开始遭遇国外市场的抵制,从根本上寻求原因,我们可以理解为这是中国企业在进行海外扩展时对于国际商业环境理解不足造成的。如果我们不能够将自身能力与国际商业环境很好地匹配,最后在海外扩张进程中受到伤害的一定是企业自己。

（4）领袖风范的领导力。诺·提切说："成功企业之所以成功，是因为它们拥有优秀的领导者，这些领导者指导组织中所有层次其他领导者的成长。"我发现，中国成功企业的领导者们的特质中有两个必要前提："发展自己，发展他人"和"企业长期发展的使命感"。华为公司可能已站在了迈向价值型企业的最后几级台阶上。任正非是敢于自我否定的人，敢于发出盛世危言，并真正视人才为第一资源。

（5）价值链优势。多数中国企业能有今天的地位，确切地讲不是自身能力，而是命好，中国企业的高速增长是中国市场增长的结果，而非企业实力提升的结果。但从今往后，企业需要的是真正可以满足市场要求的能力。当今企业的战略出发点是共享价值链。只有把分享价值作为自己战略的出发点，不断地超越自己，才能够真正地服务目标顾客，也才真正具有竞争力，才能够回到经营的根本目的上，即为顾客创造价值。如果我们不明白这点，市场将会淘汰我们。

（6）全球化能力。在信息技术驱动下，全球化速度越来越快，全球化所带来的巨大挑战是真切的。中国企业的全球化进程充满了艰辛和痛苦。世界500强企业把中国视为最大的机遇，一些著名的跨国公司正是因为在中国市场的成功才获得了全球市场的成功。中国市场已不再是专属于中国企业的本土市场，它已经是世界市场的一个重要组成部分。中国企业要认真思考：用全球化标准来判断，在战略上我们做了什么，没有做什么？达尔文说"适者生存"。全球化能力就是我们必须适应变化环境的变化能力。

（7）有竞争力的产品与技术。全球跨国公司关心产品的来去甚于关心钱的来去。三星公司与中国企业成长的时间和所具有的条件，有很多相似的地方。但三星成为全球电子行业第一品牌，而我们仍然在国内激烈竞争，无力进入全球市场。三星的10年路，让我们不得不思考企业如何走出代工的困境，如何获得企业自身的真正价值，这也让我们认真思考什么样的企业才能够摆脱陷入困境的命运。没有产品（服务），企业也就没有了在市场中存在的理由。能够带领企业冲出竞争的第一个选择方向，就是专注于产品（服务）的生命力。

（8）资本结构的治理能力。只有伟大的董事会才能造就伟大的企业。现在，整个董事会实际上是个专家集团，在这里起决定意义的不是资本和股份，而是知识、信息和经验，这些无形资产的拥有者成了企业的决策人。

三、价值型企业的核心能力

价值型企业的发展来自于全球规模、国际化经营及其核心能力。中国企业在整个发展历程当中如何在未来构建自己的核心能力？我认为，有长期国际竞争力的价值型企业需要在核心价值观的指导下具备以下五种能力：

（1）价值观和企业精神力。价值观是一种既抽象又具体的核心差距。价值型企业的企业价值观有两个突出特征：价值观作为核心的行为规范，直接指导并决定企业的决策结果和日常经营行为，引导企业的行为和员工的行为；价值观是企业在经营中长期坚守的理念，很少随经营者的变动而任意改变，价值观受到长期的尊重。

（2）战略洞察力。企业战略管理能力，关系到企业对未来的提前预判，决定了企业能否成为百年老店。价值型企业在此的突出特点是：企业战略的制定是严密分析外部环境和企业能力后的慎重选择；企业战略的制定、分解和执行能够动态地运行，有严密的管理体系保障；企业战略一旦制定，能较长时间保持相对稳定，直接指导企业经营决策。

（3）计划控制力。计划控制力的差距是能否长期保证企业目标实现的差距。价值型企业在计划控制方面的特征是：可在企业的范围内有效地将战略目标进行分解和传导，并层层落实到各级经营主体；计划、预算体系细致全面，预测准确，体系完备，能有效指导经营活动；严格按计划、预算体系执行经营活动，能够迅速发现经营偏差，并及时对各层次业务行为进行纠正。

（4）组织适应力。组织适应力是保证企业组织不断延长生命周期的能力。价值型企业在这方面的特征是：可在企业发展的不同阶段，迅速地发现组织对环境和发展的不适应；能够有力地从集团整体上推动变革工作，使变革的观念深入人心，成为常态；保证组织机体通过变革不断更新。

（5）组织创新力。企业的差距从长期来讲是人力资源的差距，而人力资源对企业发展的贡献，核心表现在对组织创新力的贡献。价值型企业在这个方面的特点是：可以有效地激励各层次人才，不断提高组织各层的创新能力；能够系统地开发培养人才，能够不断培养出中高级人才管理企业；实施战略性人力资源管理，能够有效地保证对集团发展的支持。

（原载：《装备制造》，2008年第10期）

怎样成为价值型企业

从1978年开始,中国的时代是不同寻常的。观念的革命迅速而又深刻地改变着人们的生活和生存方式。人们迫切地感到,必须严肃认真地对待一个富有挑战性、千变万化的时代。也正是从这个年代开始,中华民族开始了自己悠久历史中又一次真正的复兴。30年前,人们还在观望中国的变革;到了今天,不管人们如何评价、判断、分析中国的变革,我们自己还是要有清醒的认识。

马克斯·韦伯在其《新教伦理与资本主义精神》一书中认为,一个社会的伦理道德是既定的;任何一种类型的经济,如果它要求人们形成一种与该伦理道德相悖的民族精神,那么这种经济将不会发展;反之,如果一种经济与这种伦理道德互相促进,那么它必然兴盛起来。韦伯以此观点来考察世界宗教,关于儒教,他认为:儒教是出于理性的,儒教的理性主义试图在一种理性的方式中使自身去适应世界;儒教信奉者的这种思想方式,正是阻碍中国近代资本主义兴起的一个主要因素。

但是韦伯依然承认:"中国人很可能有很强的能力(这种能力如果不比日本人更强,也会和日本人相当)吸引在近代文化领域中技术和经济非常发达的资本主义。"韦伯的观点有它的局限性,但亦为我们提供了一个新的角度看待中国30年的变化。

20世纪80年代始,一直在国际事务中占主导地位的冷战体系,开始被一个崭新的全球化的体系所替代,在世界范围内,迅速发展的自由市场使得世界各地的人们得以实现各自的愿望;正如梅里尔·林奇认为的:当技术很可能不受限制地被利用时,所产生的能量不仅会在地理上将边界障碍消除,而且还会将人类本身的差异去掉。今天的全球化时代建立在依靠通信成本下降的基础上——由于芯片、卫星、光导纤维、互联网的发明,导致今天的世界能比以往更紧密地结合在一起。这些技术意味着发展中国家只能向西方国家出售它们的原材料,再进口西方国家的制成品，同时也意味着发展中国家能成为高水平的生产者。这些通信技术使得企业能够将其产品的不同部件的生产本地化，在不同的国家研究和出售，同时依然可以通过计算机和电话会议紧紧将它们捆绑在一起，就如在同一个工厂生产制造一样。计算机和廉价电信的结合使人们可以在全球范围内进行贸易，根据《经济学家》的资料，1930年，从纽约打3分钟电话到伦敦，费用是300美元，而今天，通过互联网，几乎是一分钱都不用。

托马斯·弗里德曼说：正是20世纪80年代后期的信息革命接踵而至，才有可能让如此多的人按全球化观点行事，在全球自由通信、旅行、贸易——使全球化力量进入了一个鼎盛时期。

我们就是在这样的格局下开始了我们的变革，如果像韦伯所判断的那样，那么中国就是理性地选择了让自身适应世界的方向。1978年，中国共产党的十一届三中全会，中国选择了"改革开放"的大略，开始用理性的眼界和观点来审视中国自身的状况、中国和世界的关系，以及自身的发展和全球化之间的关系。

1980年初，中国面临的第一个转折点——实行市场改革及对外开放政策。该举措促进了中国工业化进程并刺激了经济增长。

温州和中国的很多地方一样，从20世纪50年代后期开始实行公社制和"以粮为纲"的政策，这是全国农村基本一致的历史事实。温州地处沿海，人口密集，人多地少；温州是侨乡，没有办工业的传统，也不靠近任一工业城市。在"文革"期间，大量外流的人口分布在全国各地，起初是卖工卖艺，并偷偷地按照他们经商的传统本领在地区间进行贩运。1984年，改革的政策承认了长途贩运的合法性，这一大批流动的人摇身一变成了一支公开的流通大军，在国内开辟了大市场。而后，这支流通大军回乡来分别开办家庭工厂，制造小商品以供应已开辟的市场，在短短的两年里，温州就出现了有名的十大小商品市场，这就是中国最有影响的"温州模式"。

这期间，也就是1992年，我曾经到东莞挂职，当时是到厚街镇。邓小平南方讲话后的东莞，一片生机盎然，"要致富，先修路"的投入让东莞成为内地的香港和台湾，甚至日本企业的产业转移地。在观察了整个珠江三角洲之后，我们会发现从东莞到中山、顺德、南海，这被人们称之为"中国四小龙"的发展，带动的是整个制造产业的腾飞，我们开始看到中国制造的家用电器、世界品牌的鞋子和服装。东莞人就曾经自豪地告诉我：你在世界上任何一个地方看到的产品，在东莞都可以找到。

供给的相对富足，是中国第一期工业化的成果。1999年，中国首次面临如何向消费者营销其工业品的问题，需求增长不足首次出现在政策声明中。中国正式告别了所谓的供应短缺型经济。

2000年初，中国经济逐渐步入了第二期工业化进程。无论中国实行的政策是否与时俱进，产业升级都已经如火如荼地展开：向价值链的高端移动，技术升级，聚焦于地区发展，经济和产业结构更加合理化，注重改善经济制度和政治体系。

（原载：《中国经济导报》，2009年1月22日）

冬天的作为：
从规模增长到价值增长

"2008年11月的一个早晨，我再次阅读法国作家圣埃克·苏佩里写的《小王子》，其中的一段故事，也再一次触动我的思考。"华南理工大学工商管理学院的陈春花教授在她的最新论著《冬天的作为》中这样开场。书中那位对森林着迷的六岁小男孩，画下了他生平的第一幅画。他很清楚自己画的是什么——蛇吞象；但是大人看到的却是一顶帽子，这令他很惊讶！他再重复画一幅画来解释，大人才恍然大悟。只有小王子和他一样，第一眼看出那就是蛇吞象。这幅画说明了我们的看法受限于我们的想法，一旦我们抛开桎梏，看到的就是蛇吞象。

用了3个月的时间，陈春花写了《冬天的作为》一书。在书中，她试图解答"金融危机下的企业如何逆市增长"，呼吁企业从基于消耗资源的"规模成长"转变为"价值增长"。她坦言，这本书对于在全球经济危机中饱受煎熬的企业家们来说，"更多的是心灵鸡汤，而不是求生指南"。

曾出版《争夺价值链》《超越竞争》《中国企业的下一个机会：成为价值型企业》等二十多本管理学著作的陈春花不仅是一个理论家，更是一个实践者，她曾率领山东六和集团创造了2年内销售额从28亿元增至74亿元的销售奇迹。

"2008年9月，我被问到最多的问题就是，危机来了，我们该怎么办。我的答案是，重点不是方案而是看法。这就好像蛇吞象的故事，首先要重新认识这个商业世界，重新认识消费者，重新思考增长的方式以及经营的核心"，1月8日，在接受《经济观察报》记者专访时，陈春花说："这次危机印证了我之前所有的担心，它只是用危机的方式表现出来，这也是这本书能这么快写出来的原因。它其实不仅是当下应该思考的，而是长期必须思考的"。

一、危机意识和价值增长

经济观察报：在《冬天的作为》这本书中，您说从2005年时就开始对整个经济感到不安，为什么？

陈春花：我从2003年开始觉得，中国企业快速成长了这么多年之后，它的增长模式如果不改变的话，肯定会有问题。因为我们之前的增长方式，主要还是通过规模或者资源去实现增长，而不是价值增长。但是规模和资源都是有限的。

在2005年，我开始谈"不安"，因为我们的方式还是沿着我们习惯的方法：投入资源下去，形成规模，然后一定能成长。但其实已经不是这样。你不可能再用那么低的成本获得大量劳动力，原材料价格也不会那么低了，土地也有限了。现在危机到来的时候，你会发现资本也有限，整个市场的需求也有限，更加困难了。

经济观察报：您觉得中国企业是否具有足够的危机意识？

陈春花：应该是不够的。你去接触很多企业家，不管企业大还是小，做得好还是坏，你会发现他其实活得还不错。你看到的很多被称为企业家的人，大部分自我感觉都不错，只是觉得日子艰难了一些。这也是我特别担心的地方，因为我们的民族其实没有太强的危机意识，基本上还是一个知足常乐或者小富即安的心态。

经济观察报：您刚才说要从规模的增长转变到价值的增长，价值增长表现在哪些方面？

陈春花：一般来说，一个企业的成长要满足三个条件。一个条件是它必须要满足顾客的价值需求，这也是管理学大师德鲁克说地最多的东西。德鲁克也明确说，什么是企业，企业就必须为顾客创造价值。就是说，你必须知道顾客是谁，顾客需要什么，你能提供什么，这是你必须回答的问题；第二个价值是你能不能够推动行业成长，就是要有行业价值。因为今天一个企业一定要在整个行业的基础上成长。第三就是你的员工是否能够成长，也就是员工的价值能不能释放出来。这是三个最主要的价值：释放员工价值、满足顾客价值、推动行业成长。

经济观察报：在这三个价值当中，中国企业最缺失的是哪一个？

陈春花：应该都缺，因为之前中国企业比较关注的还是产品竞争，所以你会发现很多企业都是在打价格战。

经济观察报：全球经济的不景气对中国企业来说，是不是一个新的机会？

陈春花：危机对中国企业也许是个好的机会。关键是怎么看待危机。我引用了《小王子》的故事，就是告诉大家其实受我们自己的约束太多，本来画的是一个蛇吞象，结果从你的眼睛看，就像个帽子，原因是什么？

经济观察报：没有看到事物的本质。

陈春花：对。你没有去研究它的本质，就像对待危机一样。所以我很强调，对危机要正确认识。从1929年到现在，人类大概经历了四次大的经济危机。但是你会发现有人恰恰在危机期间去创业了，而且非常成功。《福布斯》杂志是在危机期间创办的；丰田是在第二次石油危机时冒出来的；福特是在第一次石油危机中崛起的；如果不是亚洲金融危机，三星也不会腾飞。

经济观察报：三星这样的公司抓住机会进行了技术创新，除了革新之外，企业在危机中生存最重要的是什么？

陈春花：第一是要有增长的信念，这是最重要的。

经济观察报：对于那些资金比较紧张的中小企业来说，他们应该怎么做？

陈春花：资金紧张不是经济危机造成的。中小企业始终都会面临资金紧张的难题，一般来说中小企业的出路有两种，一种是跟大企业结合在一起，在一个产业集群里去做，做大企业的外包。还有一种出路，就是小企业做战略联盟，去摊平创新的成本、人力资源的成本，用集合的方式去做。

二、持续成长和远离竞争

经济观察报：在《冬天的作为》这本书里，您提到中国企业陷入了持续成长的困境，平均寿命很短，这是什么原因造成的？

陈春花：因为企业要想持续增长，就必须要面临成长的价值选择问题，这就不单是赚钱问题了。创业并不难，但是中国大部分企业只是停留在提供产品阶段。一旦有人也去创业，做的产品比你还好，你的企业就会被干掉了。所以企业很容易死掉。

从中国真正市场化开始，坦白讲可能是从1999年起，我们开始进入市场经济。从那时起到现在，中国企业起起伏伏变化很多。2006年时，中国民营企业平均寿命只有5年。到2007年这个数字变成了3年零8个月。2008年，平均寿命是2年零9个月。这就是说，中国企业的平均寿命越来越短。我一直对企业的持续增长感到困扰，因为我们企业的平均寿命太短。但是在美国这个数字是40年，在日本是20年。

经济观察报：我记得您在《超越竞争》中提出一个有意思的概念：远离竞

争,这能让中国企业活得更好吗?

陈春花:我一直想告诉大家,要朝这个方向走。因为只有大家一起培育一个行业,这个行业才能变大,企业才能有摆脱价格竞争并进而成长的机会。

经济观察报:您说过不要研究竞争对手,而要发掘消费者的需要。

陈春花:对。1997年,我开始进行更深入的企业咨询活动。在了解了很多中国公司的运营之后,我理解了德鲁克曾说过的一段话的深刻含义,德鲁克说:"在法律和财政的意义(不是从公司结构及经济上)上,现在有120年历史的公司将活不过25年。"如果去看中国民营企业的平均寿命数据,也许就更能理解这句话的深刻含义。

德鲁克告诉我们,在企业发展的过程中,有两个问题是必须解决的。用我自己的理解来说就是:法律保守、财务保守。这是做企业的两个基本前提。"我要在竞争中取胜""我必须追求我的目标市场""同行是我的竞争对手",这些看似正确的观点却掩盖着非常大的错误,反映在市场上就是我们看不到可以持续存活的企业,看不到忠诚的顾客群体,看不到顾客价值的创新,更加看不到企业真正的竞争力。

中国企业拥有今天的成就和地位,并不代表企业的能力很强,而是市场实在太宽容、太巨大。但是接下来20年,我们不会这么幸运。我们需要真正的能力来满足市场要求。因此,我们需要好好去理解:今天,什么才是公司的战略出发点。所以不要研究同行,不要研究竞争对手。我希望大家真正回来研究消费者,消费者会提供很多机会给我们。

经济观察报:如今中国很多新企业的诞生,都是在拷贝国外的商业模式。这种商业模式创新的缺失是不是不注重对客户价值的挖掘造成的?

陈春花:对,其实每一次从国外拷贝过来的模式都成功了。国外商业模式成功的原因是因为它研究透了消费者。然后我们因为还没有能力做这个事情,最简单的方法就是直接学。刚好我们整个市场的启动也比他们晚,所以他们经历过的事情,接下来我们肯定都会经历。但是这只能帮我们第一次,帮不了第二次。因为我们已经全球化,它带来的最大的挑战就是:跨国公司会直接来做,公司之间没有时差了,也没有距离了。

像宝洁、IBM、三星这样的公司来到中国,首先是做消费者研究,它们比中国公司还了解中国消费者。它们做的所有产品,都是非常明确的要去满足中国消费者。包括麦当劳、肯德基,本身是产品最固化的公司,但到中国后,也开始早餐出油条，出豆浆，出老北京鸡肉卷。它们花很大的工夫来了解消费者，而我们几乎没有企业做得到。

经济观察报：那你觉得怎么才能帮助中国企业去改变这种创新惰性呢？

陈春花：市场会帮助企业进行改变。中国市场经历了一个很大的改变，以前是产品不足，现在叫顾客不足。市场会逼着企业去改，就像这次危机一样。

（原载：《经济观察报》，2009年2月6日）

新国企的挑战

一、新国企的五大特征

中国国有企业的发展史曾是高度纪律性、井井有条、重点发展某些行业的历史,而借助于中国经济的快速发展而迅速崛起的中国国有企业展示出各种纷繁的因素,也许有人认为这是资源垄断的结果,也许有人认为这是市场保护的结果,但是我们更需要关注那些让国有企业快速发展的特性。

持续的成长性。特大型国有企业因为特殊的市场地位、资源条件,他们很容易成为市场的绝对领导者。但是,成为市场的领导者又能怎么样呢?很多行业已经开始进入成熟阶段,企业要面对更加激烈的竞争:产能的过剩、原材料的涨价、全球市场的不可控因素、国家政策等等,没有人敢确信今天的成功,就能够延续到明天。唯一可以确信地就是,今天的成功已经成为历史,在未来的日子里,我们必须找到新的路向,否则一定被淘汰。

2009年的夏天,我到大庆,了解到这家为中国经济发展立下汗马功劳的著名企业,正在进行"三个跨越"的调整,他们自己提出用世界的标准,用发展的境界,用超越的精神来打造一个全新大庆的经营目标,使得我们深深知道,在有限的资源下,如何保持持续的成长是大庆人奋斗的方向。

国有企业的管理者们明白,对于一个企业而言,成为市场领导者并不意味着什么,最关键的是需要有一个明确而清晰的战略,而这个战略所能回答的问题就是企业持续成长的根源。所以暂时成为市场领导者没有根本性的意义,根本性的意义是企业的持续成长性。

持续成长是衡量一家企业能力的根本标准。保持企业成长的条件只有一个:那就是顾客的价值成长。因此以顾客价值为导向的企业,它的战略逻辑是长期的,并深植于顾客价值之中,对于这样的企业来说不是专业化和多元化的区别,而是顾客价值取向的判断，我们看到专业化的中国移动，推动中国移动的是成为移动技术的专家，让"神州都行"；我们也看到多元化的中粮集团，成就中粮的是为顾客创造价值的理念。无论是专业化还是多元化，这只是战略方式的选择，这个选择并不重要，重要的是选择的战略逻辑是什么，只要是顾客价值取向的战略逻辑，就可以支撑专业化或者多元化的成功，因为不是专业化或者多元化取得成功，而是关注顾客价值的逻辑取得成功。

创新性。德鲁克先生在《创新与企业家精神》这本书里，用了整整一章的篇幅来定义企业家和企业家精神，着力阐述创新精神的根本含义。在德鲁克先生看来，企业家（或者"企业家精神"）即能：大幅度提高资源产出；创造出新颖而与众不同的东西，改变价值；开创了新市场和新顾客群；视变化为常态，他们总是寻找变化，对它做出反应，并将它视为机遇而加以利用。

在一次关于中国移动经营模式的研讨会上，很多人从不同的角度来分析中国移动的成功，而我自己的角度就是中国移动为顾客价值所做的产品创新和服务创新，"动感地带""神州行""沟通100"等等，围绕着不同的顾客需求，所作出的创新让中国移动具有了市场化的特征。

创新不仅仅是今天市场环境的条件，更重要的是创新是企业能够成为价值型企业的能力所在。如果宽泛一点，我们可以说成功的企业都是创造性地开辟了新的领域：招商银行创立了全新的"一卡通"模式使银行产品成为人们可以感受生活的品质；中国铁路则"让中国提速"……这些企业的奇迹都是源于创新能力的发挥。

环境的匹配能力。下面这段话大家都非常熟悉：在非洲，每天早晨羚羊醒来。羚羊明白它必须跑得比狮子快，不然它会被狮子吃掉。每天早晨狮子醒来，狮子也明白它必须赛过跑得最慢的羚羊，不然它会活活饿死。不论你是狮子还是羚羊，都不重要……重要的是每天旭日东升，你就得开始奔跑！这句话就挂在沃尔玛前任CEO大卫·格拉斯办公桌对面的墙上，他也经常把这句话作为谈话的结束语。沃尔玛能够一直保持世界500强的领先者，很重要的一个因素就是能够一直保持和环境匹配的能力。

中国的企业在改革开放的初期也正是深刻理解刚刚开放的环境的特征，走出了一条低成本之路，通过价格、服务和质量的能力，使得在与国外企业产品的竞争中获得了自己的位置。中国家电产品就是从这个地方起飞。刚刚改革开放的中国，人们已经了解了家电产品，但是还没有足够的能力消费，我还清晰地记得，一个家庭如果拥有一部彩色电视机是多么值得炫耀的事情，以海尔、TCL为首的中国家电企业理解了环境的特征，开始了家电产品国产化的努力，从价格入手，把电视机和电冰箱从奢侈品变成了消费品，从稀缺产品变成了大众产品，一下子占领了几乎所有的中国市场，使得外国品牌无法在中国市场存活。

最近这几年，中国企业开始遭遇国外市场的抵制，从根本上寻求原因，我们可以理解为对于环境的理解不足所造成。无论是食品安全问题，还是环保问题，事实上这些都是目前环境要素中的关键要素，如果我们不能够很好地匹配环境，最后受到伤害的一定是企业自己。

领导力。我曾经花了10年时间关注在中国成功的企业领导者们的特质，并把他们称为"英雄领袖"。我发现，成为英雄领袖有两个必要前提："发展自己，发展他人"和"企业长期发展的使命感"。天赋不是衡量英雄领袖的客观依据，英雄领袖也并不是总给人冲击感和责任感的煽情人物；相反，英雄领袖不刻意表现自己的为人本质，他们善于通过自己的组织传递潜移默化的气质，并给企业成长带来深远影响。

优秀企业的领导者注重对组织和管理的理解，更注重组织和管理对人才能力发挥的促进作用，通过不断学习和持续改进提高组织能力。为将来培养技能和人才，创造一个不断学习的组织，正是他们的出发点。一方面，建立人与人之间可相互学习的途径，鼓励相互指导、相互帮助和学习；另一方面，投入时间及精力为组织未来的经营培养技能。他们不会局限于达到目前的目标，而是将视野放大到未来目标所需要的能力上，并创造条件帮助员工去获得这些决定未来的能力。他们不断努力提高组织内成员的能力，善于学习他人（或竞争对手）的经验，寻求对完善自我有利的外部挑战；同时推进创新精神以求发展，激发个人好奇心和不断学习的欲望。

对于一个能够持续增长的企业而言，领导力是至关重要的因素。拉姆·查兰认为：深刻和持久的变革只能来自于对遗传密码的根本性再造，重构遗传密码像制定企业的增长战略一样重要，事实上，对企业遗传密码的再造也是增长战略的一部分，因为它决定企业战略的内容，同时决定企业战略能否有效执行。改变遗传密码是领导者面临的主要挑战，新的遗传密码必须通过那些致力于改革组织的领导者有意识地创立才能产生。

当华润启动发展计划的时候，它把精力集中在构建领导力上。华润和专业的人力资源公司合作的目标是在公司所有层次上，任命那些可以改变员工的信念、让员工拥有创新的领导者，那些领导者还要有能力将新的信念传播到整个组织中。专业的人力资源公司负责培训在组织中的近百位顶级领导者，培训需要达成的目标，是让这些领导者以全新的角度来思考企业的增长和价值。

全球化。如今，毫无疑问，世界500强企业把中国视为最大的机遇，他们早已做好了全面进入的准备，以获取全球市场份额的成功。以大众汽车和通用汽车为代表的部分跨国企业，正是因为在中国市场的成功，才获得了全球市场的成功。中国市场已不再是专属于中国企业的本土市场，它已经是世界市场的一个重要组成部分。

毫无疑问，中国国有企业更加具有全球化的资源和能力，特别是在新的经济环境中，无论是金融危机，还是更广泛意义的全球市场，中国企业特别是国有企业更有实力进入国际市场。中国石油、宝钢集团、TCL集团、海尔集团、中国联通等，都以不同的方式展开了全球并购的努力，有的成功，有的失利，但是全球化本身的努力带来了广阔的前景是需要我们理解到的。我常常引用达尔文在《物种起源》一书中的一段话："不是那些最庞大的物种能存活，也不是最聪明的，而是那些最能适应变化的。"全球化就是我们必须适应的变化。

以上就是我所认为的新国企的五大特性，这些特性让一些国有企业具有了顾客导向型的市场能力，具有了创新性和竞争力，也让我们看到了国企进入国际市场的能力。

二、新国企的挑战

但是新国企还需认识自己的差距和挑战。的确，国有企业在改革开放三十年来，以更加快的速度发展，因为我曾经告诫自己要研究"新国企"，这些具有创新特征的国有企业，为中国企业发展和经济发展做出了表率的作用。但是，我们也必须了解到，面对真正的全球化市场，面对具备了全球化能力的跨国企业而言，中国国有企业要面对以下三个方面的挑战。

价值观。对于公司而言，价值观是一种既抽象又具体的核心差距。价值型企业在企业价值观方面具备两个突出特征：一是企业的价值观作为核心的行为规范，直接指导和决定企业的决策结果和日常经营行为，引导企业的行为和员工的行为；二是企业的价值观是企业在经营中长期坚守的理念，很少随经营者的变动而任意改变，价值观受到长期的尊重。对许多国有企业来说，企业价值观如何体现？怎样保证企业的价值观，不受各任领导不同的偏好影响？怎样保证行为道德标准和企业文化内涵不会随管理层的变动频繁摇摆？这是国有企业面临的第一个挑战。

组织适应力。保证企业组织不断延长生命周期的差距。研究说明，企业组织对环境的适应能力，对变化的适应能力，对战略的适应能力，是保证企业不断延长生命周期的核心要素。企业适应能力的强弱将很大程度上影响企业集团的长期发展。具有持续竞争力的企业表现出的特征是：可在企业发展的不同阶段，迅速地发现组织对环境和发展的不适应；能有力地从集团整体上推动变革工作，使变革的观念深入人心，成为常态；保证组织机体通过变革不断更新。在这方面，国有企业的差距表现在：缺少危机意识，容易自我满足，不能主动地提前发现潜在的危机；企业内没有变革意识，难以调整既有利益格局，推动变革的能力不足；企业在发展到一定阶段后，由于缺少变革而停步不前，或者走下坡路，这是国有企业面临的第二个挑战。

组织创新力。人力资源和人力资源管理的差距。人力资源是企业的第一资源，企业间的差距从长期来讲是人力资源的差距，而人力资源对企业发展的贡献，核心表现在于对组织创新能力的贡献，因而认为组织的创新能力也将构成企业长期发展的影响因素。有竞争力的企业可以有效地激励各层次人才，不断提高组织各层的创新能力；能够系统地开发培养人才，能够不断培养出中高级人才管理企业。国有企业在这个方面，也表现出显著差距：人力资源管理传统的惯性制约了企业战略发展和管理创新；人力资源管理背负了政治和社会的职能，制约企业长期发展；人力资源管理体系尚未健全，人才开发的机制不完备；中高级人才的开发培养不足，核心人才的识别、评估、开发体系不系统。没有很好地设计人才引进、培养、激励和流出机制，这是国有企业面临的第三个挑战。

国有企业和任何经济结构的企业一样，都需要不断地调整自己，让企业的发展符合市场的变化和顾客的需求，相对于拥有更多资源的一家企业而言，国有企业还担负着国家发展的一些重任，这也给国有企业管理者们提出更高的要求，也正是因为如此，我更希望国有企业在更具有市场特征的同时，更加具有使命感，这种绩效与使命的双重责任，一方面可以让国有企业更具有竞争力，另一方面也让国有企业更能接受巨大的挑战。

（原载：《首都建设报》，2009年12月18日）

沃尔沃为什么被卖掉

当吉利购并沃尔沃轿车公司尘埃落定的时候，相关的讨论也随之而起，从积极乐观的角度看，从理性悲观的角度看，似乎都可以找到依据，但是我觉得最重要的还不是如何评价这件事，而是要回到汽车行业的发展规律上来。我没有很多的研究来评判这桩购并案，但是一些历史数据也许可以说明一些问题：当初福特收购捷豹路虎时也曾雄心勃勃。前福特CEO雅克·纳赛尔主持了收购路虎的交易，但是他很快吃到了苦头。1999年，他又花64.5亿美元的巨资收购瑞典的豪华车品牌沃尔沃，给福特带来了巨大的财务负担。紧接着，由于福特探险者存在质量缺陷，福特被迫于2001年在全球召回凡世通轮胎，又耗费30亿美元。这两次巨额投资不但使纳赛尔丢掉了福特总裁的职位，而且也使福特从此陷入了深深的财务深渊，一直到现在还难以恢复。到了10年后的今天，福特以18亿美元把沃尔沃卖给了吉利。

让我们简单回顾一下汽车业购并的记录，1987年，克莱斯勒收购了意大利的超级跑车兰博基尼，当时估价为2.5亿美元。克莱斯勒原想借兰博基尼的高性能血统来提升克莱斯勒汽车的品质，但是未能成功，只好于1993年将它出售。最为灾难性的收购是通用汽车对菲亚特的收购。2000年，通用与菲亚特达成协议，计划以24亿美元购入菲亚特汽车控股公司20%的股份。同时这一协议还赋予菲亚特一项权利，就是它有权要求通用到2009年之前购入菲亚特剩余的80%的股份。但是，通用很快就意识到它并不想要已在困境中挣扎的菲亚特，于是2005年只好以赔偿菲亚特20亿美元的代价停止了收购。

多年前，美国著名的汽车咨询师迈尔斯表示，他认为福特根本就不该收购捷豹。如果是这样，我同样对吉利的举动深感疑惑。这是我能想象的最不合逻辑的买卖：一方面是基于上述的记录；一方面是基于汽车发展本身的市场规律。

如果我们关注到汽车行业发展的规律，就更需要关注的是，为什么沃尔沃轿

车业务会被卖掉？而不是吉利为什么购买沃尔沃？仔细查阅资料，让我对于吉利购并沃尔沃不是那么乐观。1992年瑞典人就把不赚钱的沃尔沃轿车业务卖给了福特，但是商用车和零部件业务却牢牢地把握在自己手中。沃尔沃商用车业务仅次于奔驰位居全球第二，而柴油机业务稳居全球第一，两个业务都具有远高于轿车业务的利润。而在今天福特打算出售沃尔沃轿车业务的时候，瑞典人没有买回的打算，却乐见吉利购并了这个业务。

再仔细想想，欧洲一些传统品牌，从劳斯莱斯、宾利、罗孚，到如今的捷豹和路虎，再到今天的沃尔沃，先后被收购或者走向没落，从一个侧面印证了西方发达国家在新的时代背景下，其制造业向发展中国家转移的趋势。但是我们还需要了解到，当这些传统的汽车制造商把整车卖掉的时候，留下的却是关键部件以及确保盈利的项目，沃尔沃也是如此。

汽车产业是一个技术与创新并重的制造业，因此关键零部件和工业设计就成为具有特殊意义的部分。在这一点上沃尔沃公司把握得很好，它专注于发动机业务，而发动机是汽车和工程机械最关键的部件。因此，我们可以在重型卡车、豪华客车、工程机械等多个领域看到沃尔沃，正是因为其拥有卓越的发动机。然而，这些和吉利的并购没有任何联系。

我们可以再看看福特自身的发展，从它购并欧洲汽车品牌开始的每一次努力以及每一次放弃就可以说明一些事情，而真正让福特保持竞争力的还是福特汽车本身。再看丰田的发展，当丰田发力在发动机上，世界开始知道丰田速度。

我不能确定吉利是否真的知道它得到了什么。虽然吉利已经准备好再投放十几亿美元来壮大沃尔沃的产品线，而且要扩大它在中国以及全球的销售网络，还需要再投资；但吉利是否有足够的资本能力来驱动销售，扭亏为盈的确是一件需要从长计议的事情，远没有我们想象的那样简单。更何况我们还不能仅仅从投资的角度来看，购并的关键还是要获得在汽车行业发展的核心优势，但是这一点恰恰无法通过购买获得。

汽车产业的发展，需要专注于关键技术的获取、创新能力的打造以及专业人才的培养。这些都需要投入耐力和对于技术独特的偏好。我们今天缺的不是制造整车，而是关键技术、创新以及设计。如果吉利有足够的耐心和足够的钱，吉利可以雇用优秀的人才，假以时日会取得成果，而这才是获得核心优势的真正来源。

（原载：《IT经理世界》，2010年第8期）

价值型企业是真正的冠军

价值型企业就等于全球的规模加上国际化经营，再加上核心的技术能力。中国企业在整个发展历程当中如何在未来构建自己的核心能力？这是中国企业面临的挑战。

一个真正的价值型企业，就是能够面对不断变化的环境并超越环境的企业，他们具有8个方面的共性。

一、持续的成长性

2004年，六和集团已经成为中国饲料行业的领先企业，如果仅仅从销售规模上讲，他们已经创造了行业的奇迹。在过去的时间里，他们已经重塑了自己——降低成本，提高产品质量，为养殖户带来了价值，并成功地实现了理想的利润，更重要的是他们成为山东市场的绝对领导者。

但是，成为市场的领导者又能怎么样呢？饲料行业已经开始进入成熟阶段，企业要面对更加激烈的竞争，产能的过剩、原材料的涨价、疫情的出现、全球市场的不可控因素的影响，国家政策等等，没有人敢确信今天的成功能够延续到明天。今天的成功已经成为历史，在未来的日子里，他们必须找到新的方向，否则一定被淘汰。

对于一个企业而言，成为市场领导者并不意味着什么，最关键是需要有一个明确而清晰的战略，而这个战略所能回答的问题就是企业持续成长的根源。所以市场领导者没有根本性的意义，根本性的意义是企业的持续成长性。

企业的持续成长是衡量一个企业能力的根本标准，保持企业成长的条件只有一个，那就是顾客的价值成长。价值型企业会以顾客价值为导向，它的战略逻辑是长期的，并深植于顾客价值之中，对于这样的企业来说不是专业化和多元化的区别，是顾客价值取向的判断，我们看到专业化的微软，推动微软的是给世人一个"看世界的窗口"，我们也看到多元化的GE，成就GE的是"科技造福人类"，无论是专业化还是多元化，这只是战略方式的选择，这个选择并不重要，重要的是选择的战略逻辑是什么，只要是顾客价值取向的战略逻辑，就可以支撑专业化或者多元化的成功，因为不是专业化或者多元化取得成功，而是顾客价值取得成功。

二、创新性

德鲁克先生曾经非常清晰地表达过什么是企业，他说企业就是创造顾客，所以企业只有两个功能：一个是销售，一个是创新。

在德鲁克先生看来，企业家的本质就是有目的、有组织的系统创新，而创新就是改变资源的产出，就是通过改变产品或者服务，为顾客提供价值，带来更高的满意度。

创新不仅仅是今天市场环境的条件，更重要的是"创新是企业能够成为价值型企业的能力所在"。如果宽泛一点说成功的企业都是创造性地开辟了新的领域。苹果带领我们走向计算机时代的时候，星巴克创立了全新的商业渠道使咖啡成为商务人士瞬间可以享受到的休闲；杜邦公司"让女王的丝袜女仆也可以享用"；沃尔玛的商业模式让产品"总是以最低的价格销售"；阿里巴巴更是"让天下没有难做的生意"……这些企业的奇迹都是源于创新能力的发挥，创新表现在5个领域：创新的产品，创新的市场，创新的替代材料，创新的商业模式，创新的企业组合。这些创新会依赖于技术、资金、人才等等，但是最重要的是人才、技术和资金需要转化为创新的成果，得到这5个方面的成果才是创新性的体现，仅仅拥有人才、资金和技术是远远不够的，他们需要转化才是真的创新能力。正如熊彼特所言，创新是判断企业家的唯一标准。

三、环境的匹配能力

"在非洲，每天早晨羚羊醒来。羚羊明白它必须跑得比狮子快，不然它会被狮子吃掉。每天早晨狮子醒来，狮子也明白它必须赛过跑得最慢的羚羊，不然它会活活饿死。不论你是狮子还是羚羊，都不重要……重要的是每天旭日东升，你就得开始奔跑!"这句话就挂在沃尔玛前任CEO大卫·格拉斯办公桌对面的墙上,他也经常把这句话作为谈话的结束语,沃尔玛能够一直保持世界500强的领先者,很重要的一个因素就是能够一直保持和环境匹配的能力。

企业与环境是互为主体的,企业如果不能够顺应环境的变化,不能够与环境互动,企业不可能具有竞争力。

中国的企业在改革开放的初期也正是深刻理解刚刚开放的环境特征,走出了一条低成本之路,通过价格、服务和质量的能力,使得在与国外企业产品的竞争中获得了自己的位置。最近这几年,中国企业开始遭遇国外市场的抵制,从根本上寻求原因,我们可以理解为对于环境的理解不足所造成。无论是食品安全问题,还是环保问题,如果我们不能够很好地与之匹配环境,最后受到伤害的一定是企业自身。

四、领导力

成为英雄领袖有两个必要前提:"发展自己,发展他人"和"企业长期发展的使命感"。天赋并不是衡量英雄领袖的客观依据,英雄领袖也并不是那些总能给人冲击感和责任感的煽情人物;相反,英雄领袖不刻意表现自己的为人本质,他们善于通过自己的组织传递气质,并给企业成长带来深远影响。

2003年初,思科以知识产权侵权的名义起诉华为。尽管这起诉讼最后已中止并有望达成和解,但仍然说明华为已经足以令其国际对手紧张。华为似乎已站在了迈向"价值型企业"的最后几节台阶上。华为总裁任正非是一个敢于自我否定,并把自我否定作为一种领导者关键气质的人。2001年是华为飞速发展的一年,外界称那段时期是华为的春天,但在春天里,任正非在内部会议上提出,华为要为过冬做准备。这曾被IT企业称为行业的盛世危言,也正是在他的倡导下,华为人始终没有放松学习。从创业伊始,任正非就有很强的人才资源意识。华为是深圳企业中最早将人才作为战略性资源的企业,很早就提出:人才是第一资源、是企业最重要的资本,人力资本优先于财务资本增长。

真正的领导者注重对组织和管理的理解,更注重组织和管理对人才能力发挥的作用,通过不断学习和持续改进提高组织能力。为将来培养技能和人才,创造一个不断学习的组织,正是他们的出发点。一方面,建立人与人之间可相互学习的途径,鼓励相互指导、相互帮助和学习。另一方面,投入时间及精力为组织未

来的经营培养技能。

他们不会局限于达到眼前的目标,而是将视野放大到未来目标所需要的能力上,并创造条件帮助员工去获得这些决定未来的能力。他们不断努力提高组织内成员的能力,善于学习他人(或竞争对手)的经验,寻求对完善自我有利的外部挑战;同时推进创新精神以求发展,激发个人好奇心和不断学习的欲望。

诺埃尔·提切在其《领导力引擎》一书中指出:"成功公司之所以成功,是因为它们拥有优秀的领导者,这些领导者指导组织中所有层次其他领导者的成长。"

五、价值链

"我要在竞争中取胜""我必须追求我的目标市场""同行是我的竞争对手"这些看似正确的观点却掩盖着非常大的错误,反映在市场上就是我们没有看到可以持续存活的企业,没有看到忠诚的顾客群体,没有看到顾客范围;我们必须致力于我们的服务对顾客价值的贡献,必须致力于是否能够带动业绩成长的营销服务;我们应该知道服务营销的目的性是价值分享的可能;我们要始终如一交付价值,公司必须能够对从产品设计、生产到销售、分销和定价这一完整的业务流程中关注价值交付。

每个企业都希望能够迅速提高经营规模,似乎销售额越大,竞争力就越强,离500强就越近。但是,这是一个非常错误的想法,问题的关键不是规模多大,而是规模从哪里来?

人们在分析沃尔玛能够成功的原因的时候,大多是从战略和业态创新上妄下结论,事实上,一个零售企业在规模方面的真正实力,取决于其在一个相对封闭的市场中所占的某一类产品的市场份额。相对于3100亿美元的数据而言,沃尔玛真正让业界动心的是这样的一组数据:宝洁、可口可乐、卡夫等公司的产品,超过10%是通过沃尔玛销售的;全美国儿童的圣诞节玩具超过30%是从沃尔玛购买的,数以万计的消费品生产企业惟一的客户就是沃尔玛,沃尔玛所代表的正是消费者和供应商的依赖,这就是沃尔玛成功的关键。

企业只有把分享价值作为自己战略的出发点,不断地超越自己,才能够真正地服务目标顾客,才真正具有竞争力,才能够回到经营的根本目的上,那就是为顾客创造价值。

六、全球化

在信息技术的驱动下,全球化的速度越来越快,中国企业正面临着全球化所带来的巨大挑战,他们在几乎没有一点自由贸易市场竞争经验的前提下,进入了世界贸易组织;他们在自己还没有成年的时候,就不得不接受已经成为壮年的跨国企业的所有挑战。也许正是这样的背景,让中国企业的全球化进程充满了艰辛和痛苦。

在今天,毫无疑问,世界500强企业把中国视为最大的机遇,他们早已做好了全面进入的准备,以获取全球市场份额的成功。无论是诺基亚、三星还是沃尔玛、宝洁,更具代表性的是大众汽车和通用汽车,这些跨国企业正是因为在中国市场的成功,才获得了全球市场的成功。中国市场已不再是专属于中国企业的本土市场,它已经是世界市场的一个重要组成部分。所以,中国企业因为高速的市场发展所带来的一切成功,我们都要学会放下,沉静下来思考,在战略上我们做了什么,我们没有做什么?我们用全球化的标准来判断企业所需要面对的问题,看看沃尔玛的全球供应链效应,微软实现顾客价值的能力,宝洁对于所有消费者的深刻理解,也许中国企业该明白什么是全球化的能力。

七、产品的生命力

有人问迈克尔·波特,亚洲跨国企业与全球跨国企业有什么不同,他回答说亚洲跨国企业比较关心钱从哪里来,钱到哪里去;全球跨国企业比较关心产品从哪里来,产品给谁用。

15年来,英特尔公司的核心能力一直是其用来生产最有效的存储器的技术和能力。但是,到了1984年,日本人用质量更好同时更便宜的产品替代了格鲁夫的公司。1985年,安迪·格鲁夫和公司的共同创始人戈登·摩尔做出了一个激进的决定,那就是抛弃他们业已建立起来的运营战略,转而集中于微处理器的开发和生产。那是一个艰难而痛苦的决定,英特尔公司因此获得了新生。

三星和中国企业成长的时间和所具有的条件,有很多相似的地方。1993年的李健熙以"除了妻儿,一切皆变"为理念开始了10年的改革之路和铸造品牌之路,三星这10年正好也是中国家电企业快速发展的10年,但是10年后的三星成为销售额2000亿美元的全球第一电子品牌,而我们还在做国内市场的激烈竞争,中国的企业还无力进入全球市场而陷入困境。三星的10年路，让我们不得不思考如何走出代工的困境，而获得企业真正的价值，这也让我们需要认真思考什么样的企业才能够摆脱陷入困境的命运。

究竟是什么元素让我们的企业无法成为布局者而只能够在竞争中苦苦挣扎？也许很多人会从不同的角度来回答问题，但是我们总是会找到一个关键元素，因为这个元素可以改变根本的格局，这个元素就是"产品"。产品对于企业而言，产品既是企业进入市场的前提条件，又是企业存活于市场的根本原因，如果没有产品，企业就没有了与顾客交流的平台，企业也就没有了在市场中存在的理由。我们回答企业能够生存的理由的时候，排在第一位的理由就是：企业能够提供产品（服务）。所以能够带领企业离开竞争的第一个选择的方向：专注于产品生命力。

八、治理结构

只有伟大的董事会才能造就伟大的公司。

现在，大公司的资本结构正重新被一些资本集团所控制，这些资本集团被称为"共同基金"。也许共同基金并不谋求控制，他们推翻国王的目的是给董事会吹进民主的新风，一方面，他们让继任者看到，再像国王一般做事是不行的；另一方面，董事会中设计的功能和机构也重新活跃起来。

董事会的组成原则发生了根本的改变，一部分董事由拥有的股份决定，另外一部分职务由其他公司的企业经营者和大学教授担任，所以整个董事会实际上是个专家集团，在这里起决定意义的不是资本和股份，而是知识、信息和经验，这些无形资产的拥有者成了企业的决策人。看看一些成功的董事会构成，各公司内聘董事和外聘董事的比例是：美国运通是2∶14；英特尔是4∶7；可见外聘董事在董事会中占绝对优势。也正是这样的结构，保证了公司决策的理性。

（原载：《企业文化》，2010年第6期）

中国乳业之殇与战略思维

今日，新华网等权威媒体披露了蒙牛与伊利之间相互暗斗和拆台的内幕，其恩怨已持续了很多年。与此同时，已逐渐淡出消费者视野的圣元奶粉性早熟事件再次浮出水面。

一系列事件涉及多家名牌企业，更让乳业蒙羞。接着，我们看到了腾讯和360之间的完全伤害顾客价值的行动，这些事件的发展及最终结果暂时难以预料，但企业间的纷争已经超出了顾客可以承受的底线。面对如此沉重的事实，我们真的需要大声疾呼：假若企业的经营者还没有意识到这一点，那将是这一类企业走向没落的开始。

一、企业因何而存在？

在持续高增长的同时，很多企业正在逐步丧失其战略的根本点，甚至就几乎没有关注到，需要回到战略的基本面上去累积。没有战略基本层面的累积，企业就无法走得更远，它目前在市场上所取得的成绩，都是暂时的胜利。我在几年前曾经谈到过这样几种类型的企业：暂时性的胜利者、阶段性的胜利者、永久的胜利者。这三类企业之间根本的区别是，暂时性的胜利者是机会主义者，阶段性胜利者是实用主义者，而永久的胜利者是战略领袖。我想这个划分能够说明我的观点：不要只是关注暂时性的胜利，因为机会是永远均等的，你得到这个机会，就意味着失去另外一个机会；不要满足于成为阶段性的胜利者，因为实用的功能总要被时间淘汰；你需要关注战略层面的累积，只有拥有了战略的能力，企业才能取得永久性的胜利。战略能力的获得并不像我们想象的那么困难，我们只需牢牢地记住企业经营的本质，时刻知道企业存在的根本目的是什么。

2006年，面对中国企业高速增长带来的危机，我曾将企业经营的本质概括为

四个基本元素：顾客的价值、有竞争力的合理成本、有效的规模、深具人性关怀的赢利。

事实上，真正影响企业持续成功的主要因素不是公司的策略目标，不是技术，不是资金，也不是发展策略的流程，而是专注、集中焦点于为顾客创造价值的力量。我们认为，中国的乳业在这方面非常欠缺，2008年9月，三聚氰胺事件导致中国乳业全面崩溃，三鹿企业轰然倒下。此事件波及面甚广，致使消费者信心丧失，对国产乳制品更是心怀恐惧。但是，一直到2010年，有关乳业产品质量问题的报道和事件仍时有出现，我们看不到乳业企业对于顾客价值的承诺，更看不到乳业企业聚焦在顾客价值创造上，反而是乳业内耗、广告战、网络战层出不穷，乳业企业却专注于如何搞垮对手。战略要求企业必须聚焦于为顾客创造价值这个点上，这也是企业成功关键中的关键。企业应该专心致力于为顾客创造价值的能力，根据顾客的价值需要来发展策略，让顾客价值成为企业产品的起点、企业服务附加价值的起点、企业策略的内在标准以及企业行为的准则。

企业经营的本质包括四个基本元素：顾客的价值、有竞争力的合理成本、有效的规模、深具人性关怀的赢利。

我们还必须认识到企业是一个有机体，是整个社会系统的构成部分，承担着自己的社会责任，企业的社会责任通过实现社会期望价值的途径表现出来。前人告诫我们，利要取之有道，转换为现代的理解就是：所有利益的来源应该是人性的回归——深度的人性关怀。具体到企业经营实务中，就是要把实现顾客价值作为企业自己的核心价值。我喜欢苹果公司对全行业的挑战，乔布斯阐明了苹果取得奇迹的缘由：我们只是尽自己的努力去尝试和创造（以及保护）我们所期望得到的用户体验。正是因为这样的定位和承诺，苹果一直以来坚持做一件事，那就是重新赋予产品顾客体验的价值。

在乔布斯看来，了解和理解顾客的习惯是最为关键的，他很清楚地知道，任何产品应该回归到顾客的生活习惯上来，而不是改变顾客的生活习惯。当我走在洛杉矶的街道上，看到iPad的户外广告牌：主人公舒适地跷腿坐在沙发上，在腿上随意地放一个iPad，那份闲散和自在悠然而出。更深的理解还在于对顾客拥有成本的认识和对商业价值的认识，在iPad的广告上，你看到的是这样一行字：奇妙与革命性的产品，令人难以置信的价格。我的确没有想到，六款iPad产品中，价格最低的一款是499美元，最高的一款是829美元。这样的定价的确具有极大的顾客体验价值，所以，iPad上市28天就销售100万台，这样的奇迹无法超越。苹果通过产品超强的功能和令人惊喜的价格，展示出了人性关怀和取悦于顾客的战略，得到了市场的正面回馈。

综上所述，企业为什么而存在这个问题有了非常明确的答案：企业为顾客而存在。德鲁克先生也直截了当地告诉我们：企业只有一个定义，那就是创造顾客。所以，背离顾客价值的选择都是错误的，如果企业不能将自己的战略原点放在顾客价值这一端，一定会被顾客淘汰。

二、商业模式如何确立？

基于战略的选择，企业会获得独特的商业模式。借助于商业模式的竞争力，企业会与同行区隔开来，同时也具有了与顾客连接在一起的条件。因此，商业模式的确立既是企业战略具象化的一个表现，也是顾客和市场认知企业的载体。我们可以不断地借助于商业模式来理解企业的战略发展，也可以依此了解企业真正的竞争力来源。

我们先来了解什么是商业模式。正如大部分实践者和研究学者的观点一样，商业模式的定义就是，一个组织建立客户价值的核心逻辑。任何一个商业模式都是一个由客户价值、企业资源和能力、赢利方式构成的三维立体模式。由哈佛大学教授约翰逊（Mark Johnson）、克里斯坦森（Clayton Christensen）和SAP公司的CEO孔·翰宁（Henning Kagermann）共同撰写的《商业模式创新白皮书》把这三个要素概括为：①"客户价值主张"，指在一个既定价格上企业向其客户或消费者提供服务或产品时所需要完成的任务。②"资源和生产过程"，即支持客户价值主张和赢利模式的具体经营模式。③"赢利公式"，即企业用以为股东实现经济价值的过程。

长期从事商业模式研究和咨询的埃森哲公司认为，成功的商业模式具有三个特征：第一，成功的商业模式要能提供独特价值。有时候这个独特价值可能是新的思想，而更多的时候它往往是产品和服务独特性的组合。这种组合要么可以向客户提供额外的价值，要么能使客户用更低的价格获得同样的利益，或者用同样的价格获得更多的利益。第二，商业模式是难以模仿的。企业通过确立自己的与众不同，如对客户的悉心照顾、无与伦比的实施能力等，来提高行业的进入门槛，从而保证利润来源不受侵犯。比如，人人都知道沃尔玛如何运作，也都知道沃尔玛是折扣连锁的标杆，但很难复制沃尔玛的模式，原因在于"低价"的背后，是一套完整的、极难复制的信息资源和采购及配送流程。第三，成功的商业模式是脚踏实地的。这个看似不言而喻的道理，坚持做到却并不容易。现实中的很多企业，总是希望可以寻找到机会快速成长，总是希望在别人的错误中获得商机，总是想寻找捷径，而不是在市场、顾客、产品以及质量和服务上踏踏实实地做出努力并持之以恒，导致很多短期行为，甚至做出伤害顾客和市场的行为。

对于商业模式，组织要着重考虑以下四个要素：

（1）竞争地位中所采取的价值主张；

（2）选择或者放弃的市场细分；

（3）从实施的活动或利用的资源中获得价值链和最终成本；

（4）收入模式和最终赢利潜力。

商业模式六个基本要素的组合就是企业战略的基本层面，任何一个企业都应该不断地对其进行强化和累积。中国乳业之所以陷入今天的困境，就是因为违背了这六个基本要素。

企业需要非常清晰地确定自己的价值主张。产品是企业与顾客沟通的桥梁，顾客透过产品可以感受到企业的价值主张，能够在使用产品的时候感受到企业对于质量的恒定追求、是否具有全球领先的水平以及对于顾客的忠诚度。简单地说，企业的价值主张是企业连接顾客、区隔同行的关键要素。我常常感叹于迪士尼乐园的商业选择，高举儿童娱乐的大旗，带来的是顾客的忠诚和满意。看到迪士尼乐园上海项目启动的信息，我甚至可以想象未来人们潮水般涌去的场景。关注于市场的细分，正是企业深入到顾客层面的安排，企业不断地深入了解顾客，才可以确定谁是它的顾客。谈到宝洁，其最精准的定位是目标市场的定位，宝洁知道自己努力的方向，知道自己的顾客生活在什么样的环境里，知道不同的空气、水、饮食以及气候产生的影响不同。各种细分的市场被宝洁牢牢锁定，它为不同地区的消费市场和不同特性的消费者所做的努力，被这些细分市场的顾客所感受，也就获得了全部市场的份额。

对于企业成本以及供应管理的理解是企业获得顾客的基础。对于很多企业而言，关注顾客的持有成本以及价值链的价值贡献是构建产品和服务的前提条件，没有对这个问题的准确认知和把握，就无法真实地理解顾客的需求。在苹果公司的例子中，与其说是苹果的成功，不如说是苹果成本模式以及价值链模式的成功。能够合理有效地与资本结合是战略的要素之一，如何发挥资金的效用、如何保持持续的现金流量、如何持续赢利是企业需要慎重考虑的要素。这些问题的解决有赖于企业收入模式的安排，而收入模式确定的依据是顾客愿意支付并有能力支付，所以，企业最终获得潜在的赢利能力取决于能否符合顾客的利益与价值判断。而这些努力更需要依赖企业所在的价值链的地位，即在商业模式中被称为价值网络的部分，它是连接产品最终消费者的上下游活动。企业需要打造出有效的价值网络使得最终消费者愿意和企业互动，企业也会因此获得持续的竞争优势。

商业模式的六个基本要素的组合就是企业战略的基本层面，任何一个企业都应该不断地询问自己，这六个要素是否在被不断地强化和深深地累积？中国乳业之所以陷入今天的困境，就是因为违背了这六个基本要素：这个行业的价值主张是违背顾客的增长，没有与顾客所需要的真实需求互动，也没有在价值链与价值网络中传递顾客的价值，反而是伤害顾客价值的。我常常借用迈克尔·波特的经典理论来提醒企业：

"取得卓越业绩是所有企业的首要目标，运营效益（operational effectiveness）和战略（strategy）是实现这一目标的两个关键因素，但人们往往混淆了这两个最基本的概念。运营效益意味着相似的运营活动能比竞争对手做得更好。战略定位（strategic positioning）则意味着运营活动有别于竞争对手，或者虽然类似，但是其实施方式有别于竞争对手。几乎没有企业能一直凭借运营效益方面的优势立于不败之地。运营效益代替战略的最终结果必然是零和竞争（zero-sum competition）、一成不变或不断下跌的价格，以及不断上升的成本压力。"

这是非常深刻的道理，战略与运营效益是取得卓越业绩的两个关键因素。在中国乳业的发展中，无论是伊利还是蒙牛都曾取得了非常好的业绩，即使在今天它们依然是行业的领先者。但是，千万不要把业绩卓越作为追求的目标，那只是结果，甚至更多的时候是乳业企业运营效益所获得的结果，获得的仅仅是暂时性的胜利或者阶段性的胜利，持久的胜利还需要战略定位：为顾客创造价值。

三、真正具有战略思维而非竞争理念

绝大部分中国企业所作的努力是竞争的努力，而不是战略的努力，它们追求的是如何解决竞争中的问题，而解决竞争问题是竞争理念而非战略思考。

人们认为企业的成功源于它们创造性地开辟了新的商业领域，其实，成功企业的奇迹都源于它们对顾客价值创新能力的发挥。这些创新会依赖于技术、资金、人才等，但最重要的是人才、技术和资金需要转化为创新的成果，而能否转

化出创新成果则依赖于企业是否具有明确的战略逻辑。中国企业缺失的恰恰就是战略逻辑。绝大部分中国企业所作的努力是竞争的努力而不是战略的努力。这些企业追求的是如何解决竞争中的问题，而解决竞争问题是竞争理念而非战略思考。对于一个企业来说，摆在第一位的问题并不是竞争，而是选择做什么和不做什么，也就是回答战略的问题。企业应先回到战略思维方式上，之后再回到竞争理念上解决问题。

战略本身就意味着做出艰难的抉择，选择那些有利于企业发展的事情。战略思维就是这样一种思考方式，它需要确认什么才是最重要的，确认最后所选择的方向能够回答最初确定的目标，所以，战略思维是围绕着实现顾客价值展开的选择。战略思维不是解决企业当前问题的，而是解决企业目标所带来的选择问题。战略思维会让企业关心企业存活的依据，有能力更清楚地界定赢利来源，更清楚自己能做什么和不能做什么。

洞悉顾客需求并不像人们想象的那么困难，为什么许多中国企业无法做到这一点？根本原因是企业没有真正转变为以顾客为导向的思维方式和管理习惯。许多企业管理者，尤其是高层管理者已经没有机会贴近顾客，如果没有靠近顾客的机会，也就失去了真正了解顾客的途径。华为总裁任正非先生曾经告诫华为高层管理人员，企业高层领导的责任有三点：布阵、点兵、与顾客沟通。这也是华为公司得以在激烈的产业竞争中保持领先位置的原因之一。

什么是真正的商业成功？实质上就是在使顾客满意的同时使企业赢利。这是一个老生常谈的观点，但却说出了真理所在，也是衡量商业成功的基本标准。如果以这个标准来界定企业的发展，就可以判断企业增长是否具有持续性，就可以判断企业能否集中所有的资源赢得顾客满意，进而推动企业真正拥有发展的内在动力。

（原载：《销售与市场》，2010年第34期）

伟大的渴望

当企业必须承担伟大的渴望的时候，企业自身以及管理者本身的价值观都需要提升到一个全新的高度。

英国管理哲学家查尔斯·汉迪教授在《饥饿的灵魂》一书中说道，人们虽然找到关于经济增长问题的部分答案，但却不确定对此能够做些什么的社会所面临的困境。在非洲，人们说渴望分为两种：渺小的和伟大的。渺小的渴望，是指获取维系生命所需的东西即必需的商品和服务，以及购买这些东西所需的金钱，这些是每个人都需要的。而伟大的渴望，则是追寻一个问题的答案："生命的意义是什么"。今天比以往更需要全新的经营观，不仅仅影响企业营销在市场上所作的诉求，更冲击着企业的管理方式和领导员工的价值观。人们已经意识到无法忽略公司最重要的资产，即以顾客为代表的"价值资本"。

全新的经营观包括两个部分的内容：超越商业领域，拥抱未来。哥本哈根未来学研究院甚至把公司比喻为部落，企业自有的历史、神话、仪式和价值观，甚至拥有自己的英雄和反对派。简言之，这是社会缩影，企业不再是一个简单的经济体，企业还需要也必须要满足一个共同的目标：尊重和满足人的需要。人们已经不再被财富所迷惑，虽然我还是要承认今天财富依然具有强大的力量，任何事情都可以商业化的这种趋势，并不是人们真正想要的生活。金钱只是生活的工具，并非人生的意义，人生具有未来的无限可能性，这种可能性丰富了生活，也丰富了世界，也因此具有了多样性和差异性，这一切提供了更加广阔的市场和前景。正是这样的共识，要求人们做出改变，从商业化的流行趋势中解脱出来，回归到人生的真正意义上来。

一、超越商业领域

全新的经营观必须是超越商业领域的，企业的核心价值观必须能够体现这样的价值追求。如彼得·德鲁克经常指出的那样，企业面临空前的挑战，企业必须制定和宣传战略，来激励员工和合作伙伴，从而让他们具有明确的共同目标和方向。正如德鲁克一直坚信的那样，企业是实现个人价值的重要引擎，正是对于这个问题的重视，德鲁克一再告诫人们，大多数企业经营所依据的假设都不再适应现实。企业需要在一个全新的假设下来面对现实提出的挑战，这些挑战可以称之为一场"安静革命"，如果企业和组织不能够重新定义，就会像恐龙一样难逃覆灭的厄运。要做出根本性的改变，就需要调整企业经营的假设，我在《超越竞争》一书中比较了两种经营假设——传统的经营思考起始于这样的假设：价值是由企业创造的。通过选择产品和服务，企业自主地决定它所提供的价值。新的经营假设的核心是：价值是由顾客和企业共同创造的。企业需要从消费者这一端出发再回到消费者那里，一切源于消费者的价值创造。

如果真正用顾客的思维而非企业的思维方式来经营企业，就要求超越商业领域，回归到顾客的价值上来，围绕着人以及人的需求展开，而非企业的利润。反观最近所发生的一系列不该发生的企业事件：达·芬奇事件、山西陈醋事件等等，都是没有明确的基于顾客价值的经营观所导致，这些企业所追求的仅仅是企业自身的利润，忽略了对于顾客的承诺，而忽略了这一点就会导致企业走向相反的方向，甚至是失败的方向。

二、拥抱未来

全新的经营观必须是拥抱未来的，简而言之就是以未来决定现在。衡量一个企业最重要的标准是其预见和投资明天机会的能力，是其先于顾客需求变化而做出的变化。更多的时候我会被这样一些公司所感动，正是因为他们的努力，我们获得了了解自然的能力，无障碍沟通的能力，窥见微小世界的能力。没有这些企业，我们也许失去了实现梦想的可能性。拥抱未来就是具有不断创新和创造的能力。比如，它总是让我从它的发展方向上看到未来的变化和趋势。我和很多人一样被苹果公司的革命性产品所折服，苹果公司的每一款全新产品上市，几乎都会引起市场巨大的反响。在一个产品极度丰富的年代，还会出现争先恐后、通宵排队购买产品的场景，一定是苹果公司所创造的奇迹。这些公司不仅用创新带来了强劲的增长，更重要的是借助于它们的创造，使人们获得了更多的体验，从而更有效地发展自己。

全新的经营观要求企业一定要关注自身的基本假设，时刻检讨企业与顾客、环境、变化、未来之间的关系，保持与企业和环境的互动。更重要的是需要基于人的发展来展开企业的经营活动，而不是只围绕着获得利润。人人参与成为新一代的消费特征，让大家连接在一起，本身就是一件值得学习的事情，所有的东西都是新的，技术让一切皆有可能，而这些新的感受和机会又会推动技术的进一步创新。愿意尝试新的东西和平台，真的是很令人兴奋的事情，但是是否可以拥有这新的感受和机会，取决于企业的经营观能否与时俱进！

（原载：《IT经理世界》，2011年第18期）

经 营

国际化，中国企业如何走得更远？

未雨绸缪、循序渐进的国际化战略是中国企业成功走向海外的基石。在国际化模式上，中国企业更多地选择"稳步积累式"的发展模式。而国际化是一个系统工程，必须创造多种竞争优势，整体推进。

将产品销售得更远，意味着，产品的功能和设计必须是在了解最终客户基础上的创新；为达到将产品销售得更远的目标，中国企业要从过去的低成本转向技术创新和文化创新上。30年来，中国企业创造的一大成果就是，制造了让用户使用具有高度依赖性的简易成本产品。今天，只有企业战略逻辑契合全球市场价值，中国企业才可以走得更远一些。

一、中国企业为什么走不远？

中国企业非常容易受到影响，企业家个人的危机、自然条件的变化、资源的改变、国际市场的风吹草动等等，一个外部环境或者内部条件的改变就会带来企业致命的危机。更奇特的一个评价是，"中国的企业内战内行、外战外行"，为什么中国的企业这样脆弱呢？

企业需要面对的问题实在是太多了，如果企业想要存活下去，就必须回答凭什么活下去这个问题。事实上企业多大、企业赚多少钱、企业可以解决多少就业、企业是否具备品牌等等，都是企业经营的一个结果，是企业运营的外化表现。回到凭什么存活下去这个问题上来，企业要从战略层面思考发展。

人们认为成功的企业都是创造性地开辟了新的领域。苹果带领我们走向计算机时代，星巴克创立了全新的商业渠道使咖啡成为商务人士瞬间可以享受到的休闲；杜邦公司"让女王的丝袜女仆也可以享用"；沃尔玛的商业模式让产品"总是以最低的价格销售"；阿里巴巴更是"让天下没有难做的生意"；等等。这些企业的奇迹都是源于创新能力的发挥，这些创新会依赖于技术、资金、人才等等，但是最重要的是人才、技术和资金需要转化为创新的成果，而能够转化出创新成果则是依赖于企业所具有的明确的战略逻辑。中国企业恰恰缺失的就是战略逻辑。绝大部分中国企业所作的努力都是管理的努力而不是战略的努力，这些企业所追求的是解决问题，而解决问题是管理思考而非战略思考。对于一个企业来说，解决问题应该是第二位的，第一位的是选择做什么和不做什么，也就是回答战略的问题，先回到战略思维方式上，之后再落到管理理念上解决问题。

所以中国企业不要急着解决问题，更应该先回答企业到底要做什么。30年来，中国的经济和中国的企业发展神速，但是这样的高速增长却掩盖了中国企业战略能力缺失这样一个最为关键的问题。当我们的增长可能来源于市场巨大需求的时候，中国企业不要急着追赶世界500强，也不要急着进行价值型企业的梦想里程；不要以为有了2000亿元的销售额，就是世界强者之一，毕竟在战略上中国企业并没有做什么。沃尔玛的全球供应链效应，微软的实现顾客价值的能力，宝洁对于消费者的深刻理解，这一切都表明企业发展并不单单是低价的问题，也不只是创新的问题，而是具有坚实的战略基础。

二、价值增长驱动企业远行

将企业增长作为首要考虑的问题，应建立在核心业务的基础上。如果说以往的增长是基于市场增长的原因，中国企业虽然增长但是走不远就是极为正常的现象，因为依赖于市场自然增长带来的增长会有停滞的时候，只有建立在核心业务基础上的增长才会给企业带来持续的增长，具有这种增长能力的企业才可以走得更远。

具有核心业务基础的企业需要具备以下特征：市场份额领先；盈利能力较强；具有较强的抗竞争能力；能提高企业综合能力，稳固财务基础。这四个特征是很多企业和研究学者公认的表征，但是如果让企业具有这四个特征却不是一件容易的事情，因为从市场份额领先的角度看，需要企业有能力理解市场，理解顾客的价值。从盈利能力的角度看，需要企业具有提升附加价值的能力，具有满足顾客需求的独特能力。从具有抗竞争能力的层面看，则更需要企业能够离开竞争，重新定义产品、顾客和价值。而从稳定财务结构、综合能力突出的角度看，对于企业的要求更高，需要企业整个系统有能力实现所有的市场想法。这四个维度所界定的企业核心业务基础的能力可以用一个概念来描述：价值增长。

三、真正的增长来源于顾客价值增长

　　大多数人都承认，30年的中国企业的增长更多的是来源于市场的增长，是市场容量的自然增长所带来的繁荣，这就表明这些企业的增长并不是内在能力的增长，而是外部环境所提供的充裕条件，使得企业能够获得增长。如果增长是来源于市场的自然增长，就会导致企业忽略了需要关注的方向，而这个方向就是如何满足顾客的需要，因为，真正的增长一定是来源于顾客价值增长。

　　什么是真正的商业成功？实质上就是使顾客满意，同时使企业赚钱，这是一个老生常谈的观点，但是却恰恰说出了真理所在，同时这也是衡量商业成功的基本标准，如果以这个标准来界定企业的发展，就可以判断企业增长是否能够带来持续性，就可以判断企业能否集中所有的资源带来顾客的满意度，进而推动企业真正拥有增长的内在动力。人们惊叹于微软的增长，而微软得到的持续性的高速增长是源自于让世人不断地享受操作系统带来的变化和乐趣；人们也惊讶于苹果公司所实现的增长，这些增长体现的是苹果公司与顾客之间全新价值体验的结果，苹果公司独有的创造价值被消费者认可——只要是苹果公司推出的产品，必然有其独到的存在价值。苹果公司在有效结合产品设计与生产技术方面的能力深得业内人士的赞赏。同时，其非常注重用户体验以及产品设计对用户体验的影响，通过技术应用以及与用户及时沟通等方式，有效地实现了完美的增长方式。从2001年开始，苹果公司在全美开设了专卖店，不仅销售产品，更多时候是为消费者提供最直接的产品体验——任何光顾者都可以使用店中摆放的电脑，免费上网，听音乐，看电影，打游戏等，同时欢迎留下使用意见和建议，随着越来越多的消费者更直接、有效、深入地了解苹果，体验苹果带来的激情享受，进而从情感上接受苹果、跟随苹果，苹果公司也获得了根本性的内在的增长。

（原载：《财会信报》，2011年11月28日）

2012年的关键词

过去的一年是一个变化多端的年份,在这一年我们经历了前所未有的挑战,外部环境,无论是技术、用户、需求、同行、供应商、市场格局以及全球各个领域,都发生了意想不到的、前所未有的变化。这些变化一方面是巨大的挑战,而另一方面又是巨大的机遇,人们可以看到诺基亚痛苦的转型,也可以看到苹果辉煌的增长,唯有创新,才有新未来。

因此,当我要为一家公司确定2012年的年会主题词的时候,我选择了"创新未来"这个主题。

任何一个企业能够持续发展,最根本的原因是与环境能够互动,并和环境发展的趋势联系在一起,所有成功的企业都是源于顺应了环境变化的趋势,都是在变化中掌握了机遇,中国企业之所以可以拥有今天的成就,是源于过去30年中,理解并拥抱了中国市场的高速发展,用适合中国市场的特点,安排了自己的商业模式。这是值得骄傲的一点,同时也是需要警醒的一点。

因为2012年更加不确定、不稳定以及不可预测,如何做出改变和自我超越是一个必须解决的问题,我用四个关键词来表达我的想法:

一、超越自我

人们都确信思路决定出路,没有了思路也就没有了出路,在充满危机和挑战的当下,企业缺乏的不是机会,而是超越自我的心态和对固有模式的颠覆。在今天这样一个多边的外部环境中,不能够再用企业自身习以为常的商业模式、产品结构以及市场认知来支撑自己的业绩,必须打破依赖惯性发展的习惯,要求自己不仅仅是完成企业经营目标,而是要看到与外部环境变化相匹配的改变、不能够让业绩成为"虚假繁荣",这会让你在未来的竞争中,处于极其被动的局面,并有可能一点一点地失去今天的市场地位。中国大部分企业已经具有了在中国市场非常有利的地位，如何获得更高的提升，就需要更加贴近顾客，不断地超越自己，从而获得更大的增长。

二、回归本质

如何进行思考，是关注企业自身，还是关注企业在产业链中的贡献？这需要全球企业管理者的思考回归到经营的本质上来，也就是顾客价值、成本、规模、盈利这四个根本的元素。从理解公司所处的行业本质展开，判断未来一段时间内这些行业本质会如何改变？分析公司现有的核心能力是如何实现的？公司是否还需要在行业本质上做出努力？以及必须做出努力的方向是否清晰？企业将始终与顾客打交道，提供的核心就是产品，而产品的背后是技术，产品的竞争首先是各种各样的技术竞争，如何与行业互动，真正拥有核心技术，寻找到集成创新，拓展全新的学习途径。因此，要求企业管理者必须站得更高、看得更远，付出更多。

三、远离竞争

在过去大部分的情况下，中国企业用直接竞争的方式取得成功。但是随着市场深化以及顾客能力的提升，在每一个行业中，以往激烈的竞争程序，实际上已经潜移默化地转向引导用户。苹果并没有和任何一家电脑厂商竞争，但是大量的用户转变成苹果用户。今天市场的特点，已经不再是竞争的特征，而是与顾客融合的特征。如果想在市场中获得最后的成功，取决于是否可以和顾客站在一起，只有和顾客在一起的企业才会最终取得成功。你做出什么样的准备和努力了？你的行动是否如隐性竞争要求的那样去做，你所有的行动是否能让你更加贴近顾客？

四、依赖团队

随着发展的深入，股东和消费者、产业价值的协同者将对企业管理者提出更高的期待和要求，而现实环境和挑战迫使管理者们将不得不立即转变和提高以适应更新的、更严峻的竞争形势。基于环境和战略，任何个人的能力与智慧都无法应对这样一个复杂多变以及不确定的环境。所以任正非在2012年将要来临的时候，写了一篇文章，题目是《为轮值CEO鸣锣开道》，文章的中心思想是：个人是非常渺小的，团队使得个人成为优秀的人。他有一句话让我深有同感："我后来明白，一个人不管如何努力，永远也赶不上时代的步伐，更何况知识爆炸的时代。只有组织起数十人、数百人、数千人一同奋斗，你站在这上面，才摸得到时代的脚。"作为今天的管理者，需要有任正非这样的对于个体和团体的认识，需要能够融合团队成员，并把自己融合在他们当中，唯有此，才有与时代同步的可能。

  2012年的中国企业处在关键的转折点，在我们向前发展的进程中，重大的变化不可避免。今天，很多企业正通过全新的路径加速这一变化，以使其持续赢得在中国市场格局中有利的位置。如果说对2012年具有信心，那么最根本的缘由是，企业拥有了超越自我的决心和行动。

（原载：《IT经理世界》，2012年第3期）

经 营

创业的思考

我最近在参与新华都商学院创业MBA项目的招生,在和一些想报考的同学交流时发现,拥有创业想法的人很多,但很多人并未真正理解创业。人们会认为技术和知识对于创业是非常重要的,但对于事业、经营与管理而言,知识和技术固然重要,更重要的是对于环境的认识,特别是对顾客的理解。如同德鲁克所言,企业的唯一目的就是创造顾客,顾客是环境的重中之重,也是决定企业存在的根本要素。对于创业,我们需要有一些正确的认识。

一、创业者看钱

创业者最需要资金,但又最不应该"向钱看齐",这看似非常矛盾,但内在的逻辑却是清晰的。如同吉姆·科林斯等人在分析了诸多百年基业的企业之后得出的结论,利润之于企业而言就像是空气之于人们的生活,人们的生活需要空气,但人们的生活却不能以空气为目标或目的。因此,是价值而不是利润来决定企业的存在,利润会成为一个有价值的企业随之而来的结果。从这样的认识出发,创业者首先想到的应该是提供什么样的价值来为顾客服务,而不是从什么地方寻找到资金。对于顾客价值的明确界定以及清晰的实现途径,界定是最重要、最首要的选择,有了这个选择,资金自然会做出资金的选择,因为资金有着自己独特的属性:趋利避害。如果创业者的方案具有顾客价值实现的可能,资金会做出自己的判断并做出选择。

很多时候,人们会发现,资金并不仅仅是在解决投资的问题,而是在解决持续成长的问题以及获得回报的问题,如阿里巴巴、百度、如家酒店等等企业,都是在资金的驱动下获得有效发展的。有人问何享健,美的在顺德企业中脱颖而出的原因是什么?何先生说:是资本释放了美的。是的,资本有着自己独特的能力，它会依照顾客选择行为的判断来判断企业。

二、创业与事业

关于创业，有一套经典的指导理论，即德鲁克的事业理论，其核心问题是：我们的事业是什么？具体又包含三个问题：我们的顾客是谁？顾客在哪里？顾客价值是什么？关于前两个问题，创业团队首先要给出答案，明确要服务的顾客在哪里？但这并没有找到问题的根本答案，因为这还是从企业自身的角度来表达自己的顾客是谁，还没有清楚地回答出自己的贡献是什么，也就是带给顾客的价值是什么。事实上，特劳特定位思想的根本是占领顾客的心智，比如红罐王老吉就成功于"治上火"的定位，而这个定位恰恰是顾客关心的，这就切中了顾客价值。品牌的本质是和顾客建立沟通并触动顾客的心灵，这样就找到了把创业变成事业，保持持续性的基石。最近看到缔造了红罐王老吉神话的加多宝公司，开始推出加多宝罐装饮料，目前我并不能够判断它是否成功，但如果这家公司愿意以之前的成功经验来指导自己的行动，就依然值得期待。

那些创业成功的企业告诉我们，创业源于事业的价值，事业的价值源于基于文化和知识做出的对顾客生活的理解和贡献，即创造有益于顾客生活的事业，才为"创业"。

三、创业与创业者

很多学生问我，他是否适合创业，是否可以成为一个创业者？我总是很惊讶学生们的这个问题，如果从广义上理解，每个人都是创业者，因为我们都在创造自己生命价值这项事业。即便是从狭义上讲，即使你不拥有一家企业，依然需要有创业精神，只有如此你才可以胜任自己的社会角色，所以，任何人都可以成为创业者。

但是为什么真正去创业的人仅仅是一部分，我想这个与每一个人的价值选择有着极大的关系，那些愿意冒险、超越自己、向往挑战并接受变化、勇于面对失败的人，会最终成为创业者，而不愿意冒险，更喜欢在相对稳定的环境中发挥自己价值的人，会选择非创业的道路。这里并没有巨大的区别，仅仅是价值选择不同而已。

这个时代具有创业的各种契机，需要人们做出积极的选择并做好准备，每一个机会都是给有准备的人，这些准备更多的是意志力的准备。如果你选择创业而成为创业者，那就需要付出极大的热情，具有百折不挠的精神，不在意一时的得失，愿意承受巨大的挫折，并不断创新，朝着目标勇往直前。这些基本的必备的要素，需要你做好准备并具有韧性来维系，而市场所提供的机会会一直都存在于我们的身边。

（原载：《IT经理世界》，2012年第11期）

2013年的关键词

2013年的经营环境判断,我用三句话来描述:

第一,不确定性带来的不稳定性和不可预测性。

与物理学研究宇宙的不确定性特征类似的,我们需要接受自己处在一个不稳定的结构中,接受用变化的思维来面对变化。2012年10月4日,美国众议院情报委员会一份关于国家安全的调查报告,让中国电信设备商华为拓展北美市场的计划再度受挫。华为进入美国市场已有十年,但在美国占据的市场份额目前仍然较小。这背后,是华为十年来在美国市场的一次次受挫和委屈失望。在这一系列的阻隔中,复杂与不确定不断呈现,企业已经不能仅从行业与企业自身的视角来面对变化,而需要用不确定性本身的特性去引导自己的战略。

第二,购买疲劳带来的销售疲劳。

如果观察最近几年的零售终端市场,你会发现,所有的销售手段都被用尽,每一个销售措施和政策,都无法像从前那样立竿见影,甚至投放大量的资源,也无法换来预期的销售业绩。从顾客的层面,感受不到购买带来的快乐;从企业的层面,感受不到销售带来的快乐。企业与顾客之间,已经无法简单地用产品作为桥梁,而需要不断寻求其他途径。

第三,同行不再是竞争对手。

虽然这个观点早在2004年我已经倡导,但是现实的经营活动中,很多企业依然把同行单纯地作为竞争对手来看待。在2013年,我建议企业界的朋友一定要理解这个观点,来调整自己的策略。如果企业把注意力放在同行身上,会分散对于顾客的专注,会导致企业偏离顾客的立场,从而使自己陷入危险的境地。

面对2013年的经营环境,企业需要做出应对的准备,而做好准备的企业一定会有非常好的回报。

2012年双十一当日,天猫和淘宝的支付宝总销售额达到191亿元,天猫达成

132亿元，淘宝完成59亿元。一天产生如此巨大的效应，的确让人惊讶，但是如此打折是否伤害到商家的利益呢？很多双十一卖家表示，双十一促销并不赚钱。商家是否真的不赚钱？不赚钱为何还要参加促销？业内人士表示，促销赔钱是不可能的，商家利润低于平时，但为其带来新增用户和长远广告效益，没有商家想因失去冲量机会而落后。

无论如何，天猫、淘宝的"双十一"活动，已经把我对2013年的策略判断完整地演绎出来了，我用三个关键词来表达：

1. 创新

这是一个老生常谈的话题，但依然是2013年的求解之道。如何创新成为企业在这样的环境下取得突破的关键。所谓创新就是将远见、知识与冒险精神转化为财富的能力。创新需要对局势和变化有洞察力，需要拥有厚实的知识与技术的基础，还需要有冒险精神。这需要企业持续地关注变化，并不断超越自己。例如，马化腾先生为了让腾讯保持持续创新的能力，在组织内部营造强大的竞争环境，当公司判断私密交流是顾客最重要的需求的时候，公司成立三个小组同时研发满足这个需求的产品，最后"微信"应时而生，但是研发出这个产品的并不是公司最具有这个领域基础的小组，而是另外一个小组。如果腾讯没有强烈的创新欲望，那么也就不会在内部构建这样的竞争环境。

2. 与广泛的顾客互动

这也是一个老生常谈的话题，同样依然是2013年的求解之道。2012年的夏秋季节一个好声音传遍了中国。娱乐选秀节目可以说层出不穷，为什么《中国好声音》一枝独秀，到了2013季其广告冠名费已经达到2亿元？如果仔细观察和分析，就不难得出结论，这个节目最成功之处是创新性地与广大的顾客互动：选手及家人、朋友、导师及导师邀请的专家、媒体、现场的观众、场外的观众等等，这档节目把能够牵连到的顾客都串联起来，让人们形成一个完全自我的世界，大家各有自己的喜爱和遗憾。这是一个创造顾客的过程，而创造顾客正是德鲁克先生对于企业的定义。

3. 员工智慧

长期以来，如何发挥核心团队的作用，或者说如何发挥管理者的作用，是人们极为关心的话题。但是当遇到外部环境低迷的时候，增长无法预期的时候，一线员工，以及全体成员的智慧贡献成为最为关键的要素。2008年金融危机之时，我在《冬天的作为》中建议逆境中保持增长需要借助一线员工的贡献。今天我更要强调这一点。无论是创新，还是与广泛的顾客互动，员工的智慧贡献都是至关重要的。试想一下天猫商城一天获取如此巨大的销量，如果单凭管理团队的努力，一定是无法实现的，为了这一天，物流公司的全体员工也做出了巨大的努力，中国物流行业协会的发言人说：这一天物流行业的80万工作人员全力以赴展开工作，这就是奇迹诞生的原因。

（原载：《IT经理世界》，2012年第22期）

农牧企业的未来在哪里？

之前农牧的发展，如果是从产业的认识来讲，主要是基于一个很重要的环节，那就是养殖。根据养殖这个环节，整个农牧业这30年的发展还是比较顺利。但是，如果从产业的角度、从价值链的角度去看，这个观点还不够。从农牧业的整个价值链来讲，还有一个关键，那就是消费者。也就是说，在我们之前养殖当中，最后只走到了屠宰。之后的食品就不是农牧企业，而是食品企业。我们没有走到消费端，应该说这个链条还没有走完。在笔者看来，农牧产业最大的机会会在消费端被呈现出来。如果说，我们能在消费端被呈现的话，我们的机会空间会比现在大得多。

一、三件重要的事情

农牧行业在未来有三件重要的事情：第一，基于效率驱动的成分。以前是制造的身份，我们在制造上的能力是非常强的。无论是对健康技术还是对原材料的采购，我们对自己的整个养殖技术的理解、对规模的理解，其实我们是走得非常好。但是，整个链条的效率其实不是做得很好。所以，我们新的成分是来源于效率的驱动，而不是制造的成分。第二，基于整个产业链的价值提升。生物技术在产业价值中的释放，是很关键的。对于国内的农业来讲，目前有三个问题：一是整个养殖环境的问题。目前的养殖环境会成为我们未来发展路上的巨大障碍。二是我们对整个药物的应用能力，药物转化到生物和生物价值的释放当中。三是基于消费端的可靠性提供。对于这个行业，这三点是非常关键的。如果我们联手，一起把这个问题呈现出来，把行业打造出来的时候，相信这个价值就会很容易认同。

二、未来最大的挑战与机会

一是国际化。这个产业未来的发展很重要的一点就是国际化。涉及全球资源的整合，涉及全球市场的开放，也涉及整个资本和技术。资源、市场、资本和技术这四项，假如我们有能力去运作的话，那么会有很大的空间。例如解决中国本土养殖环境的问题，也可以解决全球资本问题。最近我们在研究新兴国家，发现一个最大的挑战就是新兴国家发展到今天，唯一剩下的就是中国。为什么？因为汇率和全球货币的变化，金融市场的调整会使得整个资本市场产生变化。从个人的角度看，国际化实际上是我们很大的机会，同时也是我们最应该去调整、去整合的一个方向。

二是网络信息技术。网络信息技术对于农牧产业来说是非常好的技术。根据个人理解，到今天为止，没有人敢拍胸脯说能承诺食品安全。在研究当中，很重要的是方法论正确。就是说过程正确，结论就必须接受。按照这个研究套路来讲，如果整个养殖过程可控、整个养殖方法可控，那么，这提供的结果就是安全的。所以，网络信息技术会带来一个很大的机会，我们要更全力地拥抱它。所以从这个角度来看，国际化和网络信息技术会给我们带来一个全新的机会，而且这些机会是非常关键的。

三、企业的转型

农牧行业会共同遇到比较大的难题，就是企业的转型。这对整个农牧企业的能力、对某些东西的理解都是很大的挑战。通过转型，从原来专注于生产转到对品牌的认知、对消费的认知，这是一个很大的调整。

基于以上的认识，在我们的队伍内部，个人提出以下观点：

第一，要更聚焦战略，战略要更加清晰。企业在产业链上做了很多布局，但是，在接下来的竞争格局中，要更多地聚焦战略、合作，更聚焦才能更成功。第二，更有能力地理解消费者。这个产业最终还是由消费者来评价，特别是饲料这个行业跟顾客的沟通能力目前还很弱。第三，聚焦更强的成本能力。

（原载：《北方牧业》，2013年第20期）

经 营

以变革之力穿越迷失

现代社会的商业逻辑变了,过去是基于产品、企业立场,也就是我们通常说的如何理解行业运行规律。然而今天的商业逻辑是基于消费者,并且跨界融合更加频繁,也越来越紧密,因此每一个行业都会有新进入者重新定义这个行业。比如打车软件,你很难说它是传统的出租车行业。

一、最大变化在环境

互联网时代最大的变化就是"成功是失败之母"。传统企业讲究成功经验要能复制,而今天所有互联网的成功都是对过去成功商业模式的颠覆。不过,毕竟企业本身是一个实际的存在体,企业肯定有生有死,但不会因为环境一变企业就死掉。所以,中国商业最大的变化在于环境的变化。

第一,商业宗旨变了。以前的商业宗旨是企业提供更好的产品和服务,而现在的商业宗旨核心是解决顾客问题,也就是怎么给顾客提供解决方案。然而,宗旨的变化又带来一个新问题,就是顾客能力变了,一方面因为互联网,今天的顾客拥有无限的信息,甚至比企业还多;另一方面,顾客有能力判断这些信息并做出选择。

第二,商业逻辑变了。我们今天这些互联网企业的成功都不再是简单复制过去的商业模式,而是对其颠覆性的创新。

第三,跨界融合。我们现在看到的同行业竞争者都不一定来自于本行业,因为,随时都会有新进入者通过跨界来重新定义这个行业。

外部环境的这三大变化,使我有了对互联网几个概念的解释:首先是用户跟顾客的区别,用户必须免费,顾客是买单的,但企业必须得跟用户在一起,因为没有用户就不会有顾客。其次是融合,你不能独立发展,要跟别人融在一起。最后就是要很聚焦，只有聚焦了才能带来很多新机会。

二、企业变革的"死穴与生机"

一直以来，企业要保持持续、领先都是一个永恒的挑战。从我个人的研究来看，一个持续领先的企业一定要在以下八个方面都做出很好的设计和安排。

第一，成长性。成长性首先来源于外部，其次来源于行业，再次来源于员工的能力。今天外部环境变化使得企业成长性多变，但不管如何多变，企业肯定有成长性。

第二，企业跟环境的匹配能力。

第三，产品和技术。企业如果能一直遵循对产品和技术的理解，持续发展是没问题的。所有优秀企业在产品和技术上的投入都是足够的，而不能持续发展的企业，肯定是对产品技术投入不够。

第四，领导者确实愿意革自己的命。任正非就是自我批判极强的人，张瑞敏也很令人佩服。那些能够自我批判的领导者，肯定可以带领企业持续前进。

第五，治理结构。科学的治理结构是能够帮助企业保持生命周期的，而权威人格的企业家一个人决定企业生死，那企业肯定会死了。

第六，价值链。典型例子就是房地产行业，最近住建部部长公开讲十年之内房地产不会出问题，为什么？因为房地产关乎一整条价值链，要倒整个价值链全倒。

第七，全球化。

第八，创新。

一个比较乐观的理由是，企业发展到一定阶段，问题基本都出现在文化和组织上，绝对不是什么资金、技术、市场。如果问题出在文化和组织上，实际上就有机会了，如果你的组织和文化是持续开放的，就有机会实现自我变革。

大企业在文化和组织变革上有两大优势：一是大企业有规模和基础做开放性的投入；二是大企业文化中都有一些优秀的基因，只是有时会把它忘了，当环境逼得它痛时，又会唤醒它的基因。就像IBM的文化基因并没变，一直是那三句话：尊重个体、行动卓越、顾客至上，但为什么在郭士纳接手前就濒于破产了呢？原因就是把这个基因忘了，IBM能奇迹般的转型成功，就在于它唤回了这种文化基因。

一个企业能有机会革自己的命，本身就是一种优势，如果连革自己命的机会都没有就更糟。由于企业自我变革是最难的，所以我才说根子上的障碍是组织和文化,也就是说,企业持续发展的障碍并不是来自外部,而是来自你自己。

这个时代的特点就是这样,以前外部敌人很清楚,你知道怎么打他、怎么跨越,现在外部全是朋友,敌人变成了自己,你反而不清楚了,因为打自己最难。而且这个敌人还不仅是老板个人,还有整个组织的人,组织里每个人都要革自己的命。

三、"变革悖论":既要赚钱,又要转型

不久前,我听一位老师介绍稻盛和夫讲京瓷,说京瓷55年来从未亏损过,也从没有裁过员。人家问稻盛和夫,你怎么做到这一步,稻盛和夫说:"京瓷储备的现金,足够让这家企业什么都不做,正常发工资24年。"

也就是说,企业在变革时一定要有足够的回旋空间,如果当期经营压力不给这个回旋空间,变革是很难做的。中国企业在变革特别难的一点就是之前积累的盈利实际上是不够的,本来身处白热化竞争就会导致利润空间不足,有钱的时候又把钱乱花掉。这一点中国的大企业和真正的跨国大企业还是有很大区别的,我们的历史积淀还不够。

其实,日本企业也曾痛过,比如整个家电、汽车业,但它有利的一点是背后有商社,商社很清楚如何把资本和产业整合。日本商社跟西方投资公司、基金公司的最大不同点就是,日本商社是基于做产业的,不是一个财务投资,这就使企业有机会和空间做调整。而中国企业如果想变革升级,就必须承受转型中的亏损或失败。这一点我还是很欣赏2006年TCL的做法,把转型的痛硬吞了下来,然后硬转。一个企业要抱着必活的信念,就必须得承受转型巨痛,包括你对自己很多东西的超越。

另外,还有一点必须指出来,很多中国企业对利润的认识一定要扭转过来。利润很重要的一个功能不是为了行业第一,也不是为了赚很多钱,而是为了企业可持续发展做准备和投入。

从我自己的角度来看,我觉得只要在努力应变的企业,都有生的机会。今天,华为在变、格力在变、万科在变、万达在变,小米也在变,这是因为我们今天的企业不是在求发展、求机会,而是在求生,而且求生的原动力比以往更加迫切。

中国文化的特质也会使得中国企业一定有很强的生命力,因为中国文化不是内心评价,而是外部评价。虽然孔子非常希望"内圣",但还是不忘加上一个词

"外王",也就是说,中国人不管内心如何成为圣贤,如果不拜为王者,也不会有人承认你成功。正是这种外部评价使得中国人很难真正"放下"。但这也正是其具有强烈求生欲望的原动力。

(原载:《商界:评论》,2014年第5期)

经营的本质

科技的高速发展、外部经济环境的变幻莫测被认为是我们这个时代影响企业经营的关键因素。然而总是有一些优秀的企业家和经理人,可以带领企业实现年复一年的赢利和增长。他们关注的那些最基本的要素,总是回归到基本层面上做的努力,这正是他们取得成功的秘诀。这些成功的秘诀正是规律性的认知,是有关"经营的本质"的判断与行动。

企业活动中的一些普遍规律可以帮助我们化繁为简,透过复杂的商业现象找到企业经营中的基本要素,并让公司里的每个人都能理解这些最基本的要素,从而使他的行动与这些最基本的要素相关。如果能够做到这一点,每个人都会感到公司经营的这些最基本要素与他的工作息息相关,并从中获得最大的成就感和满足感,而公司也会因此获得赢利性的成长。

经营的基本元素只有四个:顾客价值、合理成本、有效规模、具有人性关怀的赢利。每个人都可以掌握这四个最基本的要素,并且可以培养自己沿着这四个要素做出选择和判断的思维习惯。所以对于战略、营销、产品、价值链、服务、品牌本质的认识,都是基于对这四个基本元素的理解。本书想告诉读者的是:企业经营活动遵循着自己的本质规律,一旦掌握了这些基本规律,企业就掌握了应对不确定性和变化的能力。

理解企业经营的本质,掌握正确的经营逻辑,从顾客的立场出发,有效运用战略、营销、产品、服务、价值链以及品牌的基本价值,让企业可以不受外部环境影响,规划自己的成长之路。

(原载:《饲料研究》,2014年第18期)

2015年，企业家应该关注三件事

成功只能意味着过去，你也许不知道新的游戏规则和新的竞争者会在哪里出现，但它一定会现身，没有任何公司能成功到不可能失败的程度。

我不认为创新很难，我觉得转型比创新还难，因为关系整个组织的思维惯性。

企业价值不由企业创造，而是由很多人一起来跟你创造，包括顾客，包括所有相关产业链上的所有人。所以企业一定要想办法变成一个能让顾客跟你做价值创造的平台或者机会。

我最近感触最多的就是大家无处不在的焦虑，比如说有的制造企业听到互联网完全不知道该怎么办。互联网最大的诱人之处就是让你能瞬间得到名与利，这样一个刺激太可怕了，让所有人都很紧张。

技术的改变，可以让企业变得非常快，但造成这些变化的真的是互联网吗？我认为关键在于，一个企业不管走得有多远，不管曾经多么大，忘记顾客就一定会失败。企业失败的根本原因不是因为技术替代，是因为它离顾客越来越远，实际上是被顾客淘汰而不是被技术所淘汰。

一、从今往后，拿掉"传统"这两个字

我们看到那些成功企业，总结下来基本是四个方面做得很好，第一，它一定会创新；第二，有非常强的危机意识；第三，最高领导者的坚持；第四，明白顾客需要的就是企业的真正追求。

谈到互联网，你并不需要太焦虑，因为那仅仅是技术，或者说这个技术特别的地方是因为它改变了所有人的生活方式。只要你能基于消费者去做创新，你还是可以活得很好。我很想告诉大家的是，核心是要思考你为什么增长，而不是去考虑新技术给我带来的压力和挑战是什么。

我们在任何情况下都要记住，对于企业经营者来讲，最重要的是寻求机会，从这个角度讲，没有任何公司因为规模扩大而不能再增长。比如沃尔玛是一个非常大的公司，互联网对它的冲击应该是最大的，最近北京出现了关店潮，各种超市、百货关的速度非常快。但你会发现沃尔玛没有受到干扰，2013年它做了一个非常大的转型，花更多的时间去做一号店。

没有任何行业百分之百成熟，我希望从今之后企业之前的"传统"这两个字拿掉，任何一个行业在每一个时间段都是与时俱进的，不存在传统这个概念。我是制造业，但是一个新的制造业，我是服务业，但是一个新的服务业。我相信这是一定成立的，因为你总会发现没有完全被占领的空间。成功只能意味着过去，你也许不知道新的游戏规则和新的竞争者会在哪里出现，但它一定会现身，没有任何公司能成功到不可能失败的程度。

二、从外向内看与组织的思维惯性

对我来讲，我最关注的是组织管理，我本人非常在意的是中国的企业能不能找到非常好的成长方式。大概20年前我开始做"中国领先企业的研究"，在这20年研究过程中，我最深的感受就是我们的企业在发展到一定阶段的时候，遇到的最大的挑战是组织的瓶颈和惯性。

我不认为创新很难，我觉得转型比创新还难，其中很重要的是整个组织的思维惯性。这个思维惯性当中很重要的是，你是一个增长型的思维还是非增长型的思维。增长型的思维就是我把绩效指标完成，不要冒险。非增长型的思维就会不断开拓，看到的都是机会，而不仅仅是挑战和压力，因为今天的商业机会极其丰富和多元化，它带来的要求是，你在战略上要从外向内看，不是从内向外看。

从外向内看的原则很简单，第一，从外审视你的企业；第二，不断扩大对市场、对行业的理解；第三，一定要利用真正的细分来明确顾客需求；第四，是你的能力，特别是核心能力要不断地重新构建，只有不断地重新构建打磨这些能力的时候才可以做到。这对很多企业来讲可能会是一个比较大的挑战。

三、转型，打一场"班长的战争"

2014年9月30号，我给我所有的经理人写了一封信，标题就是"向自己挑战",你只能挑战自己,不是你挑战别人。我也讲过转型比创新还难,原因是什么?因为创新的时候我们的思维是做好准备的,转型的时候思维并没有做好准备。如果你要转型,你和你的组织首先要做的就是思维方式的转变。

我在很多场合讲到哈佛商学院营销学教授西奥多·莱维特说的一句话:"客户要的不是五毫米的电钻,要的是直径五毫米的钻孔。"我们关注的都是产品,如果你的思维没有站在顾客的角度,那么转型不可能成功,因为只有真正回到顾客上来才可以成功。

转型到底做什么?转型真正要做的就是提供解决方案。对石油的危机、未来的危机、空气的危机,全世界都喊了很久。从我的角度看,我们不缺乏转型的思想、观点、逻辑,我们最缺的是转型必须用行动检验,必须提供解决方案。如果真的在做转型,最重要的是看行动不是看你说什么,最重要的是你有没有解决方案,而不是看你整个体系或者系统怎么设计。

转型最核心的是什么?其实是效率。今天,虽然说中国包括GDP的很多方面发展都非常漂亮,但在效率上没有非常明显的进步,结果就是耗费比发达国家更多的资源去获得这个增长。国家和企业要真正地转型,本质上的要求就是提高效率,而核心就是人的投入产出比。

今天,组织管理最大的要求是什么?就是让权力能够去到一线。用任正非的话讲:今天的市场竞争是一个班长战争。只有一线才能带来顾客的增长,互联网厉害的原因就是可以去中心化、去平台化和去权威化。这是对组织者变革很重要的要求,换个角度说,组织转型的核心就是要持续地向顾客做出反应。

四、转型的起点是顾客而非产品

如果真的要做转型,最需要也最关键有三个因素:第一,变革领导者,领导者必须真正了解怎样才能改变社会,让社会更美好。今天的管理者,很大程度上是正能量的传递者,要像布道者一样工作,你不能仅仅告诉别人应该怎么做,你还要告诉他做这件事情你会得到的美好是什么,支撑是什么,这种正能量的推进是对所有管理者的新要求。第二,形成一种帮助整个组织做变化的文化。联想30周年的时候,柳传志写了一封信,里面提到了"联想的发动机文化:高管是大的发动机,子公司是小的发动机,他们像齿轮一样,互相咬合,有动力"。我们看到联想今天的辉煌成绩,就是对文化的要求。我们在不同的阶段对文化的要求

经　营

是不一样的，今天，我们对文化的要求就是如何激活组织，如何激发活力。你怎么才能让组织中的每个人变得很正向、有活力。第三，我们都希望找到优秀的能人，其实应该是找对的人。我们今天遇到的情况是复杂性所带来的多重混乱。管理中的混乱和复杂就是增长的速度超过了整个组织中能力增长的速度。这就是我们管理的挑战，你要让"对"的人的增长速度超过复杂性的增长速度。

我希望大家在做转型的时候必须要做三个准备：第一，你的起点是在顾客，不是在产品。第二，你必须记住，转型是用行动检验，要提供解决方案。第三，做转型的核心是提升整个组织的效率。组织转型的概念就是要把决策机制放到一线，让你的团队真正面对顾客，更重要的是我们要改变管理者，改变整个公司的文化，找到对的人。互联网与数字经济带来的最大趋势就是你要做品质更高、范围更广的沟通，才有机会在这个市场当中看到你的增长，企业价值不由企业创造，而是由很多人一起来跟你创造，包括顾客，包括所有相关产业链上的所有人。所以企业一定要想办法变成一个能让顾客跟你做价值创造的平台或者机会。

从这个角度看，2015年大环境可以用三句话来说明：第一，互联与融合，2015年一定要想办法问自己跟谁互联跟谁融合；第二，线上线下；第三，更重要的一件事情就是资本跟知识组合在一起，会让你的价值最大化。这是我从外部看。

从企业的内部看，我认为你应该关心三件事情，第一关心你的生产，你真正的效率一定要做出来；第二，回归到你的产品，真正让你的产品做到极致，互联网一定会把你联起来；第三，要真正与顾客互动。这就是我对2015年总体的想法。

在今天，我们一定要"接受不能改变的，改变你能改变的"。我用爱默生的这句话勉励我自己，我把这句话也分享给各位。

（原载：《新华日报》，2015年1月14日）

变化时代的经营选择

我们非常清楚这个行业最近五年来有非常巨大的变化,我觉得这个行业在今天有三个方面的困惑:

第一,这个行业从2012年开始,从饲料的角度去看遇到了一个非常大的挑战,整个饲料行业的产能是极度过剩了。全国饲料产能的利用率其实只有30%~40%,我研究过很多行业,如果产能利用率如此之低,那有一件事是你要接受的,就是这个行业开始进入到完全竞争状态,所谓完全竞争状态就意味着两件事情:第一件事情就是进入到微利时代;第二件事情就是意味着非常快的企业淘汰、购并、合作和重组。这是从2012年开始的,如果我们从2012年往前看,我相信做农牧做饲料是不会遇到这个难题的,之前你会发现整个饲料需求在增长,但在今天,这是不太可能的事情。

第二,整个行业的评价体系变了。之前的行业体系是农民在评价,种好不好、饲料好不好、动保的控制好不好,但在今天来讲,是消费者在评价你,已经不是农民了,也就是吃肉的人和吃菜的人在评价整个农业。评价体系的改变会让行业的整体认知产生彻底的改变,那消费者会怎么评价这个行业呢,第一是安全,第二是便利性,第三是品牌区别,第四是个性化的需求满足。以前我们这个行业的评价标准是饲料的成本、技术、配方和企业的规模,在市场上的服务能力,而现在消费者考虑的这四点都不在内,评价体系已经彻底改变。

第三,互联网和我们的关系,我们该怎么去做。互联网有三个方面我们必须面对,第一它是一种生活方式;第二它可以满足人性最根本的需求——名与利;第三,它一直对成功的方式进行颠覆。这三点就使得我们不得不面对互联网。

现在有很多东西都在变化,如果你不跟着改变很可能就会被淘汰。我经常对我的同事讲,我从不担心你没有行业的经验,我唯一担心你不知道这个行业未来会变成什么样。就像手机由以前的通讯产品转变为现在的智能终端,农牧企业以后也可能发展成为食品企业、服务企业或者制造业，因为产业的逻辑是会变化的。

农牧行业至今经历过三个主要的阶段。第一个阶段，群雄并起，在行业形成初期，整个行业都在不断发展，这个过程中是同质化竞争，饲料和产品相差无几；第二个阶段，差异化竞争，行业中各个企业会走出不同的路来，比如六和走出了价值链整合的规模跟成本之路、温氏走出了公司加农户的封闭式之路、唐人神走出了一体化之路，而双胞胎是聚焦于乳猪料，大北农则是以技术服务和推动快速营销为理念，每个人都在找寻属于自己的路；现在进入的第三个阶段，消费者认知的竞争阶段，能够走出来的企业必须有消费者认知，在我看来在国内走得比较好的是正大，他从2005年推出CP这个品牌，就开始转型为一个食品公司，接着就开始做垂直一体化的整合，然后四位一体化地开始做产业价值的融合，走得非常明确。我们必须明确，在这个阶段只有通过让更多消费者认知，企业才能进一步地发展。

在我看来做经营的人有两个基本的概念不能忘：

第一，在宏观判断中不用看经济形势或者七大环境，只需要从中寻找机会，就比如我们现在来看"新常态"，其实就是增长的速度开始放缓、产业结构内的调整、新技术驱动经济发展，在这个大背景中我们只需要寻找其中的机会——寻找结构内和结构间的机会，通过新技术谋求发展。其实机会是无限的，因为没有任何公司因为规模过大而不能再增长，没有任何行业是100%成熟的行业，总有尚未被完全占领的市场空间、没有任何市场是安全无忧的，因为总有新的竞争者出现，并重新定义游戏规则，没有任何公司已经成功到不可能失败的程度。就比如我欣赏的沃尔玛，它已经达到了每年4000多亿美元的销售额，但还在保持增长，当它发现线下增长幅度不大的时候，它觉得线上的机会更多，于是做了一个非常大的调整——合并了二十多个采购的办公室，集中资源去开"一号店"，所以从2012年中国零售业开始下滑的时候，"一号店"却在以每年100%的速度增长。

第二，谈增长。企业分为增长型企业和非增长型企业，例如小米，为了寻求机会投了100个公司，这就是增长型企业的思维方式。从战略上来讲企业增长有四个原则：从外向内审视你的企业、打开产业边界、发现将创造价值的部分、构建新的核心能力，并将其运用于你的新发展机遇上。每个企业都要明确自己增长的路是怎样的，为此，你必须超越自己，做出转变。那清楚了企业增长的内在逻辑之后下一个问题就是如何去增长，首先要考虑的就是企业的转型增长够不够。哈佛教授说得好："顾客不是想买一个1/4英寸的钻孔机，而是想要一个1/4英寸的钻孔！"，一切转型都要从顾客而不是产品出发，转型比创新还难，因为转型就意味着所有人都要否定现在的自己。很多企业都讲要热爱自己的企业要从用自己企业的产品开始，而三星在这一点就不一样，三星企业规定员工不能用三星手机而要用同行业的其他产品，因为只有你用其他产品的时候你才知道它是怎样去满足顾客的。

转型的核心是拿出解决方案。很多企业的转型都是讲观点、讲流程、讲制度，而没有真正的解决方案，但你看特斯拉，在别人做油电混合的时候它只做电动车，而且它一直都在提供解决方案，如果电力续航的成本和稳定性能够得到解决，那它必将取代所有的燃油汽车。转型的另一个核心就是提高效率，转型的本质其实就是经营效率，阿里巴巴为什么能够淘汰这么多百货公司，就是因为它解决了一个购买效率的问题。

我们在转型中遇到最难的事情就是要把以流程跟分工的组织结构变成一个以顾客为核心的平台型组织，这就意味着改变了所有人的工作方式和习惯。在我看来，未来的组织像水一样，是有组织无结构的，并能够快速地响应顾客的需求。现在阿里巴巴和京东都全面"下乡"了，我很担心哪天他们对顾客的反应速度比我们快，那我们就将沦为他们产业链中的一个产品制造商。

要转型我们有三样东西是要变化的：第一，所有管理人员要从绩效的管理者变为变革的领导者，真正要有领导力，而不是权力，要用影响力而不是权力去做事；第二，公司的文化要变成一个开放的文化，要形成高层管理者去激活一线的文化；第三，每一个人都要做出改变，企业的发展中我们要面对人员的复杂性，所以要保证高素质人才增加的速度要快于复杂性增长的速度，寻找"对的人"——不固守过去的成功，拥有自由与责任、创新与自律的文化的人。过去的成功只是让你拥有了挑战未来的能力，所有的自由都必须在责任的框架下进行，创新中的错误必须要有价值。

我希望大家在做转型的时候必须要做三个准备：第一，你的起点要在顾客，不是在产品；第二，你必须记住，转型是用行动检验，要提供解决方案；第三，做转型的核心是提升整个组织的效率。组织转型的概念就是要把决策机制放到一线，让你的团队真正面对顾客，更重要的是我们要改变管理者，改变整个公司的文化，找到对的人。

每年到年底的时候我自己会对下一年做一个判断，我不能保证说它是对的，但是我很愿意跟大家分享。我贡献的价值就是我对下一年的看法，我愿意说出来并愿意带着我的企业朝这个方向做。

我最近讲得最多就是两个案例，第一个是三只松鼠，这个企业2014年双十一单日的销售额超过一个亿，但经营者从来没有这方面的经验，却创造了这样一个奇迹。因为别人只提供了坚果，而它提供了解决你如何吃坚果的方案，今天你一定要把你对顾客的理解做到极致，你的产品才有价值。第二个案例是小米，我关注小米不是因为他现在的奇迹，最重要的是他了解产品跟顾客之间的关系，真正建立了一个互动的平台。

"成功乃失败之母"，因为我确确实实知道今天最大的趋势就是随时能颠覆谁。这说明我们对自己要有很清晰的概念。对管理者来讲，对你的要求变了，我们原来是你能解决问题就好，找到原因解决问题，但是今天这个时代最重要的是你解决问题之余还要找到机会，你有了这个能力就可以面对你的顾客。不管新常态也好，整个国际形势怎么样，增长才是真正的硬道理，转型一定是我们必然的选择。

2015年机会来源于三个方面：①互联与融合，2015年一定要想办法问自己跟谁互联跟谁融合；②线上线下融合，你只要做好了就一定会有人来联你；③更重要的一件事情就是资本跟知识组合在一起，会让你的价值最大化。这是我从外部看。从企业的内部看，我认为你应该关心三件事情：①关心你的效率，效率是第一生产力，你真正的效率一定要做出来；②关心你的产品，真正让你的产品做到极致，互联网一定会把你联起来；③要真正与顾客互动，和顾客一起共同创造价值。

（原载：《湖南饲料》，2015年第1期）

2015，中国经济的关键词

2015年到来之前，我问自己，应该怎样去理解2015？新一年的环境变化到底该如何描绘，又该如何应对？

如果倾听身边的声音，不难发现，人们对于今天所处环境的描述大多是：不确定性、不可预测性、多变性、复杂性。而经过一番思考后，我用"正在发生的未来"来表述2015年的环境基本特征。

"正在发生的未来"，意味着现在所发生的一切，都具有未来的属性，未来本身就是现在。这样说起来似乎有些拗口，但这的确是一个真正要面对的事实，那就是未来正在现实中不断地发生和生成。互联网不再代表过去，而是代表一切可能；存在不再是单纯的现实，而是变化的现实，存在本身就是变化。

2014年有两部电影，《超体》（Lucy）与《星际穿越》（Interstellar）。前一部是法国导演吕克·贝松执导的科幻动作片，后一部是克里斯托弗·诺兰执导的科幻冒险电影。这两部片子很多人有不同的解读，而我认为它们可以很好地表达我对于2015年环境的认知。

《超体》在约2个小时的时间里探讨的是"时间与生命"这个宏大的命题。教授说：细胞的一切活动都是为了获得更多的时间。在适宜的环境下，细胞选择繁衍，成为大量个体的集合；恶劣的环境下，细胞选择永生，成为独立的个体。这是否就是生命最终的意义呢？影片最后，露西消失了，留下来的是一个巨大的闪盘。电影结尾响起露西的画外音："生命在10亿年前被赋予我们，现在你知道能用它来做什么。"的确，世间万物是一体的，而存在只有通过实践才能证明。我们是否能够理解，生命的力量和美妙是透过你的每一个行动去感知的。只要行动，生命就在焕发魅力；只要让每个时间充满价值，生命就拥有了意义。所以生命的每一个瞬间都是对于未来的选择，无论是选择繁衍还是选择独立个体生存，每一个选择都是已发生的未来。

《星际穿越》通篇是最真实的目的、最艰难的抉择和最现实的挑战,这就是触手可及的未来、人类最可能遇到的麻烦。片中的科学概念,我未能很好地把握,不过这部片子给我内心的触动就是,未来似乎就在我们触手可及的地方,只要更多人为此努力,我们的足迹一定会行至更远。片子给我真正的启示是:人类返回家园是最初的选择。这是指引人类的明灯,同时也是诺兰向观众传达的意思,所有遥远的未知都不及Cooper对女儿突破次元的爱。爱是推动一切的关键要素,影片的两个关键词分别是爱与重力,唯有这两者可以穿越时空。所以当影片出现两个空间中,父亲看女儿画面时,眼前正在发生的一切,也是未来发生的一切。

两部片子刚好诠释我对于2015年环境的基本认知,一个"正在发生的未来"。这样的环境特征,要求无论是企业还是个人,要有能力与变化共存,要能够组合变化的要素,以及具有未来属性的能力,要真正寻求核心价值并有能力让核心价值最大化。这样的理解,让我对2015年经营环境做出了判断。

一、从经营的宏观环境去看

关键词一:"互联与融合"。2015年最关键的是选择和什么样的人或者企业合作,与谁融合在一起;如果你不能够和更多资源有效组合在一起,你可能就不符合这个时代的首要特征了。

关键词二:"线上与线下"。更大的互动才会带来机会,为什么会有B2C、B2B、B2B2C、O2O等等这么多的商业模式,就是要增加与变化融合的机会,就是要组合更多的变化要素。

关键词三:"知识与资本"。今天价值驱动力来源于这两者,原因是它们具有真正变化的内在驱动力,无论是知识还是资本,增值是其核心属性,所以是它们在最大限度地发挥作用,创造市场价值。

二、从经营的微观环境去看

关键词一:"生产效率"。在2015年关键还是看你的生产力够不够,这才是你真正的竞争力,所有资源整合和创新,最终还是要产出有效,足够的效率也会让企业拥有平衡变化的能力。

关键词二："回归产品"。回归产品本质，把产品做到极致。大家不用担心互联网，认真把产品做好，很多人会来与你互联，如果可以连接到最有价值的资源，引领市场变化将会是你而不是你的对手。

关键词三："与顾客互动"。顾客（包括用户）在今天具有一个从未有过的特殊性，那就是让一切皆可发生。请大家想想，是"小米"成就了"米粉"，还是"米粉"成就了"小米"；是阿里巴巴成就了"双十一"，还是"双十一"这一天线上数以万计的消费者成就了阿里巴巴。所以让顾客去了解你，把顾客嵌入公司的内部流程，与顾客在一起，这是关键。

我们都知道中国经济进入新常态，这需要每个企业从全新的角度去寻求新的增长方式。如果你用"正在发生的未来"来理解外部环境，从变化中寻找机会，在我看来，不是机会变少了，而是机会变得更多了。这样的2015年，你准备好与之相处了吗？

（原载：《中外企业文化》，2015年第3期）

经 营

超越变化的四个关键选择

不管环境如何变化，企业自身的发展是无法停滞的，面对复杂的挑战，需要企业在多个方面做出努力和改变，集中在以下四个方面：

一、可持续性的安排

过去的30年，因为外部环境和自身能力的提升，增长成为一个可持续的事实，人们习惯于用增长来表现持续，事实上也是增长拉动了持续性。因为习惯于增长，导致了企业管理者把增长与持续性等同起来，而没有真的在持续性上奠定基础。

一个企业的持续主要来源于三个基本层面：

第一，企业的商业模式符合顾客的期望。对于顾客的理解，成本构成的合理性，供应链的管理以及赢利模式的安排，特别是竞争力的可持续性安排都能够获取顾客的认同。

第二，拥有超越自我的能力。企业需要不断调整自己以适应环境的变化，而不是紧抱着自己的优势不放。大部分情况下，企业的优势是随着时间变化而调整的，如果不能够与时俱进，优势将会成为企业发展的障碍。

第三，与环境互动的能力。社会化与互动，这是目前环境的一个基本特征，这就要求企业具有与环境互动的能力，借助于环境带来持续性。因此，增长并不是可持续性的根本原因，是一个阶段性的特征而已。企业管理者需要了解到，保持可持续性要求企业自己具备一些基本的能力。

二、夯实企业基础

当外部环境多变和不确定的时候，企业自身的能力显得尤为重要。往往在这样的条件下，企业之间不再是谁具有竞争优势，而是谁具有不犯错或者少犯错的能力，一方面市场不再给犯错误以新机会，另一方面资源和时间也不再允许企业犯错。因此，企业需要增强自己的基础，减少犯错误的机会。

三、持续的创新与创业

所谓创新，就是将远见、知识和冒险精神转化为财富的能力；所谓创业，就是把创新放在一个组织中。这两个词的内在含义，就是要表达这样一个想法，面对不确定性，持续的创新与创业是一个非常有效的、必要的途径。无论在任何环境、任何时代，只要持续创新和创业，就一定会取得令人意想不到的成功，具有创新与创业能力的企业，是很难受环境约束的。

四、回归经营的基本层面

企业经营的基本层面由四个元素构成，它们分别是：顾客价值、成本、规模以及赢利。持续的顾客价值实现，合理的有竞争的成本，有效的规模以及具有人性关怀的赢利，可以保证企业能够超越环境获得市场的认可，从而获得自己的持续性和发展。

可持续性的安排、夯实企业基础、持续的创新与创业以及回归经营的基本层面，针对这四个方面的努力，可以帮助在今天如此复杂与不确定性环境下的企业保持内在的动力。发展自己的能力是极其重要的，并不是环境是否提供机会，而是企业能够做好一切准备接受全新的挑战。

回顾过去短短的十几年时间，可以看到很多曾经是行业巨头的企业无法延续自己以往的风光，柯达、黑莓、索尼、松下等，相反苹果、三星、华为等为什么会增长？失去辉煌的一定不是市场的原因，而是企业故步自封，自我陶醉，看不到危机，甚至满足于自己所具有的核心优势。创造奇迹的，也一定不是市场的原因，而是企业自己不断地超越自己，不断地转型和调整，让自己具有高度的危机意识。如果不愿意为转型做出努力，企业就会被淘汰。

（原载：《广东饲料》，2015年第4期）

平衡现在与未来的三个方法

转型最大的挑战就是如何做好当下,又能够转向未来。多年前我特别喜欢IBM前总裁彭明盛说的一句话"变革当趁好时光",这句话在我看来,是提醒大家,变革需要付出成本,需要时间,如果企业在经营良好的情形下,可以从容去做转型与变革。我很认同这句话,但是也非常清楚,中国大部分企业在好时光的时候,并没有去做转型和变革的事情,而是想趁着好行情,把属于自己的机会全部拿完,没有去想做出改变的事情。往往在企业遭遇到困境,或者行情不好、市场发生根本性变化的时候,不得不做出改变,此时已经不是企业好时光,这也是为什么中国企业做转型和变革如此困难的根本原因。

但是,即使企业处在不好的光景里,技术与市场的变化,也要求企业必须做出改变。作为企业的领导者,就需要在转型与变革中,既要把当期业绩做好,又要为未来成长做出投入,这确实是非常困难的事情,但也是确保转型成功必须要做的事情。

如何做到这两者的平衡呢?

一、专注于改造当前业务

我切身体会到,当公司确处在一个需要转变的时刻,你和你的团队能够在转变中,不惊慌、不烦躁、不迷茫,是作为管理者首先需要解决的问题。因为转型首先要解决持续经营的压力,当期业务如果解决不好,就很容易造成员工莫衷一是、失去信心与动力。

与公司的同事们在一起工作,让我亲眼看到一个团队拥有奋发而为的激情、克服困难的决心和能力、寻求发展的强烈欲望,以及对事业和工作的专注。我也看到有的区域团队,因为上半年的经营情况非常糟糕,大家对于是否能够如期完成全年目标，是否能够如期完成业绩承诺持怀疑的态度。正是由于过度强调客观环境，认为行情绝不可能大逆转，抱着悲观态度，认为奇迹绝对不可能发生——奇迹最终也没有发生。

当我在布局几大区域同时转型调整的时候，有不少人告诉我调整的步伐太快了，一定会失败，一定会出问题，一定会乱，一定会……但同样有不少人，全力转型、克服各种困难、抛开自我界限、努力配合协同，快速恢复区域竞争能力，深入了解产品力的结构，从品质、成本入手，从协调和约束着力，仅仅两个月时间就已经开创出了全新的局面，因为他们坚信聚焦区域的发展、聚焦顾客价值的创造，一定会获得市场的认同。

为什么一个公司的不同团队会发生截然不同的情形？我从成功推进市场、积极转型的团队那里受到极大的鼓舞，也因此看到了努力行动的力量。

转型首先遇到的肯定是困难，当下的行情、消费的状态、宏观经济的不确定性、还有经营的压力传递等，都是实实在在的客观问题。甚至组织本身也存在许多问题，经理人的待遇、公司文化的不适应、同行发展的诱惑、成长空间的压力、组织内部的不协调等。但是，当你眼里只盯着这些似乎天大的障碍时，也封闭了脚下的路。你根本看不到公司目前的规模、产品、市场理解能力、团队基础等等，以及正在变化的消费需求本身，也是实实在在的机会。关键是你是否确信自己可以解决这些困难，转变这些现状。

关键是你是否付出不亚于其他人的努力。当期业务都是团队成员自己所熟悉的业务，之所以遭遇到困境，客观环境一定是原因，但是客观环境也是同行都遭遇的环境。所以，只要解决自己内部的问题，就可以取得好的绩效，而内部问题的解决只能由我们自己做出努力。

二、专注于顾客

如果用心观察就会发现一个共性，那些急需转型的企业，之前随着组织的日益庞大，也日渐远离了消费者。组织成员更多会被公司的管理事务所困惑，会本能地恐惧转型带来的压力。若此，又谈何介入到顾客的价值创造中？

中国企业发展到今天，营销的基本要素已经在行业中扎根，如回归顾客、产品品质、满足顾客需求等等，成本要素、规模要素、产品服务、技术创新等已经普遍在行业内展开。从外部而言，行业同质化竞争带来压力和困境，从内部看，效率低下、内耗以及没有创造活力带来的增长乏力,这两者使得你的企业无法从创造顾客的价值中脱颖而出?如果做一个推断,当同行都在做相同的事情时,"组织效率"和"顾客语言"才是帮助你走出困境的核心要素。

三、组织效率

企业发展到一定的阶段,内部效率会成为一个影响当期业绩的重要因素,从职能、分工、流程、会议、决策资源的使用,每个环节都会产生冗余。更大的消耗是在工作习惯以及固有的经验上,因为之前的成功使得很多经理人非常自信于自己的经验,学习能力甚至也因此而衰退,这一切会导致组织效率非常低下。同时,因为组织结构的稳定性不容易被打破,决策者往往离市场和顾客很远,让本来就低效的决策,有可能本身就不符合顾客或者市场的要求。如果你可以在组织效率上做出改善,可以确信,经营的能力就会得到提升,从而实现当期业绩目标。

四、顾客语言

任何企业想获得业务上的绩效,一定是要与顾客在一起,让顾客选择你。我曾经谈论过这个话题,自己给了一个概念,叫作"顾客语言",也就是让顾客能够听懂你,理解你为他所做事情的价值。当顾客转了一圈后发现,原来有一个企业给他的正是他所关注的一切,无论是自身的成长、盈利还是抵抗风险的对策,都是他日思夜想的问题。这种"语言"让顾客与这个企业完全融合在一起,根本无法区分,甚至是一个共同工作体,工作标准、模式以及流程完全融合在一起。当企业拥有了专注于这样的"顾客语言"时,顾客会帮助你实现当期业绩目标。我至今记得美的人为了设计出"供应商成长模式",从产品研发到制造流程规划,以及培训学习设计和实施,都是完整的供应商解决方案,都是完整的供应商语言。有一次参加美的供应商年度会议,整个会议的议题就是讨论每一个供应商在新的年度里,如何获得盈利和规模的提升?提升的路径和方式是什么?美的专注于供应商建设的努力,使得它能够在拥有千亿规模的时候,依然获得稳健的增长和有效的盈利。所以需要专注于顾客,专注于核心价值的创造。放弃思维行为惯性,更不能心存侥幸。要知道,我们付出多少,顾客给我们的感觉和信任就会是多少。服务,一定是一个行动结果。

五、开放组织为成长布局

所谓转型，也就是为未来做出现在的选择，并落实到具体的行动上。

中国企业在过去30年间并未遇到太大的挑战，是因为在许多行业和领域都是一个自然增长的状态，这也使得企业一直在做着自己熟悉的业务，自己习惯的动作，并未有什么不适应的情况出现。很多企业误以为，这是一个可以长期使用的方式，增长是一件自然而然的事情。市场自然增长给企业带来的增长和业绩，误导了很多企业，也掩盖了企业对未来关注不足的缺陷。但是随着各个行业产能过剩，供大于求，市场自然增长停滞，用一个现在大家常说的"新常态"的出现，企业如果不做出转型，一定是无法持续发展的。

意识到需要转变并不是一个太难的事情，因为外部的压力会给企业感觉。如何去为未来成长做出投入，怎样做才可以保障到新的发展方向能够切实获得发展？这是两个根本的问题，如果不能解决，也自然无法实现转型。

新的发展方向同样也需要新的组织能力，而且一个更为现实的问题是，新能力无法在组织原有的能力上生长出来，甚至因为原有组织力量的强大，会让新业务以及新能力被遏制住；更因为新业务还无法贡献当期的价值，原有业务依赖于自己的价值贡献，也不会给新业务以好的成长空间，哪怕人们已经在转型上达成共识，习惯和固有的经验也会条件反射般做出选择，让新业务无法顺利地嫁接到组织中。

我开始引领公司变革和转型的时候，遭遇的情况就是如此，所以我提出了"新希望六和＋"的模式，这个选择帮助到公司，去与新的商业模式组合，与新的组织能力组合，从而让公司在很短的时间里，获得了很多新发展，并借此让公司拥有了一些全新的能力。我们和统一方便面"＋"，使得公司拥有了直接面对消费者沟通的能力；我们与永辉生鲜"＋"，使得公司拥有了大型商超的能力；我们与和创科技"＋"，让我们拥有了移动互联网的能力；我们与全球最强的供应商以及跨国银行"＋"，使得我们拥有了全球融资的能力以及整合资源的能力。

当我开始告诉大家，我们的战略选择是从饲料生产商转变为食品供应商，很多人认为我们做不到，因为这是两个完全不同的产业属性以及能力要求，甚至我的同事也怀疑在这么短的时间，在业绩如此大的压力下，这样的转型是根本做不到的。但是经过两年的努力，我们已经开始尝到了开放合作的好处，已经开始了公司多元化业务的可能性，也在新业务的布局与发展中，看到了机会和可能。

正如公司变化所带来的成长那样，只要组织开放，一定会带来新的机会和发展，2015年我们设立了四个新的业务平台：农村互联网金融、食品投资发展、养猪服务、20/30计划，这四个平台的打造，是进一步开放组织平台的设计和推进，短短的一个季度里，因为组织开放所释放的价值，已经足以令人鼓舞。

开放合作，未来才可能属于你。

（原载：《销售与市场》，2015年第8期）

2016年企业经营对策的三个关键词

2016年,在"新常态"下需要企业找到属于自己的经营策略,并发展出自己的行动来。

第一,共创共享。自创趋势,是2016年的求解之道。其中最需要关注的是共创与共享,这体现在两个层面上:一是企业与顾客,二是企业与员工。因为快速变化的客户需求,让客户参与其中,敏捷和快速地满足客户的个性化需求,将成为互联时代企业制胜的关键要素;与客户共创共享,必须成为企业创新和研发工作的核心。企业与员工的共创共享在今天更加重要,只有这样才可以激发企业的创新能力并保持持续创新的能力,以契合技术与市场的变化。

第二,生态网。无论是竞争对手,还是行业边界,都已经变得越来越模糊。对于企业而言,需要拥有一种能力,连接上下游的合作伙伴、连接相关产业的合作伙伴,还需要和其他产业、资本、顾客组合在一个价值网络中,我把它称之为"生态网",微信红包就是如此。它所构建的生态网,连接了相关与不相关的合作伙伴,让全新的机遇被创造出来。商业模式创新已经是今天企业应对变化的基本选择,而创新商业模式的核心是构建生态网络,以达成价值创造。所以,无论企业目前处在什么阶段、什么位置,形成生态逻辑与思维,打造生态网都是一个必要的选择。生态网与价值链(产业链)之间的根本区别是,前者注重共同成长的设计,后者注重价值分配。

第三,更开放,更进取。对于一家企业而言,领先企业的努力和新创企业的颠覆会同时存在,因此,一定要做市场的开拓者,开放自己的组织与业务,整合更多的资源,以更加进取的态度和方式,获取市场并保持领先的位置。一定要去除"产品思维",一定要去除"自我中心式",一定要尽可能地开放,一定要

寻求外部资源。积极去与市场互动，全方位与外部融合，包括但不限于技术、资本、人才以及竞争对手。这就要求企业要有能力超越自己，特别是超越原有的价值体系与组织习惯。

（原载：《中华合作时报》，2016年4月19日）

回归商业经营的本质

从2010年到现在，写作断断续续，一方面源于需要将过去自己有关经营的思考整理出来，另一方面源于需要深入到企业的经营实践中，在一个完全不确定的环境下确认我自己认知的合理性。与中国企业共同成长的20多年时间里，我曾为国内大大小小公司的董事会和CEO提供咨询和服务，自己也曾有幸直接担任CEO的职位。这些深入的交流以及完整的绩效担当，让我注意到，每一个优秀的企业家和经理人，总是可以帮助企业实现年复一年的赢利和成长。无论顺境还是逆境，他们可以自如地超越；他们能够透过复杂的商业现象和错综复杂的市场脉络，找到企业经营的核心要素，让公司的每个成员理解这些核心要素，并落实到企业的经营行动中。那么这些核心要素到底是什么？怎样才可以帮助企业实现有价值的增长？尤其是在一个完全不确定的、不再提供增长的环境中，如何能不受环境的约束，获得企业自身的成长？这些都是我所关注和需要面对的问题。

成功的企业都关注那些最基本的要素，都可以回归到基本层面上做努力，这正是它们取得成功的秘诀。它们取得成功的秘诀让我关注到了规律性的认知，这就是有关"经营的本质"的判断与行动。若静下心来思考，经营并没有我们感受到的那样复杂。企业活动中的一些普遍的规律可以帮助我们化繁为简，透过复杂的商业现象找到企业经营中的基本要素，并让公司里的每个人都能理解这些最基本的要素，从而使每个员工的行动与这些最基本的要素相关。如果能够做到这一点，每个人都会感到公司经营的这些最基本要素与他们的工作息息相关，并从中获得最大的成就感和满足感，而公司也能因此获得赢利性的成长。

经营的基本元素只有4个：顾客价值、合理成本、有效规模、具有人性关怀的赢利。每个人都可以掌握这4个最基本的要素，并且可以培养自己沿着这4个要素做出选择和判断的思维习惯。所以对于战略、营销、产品、价值链、服务、品牌本质的认识，都是基于对这4个基本元素的理解。我想告诉读者的是：企业经

营活动遵循着自己的本质规律，一旦掌握了这些基本规律，你就掌握了面对不确定性时成竹在胸的能力。

成功的企业非常了解自己的顾客，也非常清晰地理解成本、规模与赢利的结构，它们所采取的行动和选择，人人都可以运用。当你学会回归到本质去思考和行动时，你就会减少很多不必要的浪费，你会看到一切努力都会富有成效。更重要的是，你会更有激情，因为能够看到你所投入的资源和努力，都可以帮助到公司成长，而你自己的能力也会大大地提升。我深信，面对不断变化的环境，企业需要回归到顾客层面去做全面的改变和调整，而改变的方法就是回归经营的本质去思考和行动。

一个学生讲了一个关于皮鞋的小故事，我转述如下：很久以前，人类都还赤着双脚走路。有一位国王到某个偏远的乡间旅行，因为路面崎岖不平，有很多碎石头，刺得他的脚又痛又麻。回到王宫后，他下了一道命令，要将国内的所有道路都铺上牛皮。他认为这样做，不只是为自己，还可造福他的人民，让大家走路时不再受刺痛之苦。但即使杀尽国内所有的牛，也筹措不到足够的皮革，而所花费的金钱、动用的人力，更无以数计。虽然根本做不到，甚至还相当愚蠢，但因为是国王的命令，大家也只能摇头叹息。一位聪明的仆人大胆向国王提出建言："国王啊，为什么您要劳师动众，牺牲那么多头牛，花费那么多金钱呢？您何不只用两小片牛皮包住您的脚呢？"国王听了很惊讶，但也当下领悟，于是立刻收回成命，采纳了这个建议。据说，这就是"皮鞋"的由来。这正是我想表达的观点，过去30多年的中国经济快速增长，的确造就了非常成功的一大批企业和企业管理者，但这并不能说明这些企业和企业管理者一定能够保证未来的成功，尤其是如果这些成功并不是来源于最基本的经营元素，而是来源于资源和环境的增长。事实上，未来属于那些能够赶在变化之前就做出准确判断，围绕着经营基本元素做出改变的人。如果故步自封，固守自己的核心优势，不愿创新，就会被市场抛弃。

回归商业经营的本质，纠偏企业发展轨道，这并非高深难解的企业生死命题，只要企业管理者扫除经营中的各种"迷障"，回归经营的本质，用减法理顺内部管理，用加法创造客户价值，以顾客满意为导向，专注于客户需求，经营只事关判断和行动。

（原载：《现代企业文化》，2016年第8期）

中国企业为什么一定要全球化

全球思维有两个要点：一是整体一定大于部分，同时部分必须对整体有价值贡献；二是一定要融合，融合就包括对差异性的尊重和包容。不能尊重差异性，就不会有真正的融合。这些都需要我们去努力训练自己。

跨文化领导力并不是作者重点研究的领域，因为作者更关注中国企业的成长。但在企业成长的过程中，全球化是不得不面对的现实选择，也就自然会触及跨文化领导力问题。

也有人问我：中国企业是不是一定要全球化？我的回答是：要全球化。只有一个理由：不管你做哪一个行业，企业规模多大，最根本的挑战就是中国市场已经是全球市场。即便你不走出国门，你的同业仍可能是来自全世界。从这个意义上来讲，不管主动还是被动，全球化都已经是一个领导者不得不面对和思考的问题。

作者曾在新希望六和工作过，这是一家中国企业，但同时也是一家国际企业，因为这家公司已经进入21个国家。比较荣幸的是，在全球化进程中，这家公司真正取得了绩效。

我结合自己的研究和工作体会，对跨文化领导力有以下几个方面的思考：

第一，情景领导力。所谓情景领导力，就是说在不同的文化背景下，对领导和管理的要求不一样。领导者不能只具备单一文化情景下的领导力。

举个例子，在国外分公司调研时，就有同事跟我说：很想回国。我就问为什么。他说我每天都被本地员工问：你把老婆孩子都扔到中国，跑到这里来赚钱到底为了什么？你的人生肯定是错的。因为在当地的文化逻辑里，人不能为了赚钱而离开家人，陪伴家人更重要。

中国企业之所以到海外会产生很多意想不到的管理难题，很大的原因就是中国管理者总想把自己的经验移出去，但事实是移不出去，因为情景不同。因此，不断变换的情景是对领导者要求非常高的。你的经验、管理体系等所有的东西都可能需要调整。如果再用原有的一套东西去做，出问题就是大概率事件。

再举个例子,我到越南去看分公司。因为公司做了很多与本地员工相融合的努力,包括杜绝中方与越方员工的工作区分,使得越南员工对外都说这是一家越南公司。结果在中资企业受到排华冲击的一年,反而是公司业绩最好的一年!所以情景领导力这一点,一定是融入,而不是区隔。区隔一定会出问题,你一定要融进去才可以跟大家在一起。这就是情景背景下的管理模式,你如果要做跨文化的管理,你必须先懂得情景管理模式。

第二,跨文化沟通能力,这一点更重要。跨文化管理最大的特质是什么?跨文化沟通,因为管理的核心是要形成共识。我们在同一个文化背景下形成共识的方法论,与不同文化背景下形成共识的方法论不一样,必须通过跨文化沟通来解决问题,用传统管理的方式无法解决共识。所以跨文化背景下的领导者不能动用管理体系形成共识,而必须用沟通体系形成共识,两者完全不一样。在华南理工大学我刚好讲授了几年跨文化管理这门课,课程中一直纠正大家:跨文化管理的核心不是管理,而是沟通。但沟通真的很难,第一个挑战就是语言,第二个挑战是生活方式。中国企业出去为什么很难?吃饭这件事就解决不了。四川同事去越南,还要做川菜,和本地员工吃的都不一致,其实是很难沟通的。有一次在新加坡国立大学上课,来了一批山东同学,要请我吃煎饼。我说你带煎饼来很不容易,我不能再吃你的。他说老师放心,我带了两个星期的!如果在新加坡上课,吃两个星期山东煎饼,怎么理解新加坡?所以,跨文化沟通真的不容易做到,就语言和生活方式都很难。这两点做不到,而用管理方式去做,当然也做不到,因为双方的共识无法形成。所以,跨文化沟通能力是跨文化管理的核心,沟通形成共识,而不是靠管理形成共识。

第三,全球思维。中国有好故事,但这个好故事要想让全球人听,就必须用全球的概念和全球的语言去讲。我们大多时候总是喜欢用自己的语言、自己的思维方式去讲自己的故事,结果别人对我们有误解。前段时间戈壁挑战赛要举办,为北京大学国家发展研究院的戈12队友出征加油时,我在演讲中就提出一个观点:你信仰的真理和现实的真理是有差距的。你不要拿你信仰的真理当成别人的真理,非要让对方接受,这是不可以的。我们要认识到这个差距,你要确认自己是具有全球化的思维,还是只有中国的思维,还是甚至只有本人的思维!这中间有很大的不同。我虽然在语言上有弱项,但思维上对自己的要求是全球的,否则难以真正理解这个世界的变化是什么。不管是谁,要做全球化的管理者,跨文化的领导者,就要迎接这个挑战。全球思维有两个要点:第一,整体一定是大于部分,同时部分必须对整体有价值贡献。第二，你一定要融合，融合就包括对差异性的尊重和包容。不能尊重差异性，就不会有真正的融合。这些都需要我们努力去训练自己。

第四，本地化行动。仅有思维的全球化还不够，还必须要有本地化的行动。本地化行动会涉及三个方面：本地资源、本地市场、本地人才。如果做不到这三点，实际上也做不到全球化。新希望六和把在不同国家分公司的本地员工送到中国来读书，为他们专门设置一个硕士课程。这样做一方面真正培养本地人才，另一方面又帮助他们了解中国，双方沟通起来就有更多共同的语境。

第五，公司的企业文化是否具有普适性。最后一个最难，公司文化是否具有普适性，能否在全球不同价值观体系下都能被接受的文化。我们看IBM的企业文化，能在全球几十个国家被接受。一家公司能不能形成这样的企业文化，它放到全球不同价值体系中被理解和接受，这是非常关键的。访问瑞士华为时，我问当地负责人在一家中国公司里工作的感受，对方很惊讶地回答说：华为是一家全球公司，不是中国公司。本来我想调研外国人对中国公司的理解，结果在瑞士华为得到的是这样的答案。后来我和任正非先生沟通，问他华为怎么定位，他回答得很明确：华为就是一家全球化公司。所以，公司在制定企业文化时，一定要先从全球化的背景来审视一下。这种可融合的文化才能自信，文化自信是特别重要的。如果你的企业文化不被接受，你就无法引领价值观，也就无法引导和约束行为，这对中国企业是一个巨大的挑战。

（原载：《中国金融经济》，2017年第15期）

打破边界的思维方式

企业组织与企业管理者能够突破固有的边界、管理方式以及体系，为市场与顾客服务，而不是为组织内部的制度和系统服务，我将此定义为打破边界的组织思维方式。

今天，所有的边界都被打破了，这其中包括企业组织的边界。打破边界的思维方式有如下核心内容：第一，用平台取代层级；第二，协同提升分工；第三，整合优化资源。

传统的组织管理是一个围绕着层级结构而展开的权力与责任体系。在这样的体系中，层级起着巨大的影响作用，不同层级有着不同的权力分配以及信息传递，不同层级之间有着一种心理契约，形成一种隔阂，无法突破。

在层级结构之下，无论如何强调合作，无论花费多大的努力去打造一种合作的企业文化，组织成员还是会回归到岗位角色，"屁股指挥脑袋"，这是必然的本位主义。因此，优秀的企业都会在内部设立众多的发展平台，打破层级结构。

海尔的"人人是创客"以及"人单合一"的组织管理模式、华为的"轮值CEO"组织模式、新希望六和的"划小单元"以及"四大创新平台"的设立，都是设立平台型组织的有效尝试，取得了明显成效。

从外向内看的思维原则、鼓励探索与宽容失败的思维模式、打破边界的思维方式，构成了增长型的组织思维。增长型组织思维对于企业组织来说，至关重要，企业形成增长型组织思维惯性，就可以应对变化，获得持续成长。

可惜的是，大部分企业依然是一种非增长型的组织思维惯性，如果不做出彻底改变，淘汰这些企业的不是环境的变化，而是企业自身的思维惯性。

（原载：《企业管理》，2017年第7期）

亚马逊的战略头脑

截至2017年1月3日,亚马逊市值高达3581亿美元,超过了美国包括沃尔玛在内的主要上市实体零售店约2978亿美元的总市值。与10年前仅仅175亿美元的市值相比,今天亚马逊的市值增长超过20倍。

我2009年到2014年在亚马逊工作,期间负责过亚马逊电商的多个核心团队。带领大家攻城略地的同时,我也有幸经历了数次贝索斯(Jeff Bezos)主导的非常严谨,甚至有些严苛的三年商业战略计划的制定,直接和公司核心领导层交流企业愿景和运营理念。今天亚马逊在产品丰富度和销售规模上比当时有了多倍的增长,但我认为它成功的核心始终没有改变,就是以赢得顾客信任为核心的运营体系。

每个加入亚马逊的新员工,都会在第一时间收到一条叫作亚马逊领导原则的短信。在这封短信的最显要位置,写着亚马逊第一位的领导准则:对顾客体验的痴迷(customer obsession):我们关心竞争对手,但会把更多的精力专注于如何赢得和维护顾客对公司的信任。可能大多数公司都会把对顾客的重视挂在嘴边,但在亚马逊,这个领导准则远不止于一个口号,而是切实地主导着它运营的每一个方面。

一个巨大的成功背后的原因往往有多方面。亚马逊有许多成熟的方法论(服务顾客的飞轮模型、供应链的持续改进、六西格玛,等等),但贯穿它成功的运营核心始终是对顾客信任近乎偏执的追求。为了这点,它愿意长期地被市场误解。因为这样的坚持,亚马逊在短短的20年里从最初的在线图书销售商,成长为一位改变了多个世界级市场(零售、仓储、物流、云计算、电子阅读、出版,等等)产业格局的巨人。

1995年7月16日,亚马逊开张;2013年销售额达744.5亿美元。

亚马逊起初只是一小伙人将一箱箱的书从华盛顿州的贝尔尤维运送到各地的买家手中,19年后,亚马逊已经成长为世界上最大的在线零售商巨头。纵观亚马逊20年发展史，其早期的增长率相当之高，甚至出现了1997年的超过300%的增长率和1998年近200%的增长率。

自2000年以来，亚马逊公司的平均增长率也高达32.81%，近两年虽有所下滑，但其发展势头丝毫不逊色于当今诸多新兴公司，并且将继续保持高歌猛进的势头。

亚马逊长达20年的高速增长背后，究竟是什么魔力在推动着？亚马逊未来又将面临哪些挑战和危机？

在美国凤凰城运营中心，亚马逊高管们反复告知来访的媒体："我们的战略建立在客户需求之上，而不是建立在竞争对手之上。我们的理念是成为世界上最以客户为中心的公司。"

亚马逊的逻辑始终十分简单：

客户体验足够好，就能够带来更多流量；更多的流量就会吸引更多卖家来网上销售；有了更多卖家，亚马逊就能够拥有更丰富选品，提供更便捷服务，自然也会对客户体验有所提升。而随之带来的规模扩大，运营成本也会被更多客户分摊，这样一来成本结构也就更好，可以把剩下来的钱回馈给消费者，又从价格层面提升了客户体验。

亚马逊的商业模式是：依靠亏损的自营业务吸引用户，形成护城河，靠集市平台的收入和其他收入来获得利润，之后再把利润全部投入到新产品和新服务的研发创新中。无论是电商平台还是后发的云计算服务，均是如此。

亚马逊始建于美国亚利桑那州的凤凰城运营中心，截至2010年3月15日，已拥有23大类、超过120万种商品。

亚马逊业务演变过程如下：

第一次业务结构：成为"地球上最大的书店"（1994—1997年）

1994年夏天，从金融服务公司D.E.Shaw辞职出来的贝佐斯决定创立一家网上书店，贝佐斯认为书籍是最常见的商品，标准化程度高，而且美国书籍市场规模大，十分适合创业。为了和线下图书巨头Barnes&Noble、Borders竞争，贝佐斯把亚马逊定位成"地球上最大的书店"（Earth's biggest bookstore）。

为实现此目标，亚马逊采取了大规模扩张策略，以巨额亏损换取营业规模。经过快跑，亚马逊从网站上线到公司上市仅用了不到两年时间。此后，亚马逊和Barnes&Noble经过几次交锋，亚马逊最终完全确立了自己最大书店的地位。

第二次业务结构：成为最大的综合网络零售商（1997—2001年）

贝佐斯认为和实体店相比，网络零售很重要的一个优势在于能给消费者提供更为丰富的商品选择，因此扩充网站品类，打造综合电商以形成规模效益成为了亚马逊的战略考虑。

1998年6月亚马逊的音乐商店正式上线。仅一个季度亚马逊音乐商店的销售额就已经超过了CD now，成为最大的网上音乐产品零售商。此后，亚马逊通过品类扩张和国际扩张，到2000年时亚马逊上线整整5年，其宣传口号已经改为"最大的网络零售商"（the Internet's No.1 Retailer）。

这一年亚马逊的Logo才最终确定，Amazon这个词的下方有个箭头，正对应西方的一个俗语：A-Z，即所谓的无所不包。此时意味着亚马逊不仅仅是一家书店，而是一定会向所有商品、所有业务进行扩张。

第三次业务结构：成为"最以客户为中心的企业"（2001年至今）

2001年开始，除了宣传自己是最大的网络零售商外，亚马逊同时把"最以客户为中心的公司"（the world's most customer-centric company）确立为努力的目标。此后，打造以客户为中心的服务型企业成为了亚马逊的发展方向。

为此，亚马逊从2001年开始大规模推广第三方开放平台（market place）、2002年推出网络服务（AWS）、2005年推出Prime服务、2007年开始向第三方卖家提供外包物流服务Fulfillment by Amazon（FBA）、2010年推出KDP的前身自助数字出版平台Digital Text Platform（DTP）。

亚马逊逐步推出这些服务，使其超越网络零售商的范畴，成为了一家综合服务提供商。2007年亚马逊无条件地聚焦于增加新的品类。亚马逊在2017年增加了28个新品类。其中包括快速和持续增长的业务，亚马逊的鞋店——亚马逊在2007年发布Endless.com。

2007年10月19日亚马逊对用户发布了Amazon Kindle。Kindle作为一个专用的阅读设备，通过无线接入超过11万册书籍、博客、杂志和报纸。2009年，亚马逊在全世界范围内增加了21个新产品品类，包括在日本的汽车，在法国的婴儿用品，在中国的鞋和服装。

另外，值得一提的是亚马逊的收购策略，这帮助它迅速完成了自己的品类扩张。

亚马逊收购主要是5类业务，分别是生鲜、图书业务、数据应用、音视频下载和生活用品类。自2014年起，亚马逊开始部署生鲜战略，于2014年5月以2000万美元入股上海美味七七，开启中国市场的生鲜战略部署。

1998年亚马逊开始尝试开放战略，亚马逊收购英国的一家网上书店book

pages（如今已是亚马逊英国），建立的音乐商店以及收购的三家数据应用网站（IMDb、Junglee、Planetall）分别从三条产业链打开战略之门，为其后的图书、数据、音视频电子业务扩张奠定基础。

另外，亚马逊市场的前身Z shop于1998年面市，这是一个类似于京东商城POP平台的产品，作为网上零售商的亚马逊，欢迎其他商家和个人来亚马逊上开店销售产品。

图书业务不仅仅局限于网上电子书店，还收购了按需出版印刷公司、电子书软件公司、有声书公司；数据应用业务收购了电子商务软件公司、数字摄影公司以及数字漫画公司等；音视频业务除了CD音乐商店，收购了网上音乐下载商店、电影租赁公司等业务相关公司；发展稍后的生活用品类业务收购了囊括网上药店、网上杂货店、服装设计公司、鞋类和服装类电商等电商平台。

亚马逊的国际扩张在早期发展阶段已经步履匆匆，1998年10月，凭借Amazon品牌和技术推出的英国和德国，建立Amazon.Uk和Amazon.De，居在线书店销售市场领导者地位。

亚马逊在英国和德国的商店有一个强劲的开局，在这个基点上，在接下来时间里亚马逊的用户和股东在世界上都能够预想到更远的地理扩张。到了2000年亚马逊已经形成强大的品牌。

2004年8月，通过收购中国卓越网（卓越当时是一家网上书店），进入了中国市场。2013年，随着其应用商店App store支持开发者上传应用的范围已经扩大到将近200个国家，亚马逊在世界范围内销售和用户的服务数量也已近20个国家。

甚至于2013年3月，亚马逊在欧洲超越了当地其他在线零售商，成为欧洲最受欢迎、访问量最大的网络零售商。有数据表明，亚马逊来自国际部分的收入几乎占到总营收的一半，而且这一比例还在逐渐增加。

在这个动荡的全球经济条件下，亚马逊的发展目标聚焦于保持低调，聚焦长期和死磕用户。长远考虑放大了亚马逊的生存能力，如若让其做新的有悖于长期发展事情，亚马逊则不考虑。

这项目标支持了失败和迭代所需的创新，它使亚马逊在未知的空间中是先锋的和自由的。长期的取向使客户痴迷，并交互得很好。从用户需求"后向工作"可以与"技能导向的"方法进行对比，存在技能和能力用来驱动商业机会。

而在营销战术上则采取一切为了客户体验。

(一)品牌策略

亚马逊书店把营业收入的大部分突出到品牌的宣传上,极力使自己的服务设计独具特色,富有魅力,吸引用户。品牌最主要的价值在于消费者对产品和服务的评价。

亚马逊书店创造了读者在网上购买的参与权,为读者提供信息反馈的机会和热情的服务,为扩大影响,它允许任何网址免费与亚马逊相连,并将这种"同志站点"带来的效益以5%～15%的比例返还。这种"同志参政"会成为最好的品牌宣传方式。

(二)产品策略

亚马逊公司的第一个产品策略是全,全面收藏各种出版物,建立高质量、数目庞大的书目数据库。第二个产品策略是大,扩大规模和商品的多样化,使顾客在网上可以买到任何想要的东西。第三个产品策略是广,在世界各地建立营销网络。亚马逊已不再满足于美国市场的成功,它开始向世界各地扩展。

(三)定价策略

亚马逊书店采用了折扣价格策略。以实惠的价格建立竞争力,并回馈顾客,此是贝佐斯的重要经营策略。亚马逊对大多数商品都给予了相当数量的回扣。例如,在音乐类商品中,承诺:"You'll enjoy every day saving so up to 40% on CDs, including up to 30% off Amazon's 100 best-selling CDs.(对CD类给40%的折扣,其中包括对畅销CD的30%的回扣)。"

(四)沟通策略

亚马逊网站根据网络的特点策划了各种促销策略。亚马逊网站注重与上网者的互动,经常邀请一些作者上网与读者展开面对面交流,大大调动了公众参与的积极性,使得那个网站访问的流量大增。亚马逊网站先后建立了互动式小说、BBS论坛、作者博客平台作为网络营销工具。

(五)客户体验

2001年6月份之前,Amazon.com首要地建立了两种用户体验:多选择和便捷性。在亚马逊的电子商店里现在有超过45000个条目,厨房用品选择增加了3倍,亚马逊已经发布了计算机和杂志订阅商店,增加选择和战略性合伙伙伴,比如

Target和Circuit City。

（六）会员服务

2005年2月，推出Amazon Prime服务。之后，亚马逊又在Amazon Prime服务中免费提供了Prime Instant Video。Amazon Prime的吸引力越来越大，现在全球会员总数已经有数千万（《经济学人》杂志提供的数据是2500万左右）。

根据亚马逊管理层的介绍，Prime会员在亚马逊网站上的消费金额和频率要高于普通消费者，现在高速增长的Prime会员数量，将为亚马逊未来的消费额提供可持续的增长动力。

从公司建立伊始，贝佐斯就在物流和技术上投入重资，经过十年的积累，亚马逊开始展现能量，连续发布了一系列令人惊叹的产品和服务：

2006年亚马逊推出了AWS业务，这是一种基于云技术的基础设施平台，部门为企业客户提供基于网络的计算能力和数据管理。

3月，发布Amazon S3（Simple Storage Service简易存储服务）；8月，发布Amazon EC2（Elastic Compute Cloud弹性云计算）。这两项服务的发布是里程碑事件，标志着云计算时代的来临。

经过八年的发展，亚马逊云计算（Amazon Web Services，简称AWS）已经成为知名度最高的云计算服务平台，并且在Iaas（基础设施即服务）领域占据着第一名的领先地位。

近日，在AWS reinvent云计算大会上的第二场主题演讲中，亚马逊CTO Werner. Vogels宣布发布AWS EC2 Container服务，这是一项高度可扩展、高性能、免费的容器管理服务，且支持Docker（Docker是一个开源的应用容器引擎，让开发者可以打包他们的应用以及依赖包到一个可移植的容器中，然后发布到任何流行的Linux机器上，也可以实现虚拟化），并能够在托管的Amazon EC2实例集群上轻松地发布、管理和扩展Docker容器。继而实现让客户使用AWS上的容器轻松地运行和管理分布式应用。

与此同时，Amazon正在云存储领域加速扩张。继为其Prime会员提供无限照片存储后，Amazon又宣布将为开发者推出Cloud Drive API，第三方开发者可以将Cloud Drive整合到自己的应用当中。

亚马逊起初做的，是减法，完全不像现在这样无所不包。创业之初选对方向非常重要，充分借势，以最小代价获得最快发展速度，是亚马逊当时考虑的事。

车库里起家的贝佐斯，没办法把那么多精力放到一些增长速度稍慢、需要投入更多、市场认知较浅的商品上去，图书市场已经够他忙了。

亚马逊上线两个月，图书已卖到了全美50个州和全世界45个国家，这个速度，正是专注所带来的。若非当初的专注和正确的战略方向，其日后大规模的扩张可能带来的是一场场灾难。

总结每年一封的致股东信，亚马逊20年如一日的谦卑、创造价值、踏实做事的形象令人印象深刻。贝佐斯承认亚马逊模式"总有一天会被颠覆"，但他希这一幕不会在他有生之年上演。

至少这一幕很难在近期出现，因为贝佐斯押注客户、投资者耐心、科技和规模化的决定似乎已经收到了回报。

（原载：《商业观察》，2017年Z1期）

2017年的三个关键词

从企业的角度来讲,今天遇到最大的挑战是怎么去做自己的选择,所以我就定了这样一个题目:自我驱动生长。今天,主要讲三个观点。

一、不可持续是无法持续的

我们说今年黑天鹅事件很多,下面这两张图能说明我要表达的问题。

希拉里两次竞选总统,2008年和2016年人们的表现其实是完全不一样的。2016年所有人都把她当背景,但是在2008年的时候别人都当她是中心。

所以各位认为是黑天鹅事件,我认为不是,我认为最大的问题是在于大众变了,我们没有跟上。

我们大部分人还是用自己的角度看这个世界,但这个世界确实变了。从这个意义上讲,如果你本来的设计就是不可持续的,当然就是不可持续的。

我一直在看哪些企业一直活得很好,我一直在跟踪,从1992年开始跟踪中国五家最优秀的企业,其中有一家是华为,他们都做得很好。

你会看到这家企业20多年来,接近30年的努力是什么样子。这些优秀的企业有三点共性:不断用增长来应对变化;不断地变革自己,就像华为说的打败他的只能是他自己；遵从市场的规律。

我个人20多年的研究跟随这些优秀的企业，我发现他们最大的特点是自我生长，不太受环境的影响。

企业自我生长的内涵，表现在两个地方：持续不断的变革转型；持续的自我更新。

很多时候你会看到今天的华为可能跟几天前是不一样的，跟几年前的华为更不一样。今天我们看到的很多企业可能和他五年前、几天前都完全不一样。这样的自我增长的能力，使他能应对所有的变化，我想这是他们能够持续的最主要的原因。

所以能够打败华为的永远是华为自己。我跟随这个案例20多年，我觉得有些东西是很好的。

比如他们（华为）一直在强调：没有成功，只有成长。

我去华为感受最深的是他们很少跟你说历史，永远给你介绍的都是未来。当我们今天可能在讨论2016年的事情的时候，他已经在规划2026年的事情，这就是他们能够不断去做的一件事情。

在华为，给我印象特别深的一句话：华为其实是一个一直用自我批判驱动成长的公司。他们很少去批评别人或者评价别人，他们基本上都是在评价自己。

我接触到华为很多很多的人，他们不断地在反思自己。

这个公司最重要的是危机意识让我非常惊讶，我们没有看到华为满足已有的东西，他们永远都在最危机的状态下做出选择。这是我看这个企业给我印象最深的东西。

二、不能自我否定变革，只是理念的巨人

我们前面也听到杨壮老师介绍稻盛和夫，我对这个领导者也非常尊敬。我个人在做转型的时候也是用了稻盛和夫的案例，就是为什么他可以让日航一年间产出极高的利润，而且这是他历史上最高利润的那年。

我常常让同事分析日航一年产生巨大利润的来源到底是什么，利润的构成超过50%，其实是他内部在降成本，一年降成本超过50%，这是一个什么样的自我革命的精神。如果没有这样的自我革命和自我挑战，很难创造这个奇迹。

我们在谈企业，面对这种变化危机，处理这种情况的时候，其实你有一个东

西是可以把握的，这个东西就是自我变革。

我看非常多人在谈转型和创新，但是我觉得所有的转型、创新、变革，如果不是针对自己来的，仅仅是理念。如果你不能调整自己的变革，你就没有办法真正落实到底。所以过去三年当中我给的主题只有一句话：向自己挑战。

向自己挑战，要挑战什么东西？

我们来看看整个过程是全部挑战的，我们从转型的构成要素上去讲。

从战略开始调，调到整个公司的价值重构，调我们短期要盈利。

有人跟我说转型要付出代价，我说转型的代价不能以牺牲盈利为代价，牺牲盈利为代价的转型是理念。

要谈我们对整合资源的理解，如何开放和理解，我们很多时候不能转型的原因是因为任何新的东西在体系内都会死掉，这时候你不能做转变。

什么样的东西可以支持呢？你在下面五个体系都要改，包括公司整个的知识技能、信息系统、组织平台，包括彼此沟通的系统，包括你对于公司发展的总体上的思想认识。

做到这些东西，就是你自己的核心能力和专长的调整，甚至所有的经验都应该放掉。这是一个整体的改变，是一个彻底的调整，如果我们不能从这个方向去做，是不可能调整过来的。因此有一个能力的打造过程。

很多人问我转型用什么评价，我想外部的评价很清楚，就是你的盈利和新任务的增长，以及对顾客的肯定。

还有一个更重要的评价是内部能力的调整。整体上公司的内部能力，是不是能真正被调整过来,我称之为五个能力调整的打造。

三、五个能力

（一）成为变革领导者

我们在转型当中，最大的障碍来源于现有管理者，他们是组织当中既得的部分，至少他拥有既得权利。在这样的体系下如果他不能改变自己，整个转型其实是空话。

所以你就会发现，真正想转的反而是一线员工，而中间的一大块是不动的。如果你真正要谈转型，一定是管理者先改，必须要成为真正的变革领导者。

（二）选择对的人

我们有一个很重要的要求：怎么去评价人、选择人、构成人。

在整个转型过程中最重要的是：选择对的人，这是我最近讲最多的一句话，不是选能人。他是能够真正理解你的价值观，并且保持一致性的。因为转型有非常多的风险和不确定性，如果在价值观上犹豫会出问题。

（三）有效沟通

怎么保证上下统一，这非常关键。答案就是有效沟通。

（四）平台型组织

组织的平台要开放，因为转型需要加入更多的资源、更多的信息、更多的可能、更多的包容。

（五）发动机文化

在中国的企业当中，做创新很难的地方在于：我们在文化上比较怕错，可是创新很重要的事情就是试错。

人家问我互联网时代如果让你来描述，你认为最大的特点是什么？我说就是试错，然后纠正，然后迭代。

所以不怕错，你试好就纠正、迭代它，这个机会才会是你的。如果我们不敢这样做，就没有办法做了。而这个试错的过程需要你授权、激发跟激活。

这是我们整个转型当中做的事情，把你整个能力模型也全部调了过来。如果不是向自我否定的过程做转型，那只是理念。

四、不确定的是环境，确定的是自己

2017年即将到来，大家都说是不确定的，但是我认为有一个东西是确定的，就是你自己。

我的确承认不确定的是环境，但是我更承认一句话，确定的是你自己。

在所有的变革当中，唯一能够由你把控的元素只有你自己。这种情况下你就有了一个基础去面对所有的变化，包括这本新书——《朗润园观点》，一定会从各个角度帮助你去理解变化的环境。你要把这些帮助和理解内化为你自己的。当你对自己有信心，对这些理解都能够接受和接纳的时候，这个变化的环境对你来讲有可能是个机会。

五、面对2017的三个判断

因此，我对2017年有一个基本的判断，宏观环境的有很多专家来帮大家判断，我要判断的仅仅是从经营环境。因为我们做企业的人最主要的是判断基本。

我们今天来看营销不能像从前那样只靠渠道，我们要回归到服务和价值。

2017年其实有一个最好的机会，就是：更加的互动和高效。

比如我们看过去的双十一，所有人都说一定会超过1000亿元，这个没问题。但还有另外一个数字，覆盖的国家和地区超过28个。这种互动的范围更广泛了。

最近华章在给我安排微信课，在线学习20万～30万人。今天这一切是很容易实现的。所有这一切的互动与高效，会给你带来非常多的新机会，这是我对2017年经营环境的第一个判断。

第二个判断，所有的商业和行业一定会被重新定义和重构。

我们今天看零售不再是零售，我们叫新零售，电子行业叫数字产品，今天的教育不是普通的教育，称之为深度学习。我们今天看任何一个行业，包括之前在农业，我们也不怎么讲它是农业，我们把它叫作新兴农业。某种意义上来讲，技术在所有行业当中都推动了进步，我的概念里面是没有传统的。每一个行业，每一个商业的定义都是被重新定义的，价值都是被重新解构的，这是2017年非常有意思的机会。

最后一个，共生模式改变市场格局。

除了滴滴之外还有更多的共生模式出现。最近有一本书引发很多人的关注，就是7-ELEVEN写的《零售的本质》，在今天都在讲线下零售如此困难的时候，他的盈利非常好，增长也非常好，向各个地区发展的时候感受也非常好。我自己看零售的时候才发现，今天最好的零售反而是线下，是我们认为被线上冲击最大的行业。因为他们是一个真正的共生模式，几万家供应商完全组合在一个平台里面，为所有的顾客创造价值。

在7-ELEVEN的海报上会清晰地写一句话："桃子放在冰箱里冷冻3小时，味道最甜美"。这就是7-ELEVEN给你的桃子。而我们国内做海报的时候一定贴上打折，最后吐血。你发现他并没有关注到价值在哪里，我们真正的价值只要你愿意贡献，顾客绝对愿意接受的。

从经营看机会，2017年这三点是更有机会的。

六、2017的三个关键词

因此，我得出我自己对2017年的关键词。

（一）与顾客创趋势

跟顾客去创造趋势，而不是去预测趋势。在我看来今天趋势是没有办法预测的。宏观上可以，可是在微观上很难。像我之前讲得最多的话题叫不确定性。这个趋势是很难预测的，但是有一点你可以做到，叫自创趋势。

我一直强调一个观点：创造未来比预测未来更重要。我们在多维可以共同创造。

（二）价值结构

今天，我们不仅仅要提供产品和服务，最重要的是你要跟大家构建一个价值架构，你在这个架构中是没有问题的。我们国发院的国家发展论坛就是在构建一个大的价值结构，让我们所有的人在这个地方能分享，成长和思考。

（三）激活组织

最后一个真的是要靠整个组织的力量，你们都知道2015年我最重要的一本书叫作《激活个体》，我最近写的书叫《激活组织》，我希望明年能尽早地把它推出来。是因为我认为组织是能够给大家赋能，不断地引进跟裂变。如果在这样的组织体系下，每个人的成长是最快的。

这是我对2017年关键词的理解。

（原载：《营销界》，2017年第2期）

三种错误的增长方式，
你的企业犯了吗？

因为这三个错误发展的方向，导致一些高速增长的企业陷入困境，因此我们不得不重新回到一个根本问题上来，那就是：企业的战略出发点可能是错的！

企业增长与企业寿命是人们所关注的两个重要的话题，如何获得有效的增长？如何保持企业的持续性？是需要企业管理者谨慎思考并做出选择的。对于这两个问题的回答，都会归结到战略出发点的选择上，如果不能够正确地理解增长的来源，不能够设计企业的可持续性，也就是如果不能够正确地理解战略的出发点，做出正确的选择，企业无法获得稳定而持续的发展。

一、企业三种错误的增长方式

在过去的30年中国企业发展历程中，在获得增长与持续性这两个问题上走向了三种可怕的方向：

第一，在错误的企业设计之下的增长。这种增长是用资源投入获得结果，企业在投放资源的时候感受到快速增长的势头，因为资源投放而导致的增长效果非常明显，甚至于企业会认为增长是可以无限的，可以脱离市场按照自己的意愿获得。但是管理者却忘了，投入资源只换来规模的增加和产能的扩充的话，企业就一定会陷入"经济黑洞"，一旦没有资源的投入，企业就会失去所有增长机会。常常可以看到企业所陷入的怪圈，用大量的广告获得市场的占有率，而不是用真正的产品竞争力获得市场认同。这是一种可怕的选择，但可惜的是很多企业习惯选择这种增长方式。

第二，高速增长。脱离现实的高速增长，虽然带来快感，但是也带来对企业管理的挑战。高速增长本身没有任何错误，错误是在于高速增长来源于什么？企业是否具有了支持高速增长的体系？从外部环境看，如果高速增长是以牺牲产业价值或者过度占有价值链上相关者的利益而获得，这种高增长必然导向失败。所以很多时候，我反对企业提出"超常规发展"或者"跨越式发展"的观点，企业增长需要符合市场规律，即使是做出创新，也是在顾客价值方面，而不是在企业增长速度上。从内部环境来看，如果企业组织与文化没有相应做出变革，企业依然沿用原有的组织和文化来支撑高增长，也势必导致企业组织体系落后于企业增长所带来的冲突和挑战，这也会导致失败。

第三，将企业业务简单延伸到一个以前从未打算进入的客户群。表面上看，这种增长是一种必然的选择，很多企业或者高估自己品牌的力量，或者高估自己渠道的能力，或者高估自己技术的能力，或者高估自己整合资源的能力，甚至可以说高估了自己的"核心竞争力"。认为只要企业自己愿意，任何事情都可以去做，这种过度的"自信"也必然导致盲目的"自大"。

因为这三个错误发展的方向，导致一些高速增长的企业陷入困境，因此我们不得不重新回到一个根本问题上来，那就是：企业的战略出发点可能是错的！

很多企业可以拥有今天的发展地位，应该说主要归功于顾客的包容和庞大的市场需求。但是随着环境的变化，顾客能力的提升，以及技术所带来的消费习惯的改变，消费者已经不再包容，市场也开始出现"顾客不足"的情况，这些都要求企业改变自己发展的逻辑，因此需要好好地理解：什么才是今天公司战略的出发点？

二、战略出发点选择

对于这个问题的思考让我联想到可口可乐，这样一个单纯的饮品公司，持续存活了超过100年，一定有着一些根本性的东西推动着它，这个根本性的因素到底是什么？

可口可乐的早期经营模式是这样描述，可口可乐先确定软饮料行业的价值链：浓缩液制造—装瓶—库存—分销—广告促销—零售—客户关系管理等环节，根据价值链的判断确定公司产品所在的价值链中的价值地位，可口可乐进行了两个选择：

第一，可口可乐的价值活动定位：浓缩液的制造商以及商标使用授权与广告。

第二，向区域的企业提供独家装瓶许可和地区销售许可权，可口可乐公司在各个装瓶厂几乎不占任何股份。在当时的情况下，每个装瓶商都与可口可乐签订"特许协议合同"。合同中规定浓缩液的价格，以及授予装瓶商地区独家经营权——这种早期的特许装瓶商模式取得了巨大成功。消费者满意，装瓶商致富，可口可乐则成为头号大公司。

经历了100年的沉淀，可口可乐公司在保持竞争力的同时，根据市场的变化，又确定了自己新的经营模式，简单的整理后可以看到这个新的经营模式由6个基本核心构成：

第一，扩大消费者的范围——为顾客提供选择；
第二，成为价值链的管理者——确保价值链上所有环节的价值获得；
第三，对销售渠道进行重组——用为顾客创造价值作为战略控制；
第四，关键业务的确定与拓展——明确的业务范围界定；
第五，进军国际市场；
第六，从追求市场份额转变为努力增加股东的价值。

从可口可乐早期的经营模式到现在可口可乐的经营模式选择，虽然在市场领域做出了巨大的拓展，但是核心的策略没有改变，那就是共享价值链。因为可口可乐帮助其价值链上所有成员共同成长，可口可乐自己定位于价值链的管理者，帮助其价值链上成员一起分享价值。不管市场如何变化，一代又一代的消费者，不同区域的消费者都聚集在可口可乐的红色标志下，感受着可口可乐带来的活力，就是源于价值链的共享。

反过身来看看中国企业的处境，大部分中国企业都成功地做到内部挖掘、降低费用与成本；改进生产设备、提高质量；创新及改进；关注人才，积极引进新的管理工具和方法。但结果是什么，拥有持久市场地位的企业少之又少。如何解决？必须明确战略的出发点是共享价值链。

正像以可口可乐为代表的成功企业的做法一样，需要管理者从思维方式上做根本的转变，我在很多场合下坚持：一定要记住其他同行不是你的对手，从某种意义上讲他们也是你的合作伙伴，都正在逐渐扩展产品的使用范围；企业必须致力于使其服务对顾客价值有所贡献，必须致力于是否能够带动业绩成长的营销服务；企业管理者应该知道服务营销的目的性是价值分享的可能；要始终如一交付价值，公司必须能够对从产品设计、生产到销售、分销和定价这一完整的业务流程中关注价值交付。

确定把共享价值链作为今天战略的出发点，就是要确定价值链中的所有成员可以贡献和分享价值。因为产品价值界定，产品直接使用的差异化营销，价值分享的可能性都来源于价值链成员对于价值的把握，都来源于价值链成员对于顾客价值的理解，因此对于企业而言，只有把分享价值作为战略的出发点，不断地超越自己，才能够真正地服务目标顾客，也才真正具有竞争力，才能够获得经营根本目标的实现，那就是为顾客创造价值。

（原载：《中国机电工业》，2017年第6期）

经 营

认识未知而非经验传承

2013—2016年三年间,我走到前端去负责一家大型农业企业的转型工作,在这个过程中,我最深刻的感受,就是无法再用传统的农业来理解农业。持续深入到行业时发现,农业因为互联网技术不得不面对再造的问题,它已经不再是一个传统农业的概念。以往想到农业的时候,可能会想到农村、农民、土地,会想到种子,会想到养殖和种植的环境。现在的农业加了三个要素:金融、数据、信息。换句话说,如果没有金融,没有数据,没有信息,今天几乎是做不了农业的。这一切与传统农业的运营逻辑完全不一样。整个农业的产业链,从开始一直到最后消费者端,全过程其实都被改造了。

因为"互联网+",使得农业的六个关键要素都发生了改变。比如农民已经不再是之前的农民。我记得一个年轻学生问过我一个问题:"陈老师,现在的85后和90后不会去选择养猪了,养殖未来没希望了。"他说的可能是事实,我就告诉他:"好吧,那就尽量把养猪场变成不依赖于普通的人,而是专业的人去管理。他真的喜欢这个行业,就把养猪场建得先进、舒适,让养猪人感觉很骄傲。"新希望六和现在就是这样,这种新农民跟之前农民的感受完全不一样。同样,理解另外五个核心要素,资本、市场、技术、制度、土地,其实这些要素都改变了。

以农业做例子,只想告诉大家,我们今天看到一个最大的不确定性是:所有的行业都会被重塑,没有一个行业会按原来的逻辑去发展。其核心原因不仅仅在于技术改变,还在于消费端也改变了,所以无法再用传统做农业的经验来面对农业,而农业的再造也带来了很多不确定性。

今天的管理者需要有认知未知的能力,而不是对经验的传承。这个要求需要大家特别理解,而组织管理所面对的新挑战,就是如何让组织者具有面向未来的能力,而不是传承经验的能力。很多时候谈互联网、谈变化、谈创新,其实真正要改变的是我们对发展逻辑的认识,认识发展逻辑可以帮助我们认识变化,发展逻辑的改变就会使得我们对能力、对资源的要求改变。这是一个非常大的调整，而且会带来两个非常大的不确定：一是你根本不知道谁是你的对手；二是不同人的组合带来全新的变化是你不知道的。所以对今天的人来讲，这是一个需要管理者从根本上改变自己、改变组织的要求。

怀特海的《教育的目的》一书中很多观点给我很多启发，怀特海在书中阐述了智力发展的节奏特点，浪漫、精确和综合运用，自始至终地存在。第一个阶段是对于浪漫的想象，这个很重要，激发想象力和创造力。第二阶段是对精确的认识，对数据认识，通过精确的知识细节进而领悟原理。第三个阶段就是综合运用，要能够综合运用知识。我很认同这些观点，如果我们今天讲综合运用，就应该对未知有能力去认知，而不是仅仅依靠经验。有一次一位老板希望我帮助推荐一个总裁，我问他需要什么样的人，他说最好有行业经验，我说服他，今天的总裁更重要的是学习力，而不是行业经验，事实证明有学习力的总裁对公司帮助明显。对未知有能力认知，对改变非常关键。大家都在谈论商学教育会被重新洗牌，我觉得教育被洗牌的原因，就是人们获取知识的方式已经改变了。今天，你会发现很多东西都在改变，甚至是颠覆式的改变，所有的行业都被重塑，都会被重新调整，你要认真面对。

你会发现很好玩的是，很多原来不在这个行业的人现在跑来做这个行业，跨界与跨业似乎成了一个非常平常的举动。比如褚橙、柳桃、潘苹果等等，做农业的人干不过这些没做过农业的人，因为他们没有农业的背景，所以他们不按农业的套路出牌。这就是新进入者带来的不确定性，与原有行业完全不同的运营逻辑。今天遇到不确定性很多，其中一个就是你不知道你的对手是谁。

因此对今天的管理者而言，重要的不是你的经验，而是你对于未知的认知能力。

（原载：《中国企业家》，2017年Z1期）

不确定的是环境，确定的是你自己

说到2017年的趋势，大家都会说不确定，但我还是认为，有一个东西是确定的，那个确定的就是你自己。不确定的是环境，但是我更承认一句话，能确定的是你自己。为什么我会从这个角度去讲？是因为所有的变化当中，唯一能够确定的元素，唯一有信心把握的元素，其实只有你自己。当你对自己有信心，我相信变化的环境对你来讲是个机会。而我对2017年的基本判断是：

更加互动和高效。2016年的"双十一"，人们说一定会超过1000亿元销售额，这是没有问题的，但是有另外一个数字更加需要注意，这次双十一覆盖的国家和地区超过28个，这等于说这种互动更加广泛了。最近有朋友建议："陈老师要不要上一次微信课？"我们现在一上课就是20万人、50万人，听起来非常可怕，但是今天这一切是很容易实现的。互动与高效会给你带来新机会，这是我对2017年经营环境的第一个判断。

商业与行业被重新定义和重构。今天看零售不是零售，叫新零售；今天的电子行业不叫电子行业，叫数字产品；今天的教育不叫教育，叫深度学习。今天看任何一个行业，包括之前我在农业，我们其实也不怎么讲农业，我们叫新型农业；我们今天再看水泥，可能也不是按原来的意义来看水泥，看玻璃也不是原来意义的玻璃。某种意义上来讲，技术在所有行业当中都推动了进步。每一个行业，每一个商业的意义都是被重新定义的，价值都是被重新建构的，这就是2017年的机会。

共生模式改变市场格局。我们都看到了滴滴，除了滴滴之外，还会看到更多的共生模式的出现。最近有一本书引发很多人关注，介绍7-Eleven便利店的《零售的本质》。我在看这本书的时候在想，7-Eleven便利店在如今线下零售如此困难的时候，它的盈利、规模增长非常好，在各个地区顾客感受也非常好。我自己在研究零售的时候，发觉被线上冲击最大的线下零售没有完全被击垮，是因为这些生存发展好的零售企业，拥有真正的共生模式。它汇合几万家供应商并完全组合在一个平台里，为顾客创造价值。甚至会在海报上写这样一句话，让我觉得非常温暖——"桃子在冰箱内存放3小时最为甜美"，而这就是7-Eleven便利店卖给你的桃子。国内人做的海报一定是打折，最后吐血，这时候你并没有关注它的价值在哪里，真正的价值，只要你愿意去贡献，顾客绝对是接受的。这样的一个共生模式，改变了市场格局。

根据以上经营环境的判断，对于2017，我给出三个关键词：

一、与顾客创趋势

我们要跟顾客去创造趋势而不是预测趋势，今天趋势没有办法预测的，但是有一点你可以做得到，自创趋势。我一直有一个观点，创造未来比预测未来更重要。而这一点你只要跟顾客去做就好，我们可以在多维度共同创造。

二、价值结构

今天来讲，我们所提供的不仅仅是产品或者服务，最重要的是你要跟大家共建一个价值结构，而你在这个结构当中生存。唯有同在一个价值结构之中，我相信你才没有问题。国发院的"国家发展论坛"就是在构建一个大的价值结构，让更多的人能够分享、成长和思考。

三、激活组织

最后一个是真的要靠整个组织的力量。2015年我最重要一本书叫《激活个体》，我最近正在写的这本书叫《激活组织》，我希望明年能够尽早与大家见面。我认为，接下来，组织最重要的作用是给每个成员赋能，不断地演进和裂变，在这样一个组织体系下，每个人的成长速度会更快。

（原载：《中国企业家》，2017年第1期）

经 营

环境到底发生了哪些变化

对于环境的理解,需要从根本上去把握,而不是简单看现象。这是一个变化异常的时代,很多认知都被现象所混淆,很多判断已经似是而非,但是如果要在这样的环境下,做出正确的选择,则需要我们界定现象背后的本质是什么。我试着做一次梳理,归纳目前环境变化的几个重要的特征。

特征一:不确定性不仅仅是常态,而且是经营的条件与机会。

今天做管理和经营,不确定性不仅仅是常态,而且已经是经营的基本背景。企业对市场的把握,对机会的认知,对可能性的探讨,甚至企业增长的来源,经营的条件都来自于对不确定性的把握。你只有了解不确定性,你才能了解真正的可能性在哪里,才能获得新的发展机会。

特征二:我对互联网最深的理解,是庞大的线上消费人口。

有关互联网的概念是大家非常关心的,比如说有没有"互联网思维""互联网企业对传统企业的冲击到底是什么?"等等。这些都不是我关心的。我对互联网最深的理解,也希望各位认真对待它的地方是,它拥有庞大的消费人口。也就是说你要不要跟互联网走在一起,不是基于这个技术,而是因为这个技术带来的巨大消费人群。约8亿人,你是否需要与其发生关系,你要不要关注它?

特征三:渠道发生了根本性的改变。

传统渠道非常浪费,信息不对称,链条长,每个环节都在进行价值分配和利益榨取。互联网企业时代,信息是对称的,在"互联网+"时代,当数据产生是全方位、实时、海量的时候,企业间的协作就必须像互联网一样,要求网状、并发、实时协同。在技术的帮助下,三件事情会变得非常重要:第一,用户体验至上,商业回归人性;第二,未来商业的本质就是数据,要么数据化,要么灭亡;第三,企业依靠"内部资源能力"和"外部合作生态"形成持续"价值创造""价值传递"和"收益获取"的内在"系统逻辑"。所以,企业管理者需要理解以用户为中心的概念。数据驱动，生态协同是极为重要的。需要认识到，企业真正的机会必须延展到外部去，必须是一个内外部合作，形成一个价值创造、价值传递、收益获取的系统逻辑。今天你的资源和能力都不是最重要的。最重要的是你可不可以与外部组合在一起，去做价值创造，价值的延伸，以及价值共享。

特征四：共享经济已经到来。

到城市去，可以看到黄色的自行车分布在城市各处，人们已经习惯了一种新的出行方式，滴滴打车和摩拜单车，从汽车到自行车，共享模式已经开始拓展开来。而企业组织平台为员工提供的"共享"更是深入到众多的企业之中，"合伙人"模式成为人们的选择。战略上的"共生"逻辑，也已经深入人心，用"生态"构建价值网络成为今天企业战略的基本特征。的确，"共生"与"众享"是至关重要的，因为这意味着可持续的选择。一些企业被淘汰，很多人认为是因为技术，是因为创新，是因为资金，是因为找不到新机会，但是我不认为他们没有发现市场机会和顾客的价值，也不认为他们无法获得资金的支持，更不认为是因为技术与创新，而是他们选择的不是持续性，不是"共生"与"众享"，只是一个机会。记住，机会不会让你持续成功，因为机会稍纵即逝，唯有共生、共享，成功才可持续。

（原载：《中国企业家》，2017年第7期）

企业家与企业家精神

在2017年两会上，"企业家精神"被写入了政府工作报告，中央向世界传递了奋进中国的信心与希望。同时也意味着，大家要接受一个事实，就是应对不确定性需要新的能力。在不确定性作为最重要的环境背景时，企业家精神一定要被提出来。

我们在谈企业家精神的时候，可以用很多定义去界定它，比如说有熊彼特的定义、德鲁克的定义。企业家精神最核心的特点，就是会与不确定性组合在一起。所以德鲁克在给企业家下定义的时候，他说企业家是这样一种人，他从来没有引起变化，但是他可以把变化变为机会。

企业家的定义最早出现在18世纪30年代，什么是企业家，就是把经济资源的效率从低提到高的人。某种意义上来讲，企业家其实是让有限的资源创造出更高、更大的附加价值的那一群人。

我们既然谈了企业家，就要回答怎么看一个企业的问题，怎么让这个企业去承载它应该能承载的社会功能。考察一家企业，不仅仅要看它创造了多少利润，交了多少税，更重要的是要看它的员工生活是怎么样的，它与社会的价值关系是怎么样的。

企业有四大功能：第一个是提供产品。很多人说要做一个好企业，可是如果连一个产品都不能做好，很难是一个好的企业。第二个是创造利润。不谈盈利，其实你已经没有在承担企业的功能。有些人说，按战略选择，这个地方就要亏损，我说，那只能说你这个战略定得不怎么样。当然我们会说互联网企业是可以亏多少，羊毛出在猪身上之类的逻辑，当那个逻辑走不下去，你最终还是要创造价值。第三个是提供就业。社会已经把资源给企业了，那企业就应该提供就业。如果你能提供更多的就业，我认为你一定是个好的企业。第四个是实现社会价值。

把这四个功能属性都完成，才是真正的企业。谈企业家精神，也是基于企业能够完成这四个功能属性的前提。

为什么在这个不确定性的年代中必须用企业家精神来面对？原因是因为企业

家精神的核心是"创新"。德鲁克的《创新与企业家精神》一书中，有一段话深深启发我。德鲁克在回答为什么美国的经济可以持续繁荣这么多年的时候，他得到一个结论，是因为美国整个社会诞生了一种人，这种人叫企业家。他说因为美国出现了"企业家型经济"，使得美国出现了繁荣和令人兴奋的社会现象。为什么这些企业家可以推动美国经济繁荣，持续40年的增长呢？核心就是"创新"。所以我觉得我们要考虑创新在本质上到底要做什么。企业家精神的创新内核到底是什么？我认为有五个方面：

第一，创新一定是实践的创新。熊彼特很清楚地告诉大家，创新必须回到真正的检验当中。所以我们在谈创新的时候，我第一个需要大家知道的就是创新必须是一个实践的创新，如果你仅仅谈理念创新、谈观念创新、谈思想创新，那只能称之为创新的准备，还不能称之为创新。

第二，创新必须是一个基本的工作形态。如果创新成为一个基本工作形态的时候，你就会发现，你的确就会有新的东西出现。

第三，创新一定是行动与结果的关系。真正的改变是在行动和结果当中体现的，不是看你说什么，而是看你做什么。如果没有结果，没有行动，整天开会讲创新，没有任何意义。

第四，要成为一个创新者，最重要的表现是专注与投入。宋志平董事长用"痴迷者"表达对创新者的理解，我认同。创新一定就要奋斗、投入、专注，否则你理解不了创新。

第五，使命感与责任感。仅仅有责任感还不够，你应该有更大的使命感来驱动创新。

从改革开放开始，中国经济持续增长了将近40年，也诞生了企业家群体，这是让人高兴的。我期待更多的企业家，以及拥有企业家精神的人出现。

（原载：《中国企业家》，2017年第9期）

经　营

转型比创新更难

我最关注的是组织管理，我本人非常在意的是中国企业能不能找到非常好的成长方式。大概20年前我开始做"中国领先企业的研究"，在这20年研究过程中，最深的感受就是我们的企业在发展到一定阶段时，遇到的最大挑战是组织的瓶颈和惯性。一个组织到底有什么样的思维惯性，这对企业来讲是至关重要的。

我们常常说改革难、转型难，很大原因是整个组织的思维惯性卡了壳。我昨天跟一帮企业家聊天，我说：我不认为创新很难，我觉得转型比创新还难。我曾经帮一家企业做转型，我进入这个企业有一年半时间，取得了一些我们看得见的变化。所以我非常清楚地知道转型比创新到底难在什么地方，其中很重要的是整个组织的思维惯性。

这个思维惯性当中重要的是区分你是一个增长型的思维，还是非增长型的思维。非增长型的思维就是把KPI完成，不要冒险。但如果是增长型的思维，就会不断地努力去做，那么我们在任何情况下看到的都是机会，不会仅看到挑战和压力，所以不可能有焦虑。这时我就在想，如果你有焦虑，那么一定是你的思维方式错了，如果你的思维方式没错，按道理你看到的应该是机会，因为今天这样的商业机会从未有过，那样的丰富和多元化。我相信这是所有人都承认的，所以我们也要求，你在战略上有一个很大的挑战，这个挑战就是要从外向内看，不是从内向外看。

很多人在问我，说我的公司有几十年历史，核心竞争力很强大，我就说忘掉它吧。我们都知道为什么华为有竞争力，因为在华为的逻辑里面只有成长没有成功，他从来没有讲过成功，一直在讲成长。我想这就是我们要讨论的事情。在今天来讲你一定要从外往里看，而不是从里往外看，只有从外往里看的时候才能找到真正的发展方向。这个从外向内看的原则很简单：

第一，你从外审视你的企业；

第二,不断扩大对市场、对行业的理解;

第三,一定要利用真正的细分来明确顾客需求;

最后一个是不断地重新构建自己的核心能力。这对很多企业来讲可能都是一个比较大的挑战,如果是这样,根本的问题就是你愿不愿意确立一条增长的路。

今天的经济进入了一个新常态,的的确确整个外部环境在变化,我们大部分产业都遇到产能过剩的结构问题。像我曾经所在的行业,中国的饲料产能利用率只有38%左右,这样一个完全产能过剩的行业中,你的增长从哪里来?我跟同事说,增长点只可能在结构内不可能在结构外,结构内的增长和结构外的增长这两者对企业的要求是完全不一样的。

新的技术出现,不仅仅包括互联网,我们看到更多新兴的技术在各个行业都产生了非常多的挑战,这就需要大家一定要明白,在新常态下,我们就要问自己这条路应该怎么走下去。你怎么确定你的增长之路?希望大家更重要的是看到变化带来的机会。

行业的定义会变,你若不能重新规划你的行业,我相信你被淘汰是必然的。如果你能重新定位,其实机会更多。重要的是你要知道顾客的需求是什么,你增长的路径怎么安排,你的产品、技术怎么组合,你用什么方式和速度去发展,更重要的是你跟谁组合在一起。如果你想确定一条增长的路,只有一件事情,就是超越自己,做出改变。

(原载:《中国企业家》,2017年第10期)

经 营

驾驭不确定性

2017年,巴菲特连续在公开场合说,他作为IBM的股东传达出来的结论,都是果断离场。他转述比尔·盖茨对他的告诫,有一句话令人印象深刻,"IBM越来越不像科技公司了,这一点令人很难过。"学术界研究认为,IBM是战略领先十年,但是模式落后十年,所以使得它在今天已经没办法表现出如之前的强大竞争力了。作为价值投资的标志性人物巴菲特的判断,的确引发很多人的思考。在如此巨大的变化中,无论拥有多么强大竞争力的企业,如果不能够驾驭这些变化,始终会陷入被动之中。

最近这五年,我对IBM的关注度比较高,我认为IBM最大的问题实际上是它的大系统结构太稳定,系统中的人太过固化,固化于自己的经验,固化于自己的能力,甚至固化于自己的流程。IBM的系统结构拥有太强的核心竞争力,当系统和核心竞争力都太强的时候,组织很难应对不确定性。IBM比较早确定了进入云计算领域,比较早设计数字市场模式,比较早设计平台技术,更早时间还说了一句对整个市场和经营思维产生影响的话——"智慧地球"。

IBM的确在战略上领先了十年。但是,为什么云技术甚至不如阿里巴巴,"智慧地球"的市场表现不如亚马逊和Google。平台战略没有很好地显现出来,反而我们会把7-Eleven理解为平台型企业。我想也许有一个原因,是组织没有应对好所要面对的挑战。那么,一个组织怎么面对不确定性呢?

今天组织管理遇到最大的难题就是环境是不确定的,而且不确定性成为常态,未来可能连"黑天鹅"这个词基本上都可以不讲,因为满天都是"黑天鹅"。

组织在稳定的时候是会有绩效,但是一个稳定的组织是不能够应对变化的。这就是为什么互联网技术来了之后,很多传统企业非常紧张,很多大企业反而觉得没什么机会。

今天对大家来说,最重要的能力不在于你原有的核心能力,最重要的实际上是你的学习能力，是怎么面对不确定性的能力。

2013年到2016年，我出任了中国最大的一家农牧公司的联席董事长兼首席执行官。我想让一个中国最传统的农牧企业，如何能够面对互联网，如何能够面对环境巨大变化的挑战。这个实践过程，还是比较顺利的。当我离开这家企业的时候，公司在2016年成为当时中国A股市场回报最高的公司。这个实践过程，也使得我的研究更加聚焦在组织管理上。

组织管理的核心问题其实是不变的，但是在今天组织管理真的有一个蛮大的不同，这个不同就是目标和绩效其实是来源于对变化的应对，没有办法来源于你最初的设定。我们以前在做组织管理的时候，目标可以是设定的，比如最初设定增长10%，或者20%，可是你今天就会发现，有一个从来不在这个行业做的人，他获得了100%的增长，你就会发现你的10%没有任何意义。

要驾驭不确定性，就需要解决一个最重要的问题，就是组织成员是否可以持续拥有创造力。

我们以前真的蛮在意老板强不强大，一个老板如果非常强大的话，这个组织就变得非常强大，这也是为什么中国很多老板的自信程度非常高。过去20年，组织的的确确可以靠老板一个人，但是今天不行，原因在于，靠一个人的智慧，一个人的创造力，一个人的韧性，一个人的创新是不可能推动组织变化的。今天一定是所有成员都要有这种创新的能力，都要有这样的韧性，都要有企业家精神才可以。

如果你想驾驭不确定性，那你就必须让组织成员拥有创造力，而不仅仅是老板拥有创造力。

（原载：《中国企业家》，2017年第13期）

经 营

对话柳传志：总裁是怎样炼成的

联想之星创立于2008年，目前管理着两期，总额约15亿元的天使投资基金。2015年，分别被清科集团、中投集团评为中国最佳天使投资机构前三名。作为联想控股的早期投资和孵化板块，联想之星植根联想30余年来的创业经验和资源积累，为创业者提供天使投资+深度孵化的特色服务，做创业者身边的"超级天使"。

3月18日，在联想之星"创业CEO特训班第九期LS9S班开学典礼暨开学第一课"上，联想控股股份有限公司董事长、联想集团创始人柳传志先生和北京大学国家发展研究院教授、华南理工大学工商管理学院教授陈春花女士联袂开讲《总裁是怎样炼成的》。

一、做对的事情VS把事情做对

柳传志：不同阶段的企业对于总裁会有不同的要求。创业阶段的总裁是要让企业先活下来，你所选的模式本身是不是能够在市场中生存。我们首先是保证能把当前碗里的饭吃到，不然你总想着锅里，碗里都没有饭，你就会饿死。

"把自己的愿景看清楚，并根据这个愿景制定战略，然后进一步制定当前该做什么。"

站稳脚跟以后，企业一定要有愿景。要根据这个愿景制定战略，确定企业要做什么、怎么做。要把达成愿景的航线看清楚，航线上有哪些暗礁，会起什么样的风浪，应该怎么去躲过，这是总裁要做的事情。换句话说，企业像一个桶，这个桶什么形状能让容积量最大，短板、长板是什么，总裁要站在上面去看大的方向，做好调整。

其实，做正确的事情，比把事情做正确更为重要。这话是要两面说的，总裁不会把事情做对也是不行的。比如说，我们看见河对岸有一棵树，树上结着桃子，我们下决心去摘了，然后大家造船过河，拼命把桃子摘下来，这说明我们能够把事情做对。摘完桃子后回头一看，不远处就有一棵桃子更大的树，而且根本不用过河。所以，总裁在不确定的环境状况下，要不停地根据变化着的环境来确定公司的愿景、使命和近期目标。

我以自己的创业故事为例，1984年我拿了20万元钱做生意，被人骗了14万元。这时候，我必须思考如何让自己活下来。我卖过电子手表、卖过旱冰鞋等，否则如何给员工开工资？

但另一方面，到底要用什么样的业务模式活下来？这就涉及战略，比如像联想控股有"双轮驱动"战略，一是财务投资，即联想控股旗下三个专门做财务投资类的公司——联想之星、君联资本、弘毅投资；另一个叫作战略投资，除了IT行业以外，联想控股会选择几个我们认为受不确定性因素影响比较少的行业，比如金融服务、创新消费与服务、现代农业与食品、化工与能源材料等领域进行投资。

未来几年科技行业势必有很大突破，移动互联网带动业务模式创新，让社会产生巨大变化，人工智能、生物工程等与移动互联网结合以后，世界会变成什么样子？如果此时联想控股只专心于当前能否让公司站稳脚跟、完全不顾未来的话，那么联想将来一定是一家平庸的企业。

我在1984年出来创业的时候，IBM当时有40万员工，他们的体量比第二、三、四、五、六、七名的总和还要大得多，如今IBM依然存在，但已经完全转型，而第二、三、四、五、六、七名全部没有了。当时的联想尽管在中国做得很不错，但的确随时有可能被彻底颠覆。

我不断思考，联想应该要有一个更保底的东西，于是便进入投资领域，让联想集团能够义无反顾地去创新和突破，同时使得自己能够有个站稳脚跟的基础。2005年，联想集团并购IBM的时候，联想的营业额是30亿美元，IBM的PC业务营业额是100亿美元，这明显是个蛇吞象的业务，所有股东都不同意，整个舆论界都不看好。

我作为董事长坚决支持杨元庆他们去做这件事情，一方面是我们做了深入调查后，认为我们的确有可能打胜这场仗；另一方面，我们在新业务投资领域布了局，虽然当时利润还没显现出来。

今天，联想集团做电脑那块业务的利润在整个联想控股里面的贡献率大概为30%左右，其他部分都是后期形成的业务贡献。所以，创新的事就是既可以做先

驱,更可以做先烈。这是我们整体布的一个局。

回到咱们谈论的总裁该干什么的话题。联想控股的总裁是要把自己的愿景看清楚,并根据这个愿景制定战略,然后进一步制定当前该做什么。这就是总裁的使命——把自己要到达的愿景路线看清楚,在这条航线上可能会有哪些暗礁?会起什么样的风浪?应该怎么躲过?

二、跑得快VS活得久

笔者:创业阶段的企业总裁,最大的任务就是盈利模式的可持续,让企业一直活下去,也就是选对的事情去做。

但在初创阶段,除了做对的事情,还要把事情做对。在此,有四个事情是大家一定要做的:

第一,做好产品和服务,因为你靠这个立命。很多时候我们跟创业企业家讨论的时候,他们更多地去讲述如何颠覆行业、改造社会、推动人类进步,这个话题一下子就把自己立得非常高,但必须要细分目标,当下仍旧要谈产品与服务。

第二,理解市场的本质。创新要回归商业和市场,至少做到以下其中任何一个:创新必须创造新产品;创新必须进入新市场;创新应该做出能替代原材料的新品;创新应该是新的企业组合。

第三,现金流的很大部分必须来源于你的业务和盈利,而不是来源于投资者。我们都知道,现金流有投资构成和业务构成等,大家一方面要融资,一方面也要求自己的业务产生现金流。

第四,要有业务上的可持续的安排。如果柳总当初不为联想做这么大的布局,今天很难有联想之星。

柳传志:现金流很重要,企业活下来和活不下来的标准其实就是现金流,企业家在做业务的同时,一定要掂量手里边的钱,没钱就停。如果要坚持往下做,你就要一边做一边去融钱,这两件事配合不好的话,再好的事情,钱断了,再说服别人也是不行的,现金流对创业者来说是非常重要的事情。

三、企业生存VS诚信

柳传志：我说一个自己关于"诚信"的故事。我将个人的名声、信誉看得非常之重，并不是想通过这个得到什么好处，但这些确实会在关键时刻给予你帮助。

1992年到1993年，我们有一家公司叫作"香港联想"，北京联想是其大股东，我们当时做的事情是在香港生产主机板卖到欧洲、美国等地，也卖到内地做当时联想品牌机器的主机板。

我们的供应链资金是从香港银行借的，香港银行下面有十几家分行都归中国银行管。我们在国内拿人民币通过进出口商换成港币，再拿港币还给香港银行。银行再借钱给我们买元器件做成产品卖到国内后，再把人民币换回来，循环往复。

但当年外汇汇率发生大变化，几个月之内人民币跟外汇的比例从6∶1涨到了8∶1、9∶1，我再拿人民币换港币还银行的时候，进出口商不愿意，他们的毁约导致我们不能按时向银行还款。

如果按照进出口商的要求，以八九块钱换的话就要损失一百多万元人民币，在当时也是一大笔钱。后来我决定，宁可他们本身不遵守合同，我们自己也要遵守合同。所以赔了钱也按时把钱还给中国银行，中国银行当时大吃一惊，因为汇率变化致使许多公司还不了钱，银行自个儿认了，没想到还有公司能还钱。

这件事情让我得到了两个意想不到的结果：

其一，还钱后，银行立刻将更多的钱借给我，我们在其他企业不能动弹的时候多做了两三圈生意，而别人的钱都死在那里；

其二，1996年，我将自己的主要精力完全撤回内地，而将香港业务全权交由香港总经理负责，但由于他当时的判断性失误导致我们亏损1.9个亿，现金流断裂。我决定将内地资产做抵押，先稳住这个事情，在这种情况下银行居然愿意借钱给我们，他们相信我在内地的资产值这个钱。

这口气倒回来了，我们后面就都顺利了。

我再讲一个故事。1987年前后，我们从香港直接进了500台IBM的PC机，当年赚了很多钱，我当时跟销售部说，如果你们完成一定营业额和利润后，可以提一定的比例。结果销售大大超出预定指标，奖金高到难以想象的地步。

但国家有一个制度，叫"奖金税"，只要发给员工的奖金超过3个月工资的那部分按300%缴税，一旦缴这笔税我们公司就玩儿不动了。当时有三条道路：其一，把奖金发了、税交了，来年运营资本确实受到较大影响；其二，跟大家讲

"情况是不断发生变化的",而且我们之前也的确不知道税的问题,大家也会原谅,但以后你说话的分量会大打折扣;其三,不太好的做法,就是直接发现金不入账。很不幸,我们选择了这条道路,到广东找了一家科学院试验工厂的企业,这家企业能倒腾出现金。

我们将几十万奖金发放后,员工们都很高兴,认为领导很守信用。

但第二年便东窗事发。那家科学院别的业务出事了,顺带查出这个事情,我完全认错。后来不太惭愧的原因是,国家很快把奖金税改了。

笔者:我们今天处在一个不确定性非常多的环境,会遇到很多预想不到的事情,如果你想在商业市场上立足,或者有更长久的发展,作为企业的负责人,你一定要在诚信、承诺的部分有一个坚守,它们会持续性给予你很大的帮助。

当你的诚信跟你的企业生存有冲突的时候,你要特别注意一件事情——你一定要很清晰地知道底线是什么,底线会不会毁掉你所有的东西。人最基本的价值底线是不能破的。

四、短时的机会VS长久的战略

柳传志:要考虑新的机会是不是能做,有几个瓶颈口,有几个坎儿,你要想得非常清楚。人对未来的事儿容易看得更乐观,前景总是美好的。如果你放弃手里正在做的事,转移到其他方向,可能会有若干个环节卡住你,最后一无所有。

选择的关键在于你有几成把握把新的方向做好,中间有没有死扣儿。死扣儿是什么呢?往往就是人。比如一件事这个人做行,那个人做就不行,你的队伍里面有没有这样的人?钱、人、合作的关系,把每个环节都想明白了,你就可以把注意力移到这个地方去。

笔者:有两件事情是非常关键的:第一,要判断你在选这个新机会的时候,会不会损耗你原来一直想做的主业务。因为很可能你抓了一个很短的机会,却把你最应该做的事情给丢掉了。第二,我们做经营、做商业或者职业经理人要有原则,我其实一直反对两个口号,就是"机会永远都会出现""风口上的猪",猪就是猪,不会因为风口改变。还有一点,我反对的是"窗口期"这两个词有可能是投资的逻辑,但绝对不是创业者的逻辑。

我要提醒大家,你不要用投资的逻辑去做经营,一定要记住这个。经营的逻辑就是有没有窗口我都得做下去,有没有机会我都得创造机会。但是投资不是这样,投资需要选择最佳进去时间和最佳退出时间。如果你想当个资本家,见到赚钱的机会就去。如果你想当个企业家,你就挡住这个诱惑踏踏实实地去做,持续去做,享受几十年做一个品牌、做一个产业的荣耀。

五、创业成败VS学习力提高

柳传志:成功有多方面的因素。比如不断挑战高目标,意志力要顽强,还有情商要高。其中一点既是重点也是难点,就是要有一个很强的学习能力。环境在不停变化,角色在不停变化。创业有可能失败,但是创业者的学习能力将会有很大的提高。

其实,学习能力最强的就是解决实际问题的能力。怎么去提高呢?我们经常的做法就是看书、看同行。通过别人做的事跟自己挂起来,在联系的时候,首先要从自己身上找原因,觉得哪件事是自己做得不合适才会发生这样的错误,然后去进行调整,经常是要克服心态的问题才能有所进步。

联想控股各个部门、成员企业总部一直不停地对自己的战略复盘,对每一件事情的实施进行复盘。复盘了以后就定规矩,按照规矩办就不出错。复盘最核心的地方就是要联系实际,联系自己,更多地从自己的身上去找原因,不要老从客观上去找原因。环境在变,这样做,你就会越变越聪明,就会把聪明变成智慧。

笔者:从企业的学习来讲,有三个东西实际上最重要:

第一,学以致用,学了要拿来用,不是为了拿来证明别的东西,这个很重要。

第二,你的所有学习都要跟你的工作联系,像刚才柳总说的,所有东西都要联系到他的工作。

第三,学习要有行动方案,要拿出方案,不能学完了只做一个读书分享。

六、创业的本质是什么?

柳传志:我觉得人生中特别好的东西,是我经历过两个几乎截然不同的年代。在改革开放前,人的一生是被规定死的,上什么大学、分配什么工作、娶什么媳妇,一辈子就这样了。改革开放以后,真是天高任鸟飞,我觉得自己的人生价值得到了充分的体现。我挨过饿,所以我更知道红烧肉多美好。

我能做什么事儿?我有这三个圈——家人朋友、员工、社会。比如说我的家人、朋友，我认为我应该为他们负责，他们也惦记着我。联想的员工也是在我所考虑范围之内的，我要努力为他们创造更好的条件。对整个社会，我能尽到更大的责任，比如说我最近特别强调对打假这件事，假货不断地严重伤害了企业家的名誉，而且会使整个社会信任遭到冲击。还有社会公益活动，我觉得是我力所能及的，我觉得做到这些就足够了。

这就是既包括了创业的意义，也包括人生活着的意义，也包括了联想本身所做的事情。

（原载：《中外企业文化》，2017年第4期）

第二部分

论营销战略

该怎样留住顾客

要求作为企业的设计源泉。美国PREMDOR公司在其顾客买完门后都会站在顾客的角度去设想他们会怎样去装门，这一习惯导致了一种快速安装门的问世，该公司产品销量大增。而国外的一些化妆品公司为了抓住年轻女性顾客群，故意雇佣有恋爱经历的女职员进行现场意见抽查。同时，为了获得完整的信息，还找了一群年轻的男职员，对化妆品的效果进行评价。目的无它，就是为了与顾客站在一起，从顾客的角度观察，开发适合其需要的产品。

一、收集顾客意见

产品的最终用户是顾客，他们最知道产品在哪些方面需要改进。美国宝洁公司就开通了"免费热线电话"专门收集顾客对公司产品的意见，并且它的许多产品的产生正是源于这些意见。如银行、出版公司及邮件速递公司等对于如何跟顾客保持联络相对来说比较容易，汽车制造商、食品制造商，他们却苦于寻找不到他们的客户。但汽车生产商Infiniti公司就从交易处获得顾客名单并直接与其保持联络。而美国办公用品连锁店Staples公司给每个顾客发会员卡，使其在购物时享受折扣。该公司的数据库还记录了所有顾客的信息，如购物次数、种类、花费数额等。

二、提高售后服务质量，提高顾客对公司的信心

所谓售后服务指的是某项产品售出后所跟随的一系列如产品维修、维护等活动。售后服务的质量直接关系到顾客对公司的信心及下次购物的意向。纵观国

内的售后服务，大多数商家都是被动的。以填写保修卡为例，用户须得自己填写好，再寄出。如此小事已令用户十分不快，因为已在上面花了不少的时间。到了真正用产品的时候，用户也只能靠自己的悟性来读懂那本用户使用手册，产品若是坏了，用户还得上门求助，等上几日或一两个星期之后，问题方能解决。如此服务，顾客焉有回头之理？因此要留住顾客，各商家须改进服务质量，力求做到以下两点：

（1）成立专门的机构定期进行售后跟踪、回访，并提供24小时热线服务。例如海尔空调在销售一周内顾客就会接到电话回访：询问使用情况，安装人员是否规范，顾客是否看过说明书等。站在商家的角度，这些服务除了能够获得用户需求信息外，无形中还增加了用户对商家的信任和好感，从而提高了公司的信誉。日本电脑业巨人"惠普"公司为确保每个用户得到及时服务，不仅开设了Internet服务网，还引进了世界上最先进的"热线"支持ACD电话实时管理系统。

（2）建立自己的维修服务基地。国内很多公司为了节省开支，干脆把售后服务包给当地各维修公司。当然如果当地维修公司能够做得很好，这也是无可非议的事。但事实却是当地的维修公司因为不是公司的员工，因此在处理事情的时候更多想到是自己的利益，而不是真正为顾客着想。因此，要提供卓越的服务，最好的办法当然是建立自己的维修服务基地。这虽然耗资巨大，但一旦完备，却能带来极大的竞争优势。美国NET公司总裁史密斯意识到只有在自己设有服务部门的情况下，才能达到优质的服务品质。正是这一信念使之不惜血本，投资10万美元建立自己的销售和服务部门。在投资的第三年，NET公司一举实现年营业额高达1亿美元，掌握了通讯网络系统四分之一的市场。

三、加强与顾客沟通，赢得顾客感情

一个公司是否拥有好的产品和卓越的售后服务基地便可以留住顾客了呢？还不够。公司还必须尽可能地与顾客沟通，了解他们的需要以拉近彼此的距离。国内的一些企业正是忽视了这一点而导致顾客的流失。据统计，有68%的顾客是因为商家对自己的漠不关心而停止购物的。具有远见卓识的公司总是能够在适当的时候与顾客沟通，并在适当的时候给顾客提供"特殊"服务，如在节日时给顾客寄贺卡或邀请顾客参加公司的某些活动等。位于美国西北部的诺顿百货公司，每位店员都有一本个人笔记本，里面记着有关一再光顾的顾客的种种资料：姓名，地址，衣服尺寸，颜色偏好，甚至还记着顾客及其家人的生日。在顾客来店里购买时，店员都会参照笔记建议他到其他部门去购买与之相配的装饰品。完成一笔生意后，店员又会拿出笔记本，给顾客一封致谢短函，同时查看当初承诺的每一件事是否都做到了。诺顿公司职员之所以如此费心去讨好顾客，目的只有一个——赢得顾客感情。

从顾客的角度来说，在受了无数次的冷落，经历了无数次的受骗、上当之后，有公司对自己以诚相待、体贴入微，自然求之不得。这种相互依赖、相互信任的关系一旦建立起来，一次性顾客也就变忠诚顾客了。21世纪的商业竞争将是服务质量的竞争。谁的服务好，谁就能赢得顾客的感情，从而留住顾客，也就能在商品大战中大获全胜。

（原载：《中外管理》，1999年第4期；合作者：张春阳）

电信运营商：品牌制胜

随着电信业的不断发展，竞争开始逐渐阐释出其真正内涵，如何在新的竞争格局下取得竞争优势，从混乱的局面中脱颖而出？品牌建设是一种有效武器。

一、成功品牌对电信运营商的意义

品牌是消费者对企业提供的产品或服务的感知总和。品牌伴随着消费者的不安全感而来，面对众多产品，消费者可能无力分辨什么样的产品才能真正满足自己的需求，而品牌则给了消费者一个选择的标志。对电信运营商来说，成功品牌的重要性表现在三个完全不同的层次上：

（一）成功品牌可以获得顾客的忠诚度，从而使电信运营商节省大量营销费用

消费者依赖品牌是因为他们想获得最好的产品和服务。对消费者来讲，成功的品牌不仅代表着好的产品、服务和附加值的组合，而且可以满足其深层次的感性需求。品牌的忠诚就来自于消费者使用产品和服务时所获得的满足感和以后的积极强化，来自于对广泛的信息加工后对不同运营商所提供的产品和服务品质的比较，从而形成强烈的品牌偏好。而消费者的忠诚会导致重复购买和口头宣传，从而使企业获得稳定的收益和良好的声誉并不断地吸引新顾客的加入。

（二）成功品牌溢价的能力，增强了电信运营商对价格的控制力

品牌溢价能力是指在产品或服务与竞争品牌相同的情况下，可以卖出更高价格的一种能力。好的品牌可以支撑起较高的价格，即使与竞争品牌在产品的性能、技术、外观上相差无几，即使提供的服务相似。由于消费者愿意为品牌支付较高的价格，从而可使企业有效地抵御价格竞争。反之，如果企业树立不起良好

的品牌形象，就不得不在价格层面上参与市场份额的争夺，如果市场足够开放，甚至可能会因为低附加值导致的低价格而被逐出市场。

（三）成功的品牌对电信运营商有重要的战略意义

成功的品牌可以使电信运营商直接与消费者沟通，而省却了中间环节，这是非常重要的，如果品牌的影响力不足，电信运营商就会受分销商和零售商的牵制，甚至与供应商谈判时也处于不利的地位。从这个角度说，成功品牌带来的消费者忠诚大大便利了电信运营商的市场开拓。

二、电信业需要品牌建设

国内电信市场竞争多元化格局的形成和国际化运营的发展趋势，使品牌建设成为中国电信运营商必须正视的重要课题。很多电信运营商都认为自己的品牌非常富有内涵，顾客的美誉度和忠诚度很高，与竞争对手有很大的差异性。然而事实却并非如此，如中国移动虽然从中国电信剥离出去多年，但用户投诉可能还是会找中国电信。对消费者来讲，这是可以谅解的，因为他使用产品没必要非要熟知整个行业的格局；而对电信运营商来说，这却是非常令人痛心的，品牌缺乏个性和消费者的认同，只能带来市场竞争中用户对品牌认知的混乱。另外，不管电信运营商们如何努力，却始终不能令期望值越来越高的消费者完全满意，与其他开放的行业相比，电信业的服务水准并无过人之处。由于曾经的垄断经营，使消费者将整个电信行业与垄断、服务质量不高等联系起来，直接损害了品牌的美誉度。基于消费者对电信业的整体认知现状，电信业迫切需要通过品牌建设来明晰消费者的认知。

三、品牌建设中的五大关键

在品牌的塑造过程中，五大关键点可以帮助电信运营商摆脱品牌建设空心化的尴尬。

（一）清晰的品牌定位

很多企业说到品牌定位，总认为是去寻找一种新奇或与众不同的表现手法，将品牌推给市场，由消费者自己去体验其中的味道。其实不然。成功的品牌定位需要企业去全面、细致地调查市场现状，做出市场细分，根据自身拥有的资源和能力进入其中一个企业最有优势且最有吸引力的细分市场。然后将企业的所有营销传播策略都紧密围绕在品牌定位周围，以唤起消费者的想法、感悟，使消费者对企业的品牌定位产生认同之情，减少企业与消费者之间理解的偏差。

品牌定位的整个过程可以让企业明晰地看到自己想要在市场上拥有的位置，面对自己的特定顾客群做出相应的举动。但中国的很多企业并不这样，它们想的是如何占领整个市场，如何将消费者全都拢在企业的周围。大家将目标对准相同的消费者，不断用各种信息对消费者进行"轰炸"。然而没有明确定位的品牌很难在消费者心中留下印象，面对令人眼花缭乱的信息，消费者往往会很简单地将企业归于一类，迫使企业只能通过大打价格战来赢得市场。

（二）强化差异

差异性是使品牌脱颖而出的重要一步，因此企业一定要找到自己与竞争品牌之间的差异点，并不断地去传播这个差异。随着电信市场的日渐开放，电信运营商必须注重自己与其他品牌之间的差异性，这种差异不是企业自身而是消费者的认知。因为一些在电信运营商看来很明显的差异，如果这个差异不超过一定的限度，在消费者心中是感觉不到的。

要找到与竞争品牌的差异点，就须认真分析在同一环境下竞争者蕴涵在品牌中的核心价值，在此基础上竭力与竞争对手的核心价值有所区别。如果企业确信自身的价值取向比竞争对手的更适合于长远发展，就可以取而代之。如面对创新这个差异点，如果对方并没有雄厚的资金和技术支撑，而自身的实力又非常强大，企业就可以把创新拿来为己所用。

（三）增强吸引力

要增强品牌的吸引力，品牌个性必须鲜明，这需要品牌名称和品牌标志的辅助。消费者在购买的时候，首先接触的就是企业的品牌名称。一个寓意含蓄和隽永的品牌名称容易引发人们丰富的联想，这对美化运营商的品牌形象、促进消费者的偏爱大有益处。而品牌标志则可以引发消费者对品牌属性的联想，标志越是独特，就越容易在消费者心中形成印象。

提升品牌吸引力的另一个途径就是增加品牌的感性内涵。消费者是有感情的，他们选择电信运营商的产品或服务时，不仅要考虑实际需要，还希望能得到社会心理上的满足。如果消费者在购买的时候不仅得到了必要的质量和属性，还满足了心理上（如情感、时尚、梦想等）的需求，他们就有可能重复购买并向他人推荐该品牌。感性诉求方面做得比较成功的是中国移动，一句"沟通从心开始"对品牌形象的塑造起到了极大的提升作用。

（四）多种营销手段的组合

每个品牌必须与它的目标顾客之间构建良好的沟通，才可能在消费者心中独享价值。而这需要多种营销手段的组合，充分有效地利用与消费者接触的任何机会传播品牌价值。国内企业普遍在广告上大做文章，不可否认好的广告对销售具有拉动力，但广告毕竟是一种单向沟通，它在试图劝说、诱导消费者购买的同时并没有得到有效的反馈。于是，为了降低购买时的风险感和购买后的后悔感，消费者开始主动获取与产品或服务相关的信息并加以综合分析比较，从而增强自己选择的信心。

消费者的主动出击迫使电信运营商必须重视与消费者接触的每一个机会。媒体上的相关新闻、报道以及评论，客服人员、销售人员的服务态度与质量，营业厅的布置与应急通信车的外观，企业网站、户外广告、车体广告的风格等，这些都是构成消费者对企业品牌感知的因素。如果企业仅仅在广告上投入巨资，而不注重采用多种营销手段的组合以形成消费者对企业品牌的偏好，就很容易使品牌建设陷入空洞化，致使企业在对抗市场风险时不堪一击。

（五）持之以恒，贵在坚持

抱着速成的态度建设品牌不可能塑造成功强势的品牌，品牌必须在长时间内得到仔细的管理和保护。在品牌建设的整个过程中，企业须持之以恒地将品牌定位明确地传递给消费者，所用的沟通方式和所传递的信息应该协调一致，这需要企业内部良好的沟通和支持。任何有损品牌内涵的意见建议都应该被坚决地否决，如为了降低生产成本而降低产品或服务质量，或为了节省开支而大幅缩减广告投入的举动等。

当然，品牌定位也不是一成不变的，任何定位都是为了能满足消费者的需求，但消费者的态度、口味总在改变，因此品牌的战略也要适时地进行调整。同时，品牌的宣传形式可以富于变化，以迎合消费时尚，但主题应与定位始终保持一致。

　　成功的品牌不仅可以让电信运营商游离于价格战之外，还可以帮助企业赢得消费者的忠诚。但由于电信业属于服务行业，而服务的无形性、可变性和质量的不一致性都给品牌建设的成功带来了更大的不确定性。这就需要电信运营商以实际行动持之以恒地向消费者传递自己的品牌定位、自身品牌与竞争品牌的差异及消费者能从品牌中获得的利益。当一个品牌清晰地表达了其产品或服务的目的，找准了目标顾客群，并正确合理地利用了营销资源的时候，我们就可以说这个品牌获得了成功。

（原载：《人民邮电》，2003年3月20日；合作者：刘晓英）

《十面埋伏》与"顾客价值"

《十面埋伏》上映以来,千夫所指,万人抱怨,《十面埋伏》制造了最空前的宣传攻势,也遭到了来自四面八方最猛烈的批评。即使面对如此事实,张伟平和张艺谋也没有低下高贵的头,虽然他们有着非常清晰的解释,但是观众仍然无法接受,更多的观众认为如果去看《十面埋伏》就会中了"埋伏"。

电影的评判我无法说得清楚,但我看完这部大片确实有中了埋伏的感觉。不管观众、影人、商人、媒体如何评价,我只是真的感觉到《十面埋伏》欠缺的正是"顾客的价值"。一个离开顾客价值所拍摄的作品是无法得到顾客承认的,更加不可能得到顾客的追捧,仅仅是靠星级导演、星级演员、大投入、大手笔就想换来人们的认可,只是一厢情愿。

因此,任何产品,如果忽视顾客价值,无异于自寻死路。

"顾客价值"一直以来都是研究的热点,很多人都希望能够得到关于这个概念的清晰解释,我也竭力想搞清楚如何描述这个概念,但是后来的实践让我放弃这种努力。我发现,这不是一个概念,而是一种战略思维,是一种准则,这个准则和思维用另外一个方式表述就是"以顾客为中心"。"以顾客为中心"的思维方式涵盖着这样的思考:

· 顾客的需要和偏好是什么?
· 何种方式能满足这种需要和偏好?
· 最适合于这种方式的产品和服务是什么?
· 提供这些产品和服务的投入要素是什么?
· 使用这些投入要素的关键资产与核心能力是什么?

这样的思考将传统的价值链完全颠倒过来。(见图1、图2)

《十面埋伏》采用的恰恰是传统价值链的方式,张伟平、张艺谋完全从自己的资产和核心能力出发,动用了刘德华、金城武、章子怡等众多大腕,借助竹

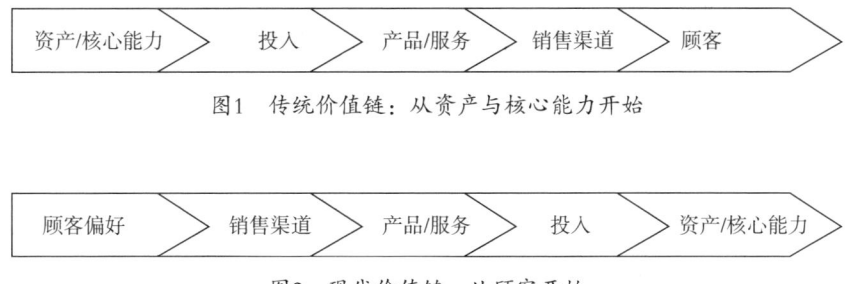

图1　传统价值链：从资产与核心能力开始

图2　现代价值链：从顾客开始

林花海等绝色佳景，再通过从沈阳的万人签名支持全球首映，到广电总局明文要求各大院线"积极组织放映"，以致出现海外大片纷纷让道、垄断暑期院线的局面，更有甚者竟然一步一步推行"看张艺谋等于支持国产片"的荒谬逻辑。这一系列动作，被称为"商业行为"。但我们应该知道，商业行为本意就是动用商业的手段，承担商业投资的风险，来获取商业的利润，而商业价值本身不是欺骗公众，相反应该是透过对公众的满足获得交易价值。《十面埋伏》的错误根源在于以愚弄大众来理解"商业行为"，当人们质疑的时候，得到的回答却是："它是一部在戛纳电影节上征服了好莱坞大片商和无数观众的国产片，遗憾的是没有能够征服我们国内的个别娱记。"新浪网刚做的网民调查显示，近一半人认为《十面埋伏》不及格。

我们还是回到"顾客价值"这个问题上，如果张伟平、张艺谋把《十面埋伏》这部片子定位在好莱坞的大片商，如果一切努力围绕着这些好莱坞大片商来做，把好莱坞大片商作为顾客来看，我不觉得有什么错误。问题是好莱坞大片商不在中国，而我们看到的却是《十面埋伏》放在中国市场上的努力，我们可以相信这些努力是为了打动中国观众，这部片子基本定位应该首先是中国观众，之后才是好莱坞大片商。如果这个理解没有错误，那么这部片子所做的一切努力都忽视了"顾客价值"而过于强调了创作价值。如果这个理解是错误的，那么这部片子在中国市场所做的一切努力都是错误的，因为在一个没有顾客群的地方投放资源是不可思议的行为。

当人们带着期待的心情走入电影院，带着极度失望的心情离开电影院时，张艺谋得到的评价是"江郎才尽"。这个评价不重要，一场电影的票房也不重要，重要的是张艺谋可能已经失去顾客的信任和认同。这是一个产品最不应该出现的结果。

（原载：《销售与市场》，2004年第25期）

终极追问：谁才是目标与对手

一、增长还是死亡？

一直以来，企业对于什么才是公司的目标市场与竞争对手，有着混乱甚至错误的认识。我可以从两个方面给予证明：

一个方面，所有的人都知道一个数字，就企业的寿命而言：美国企业平均40年，日本企业平均13年，而中国企业平均只有5年。这个巨大的"年龄"差距，如果从根本上去寻找原因，我们一定会知道是顾客放弃了你。但是从没有人问过：为什么顾客会这么快放弃中国的企业？

另一个方面，很多中国企业非常关注企业的高增长，但是从没有人问过：高增长需要的条件是什么？什么样的增长才是有效的？所以我们看到的结果是，企业义无反顾地走向三种可怕的选择：

（1）在错误的企业设计之下的增长。这种增长更多的是资源投入的结果，似乎一夜之间就可成名，但却忘了如果投入资源只是换来规模的增加和产能的扩充的话，那么企业就一定陷入"经济黑洞"。因为一旦没有资源的投入，企业就失去所有，这是非常可怕的选择。但是可惜的是，我们很多企业都习惯于选择这个增长方式。

（2）高速的增长。脱离现实的高速增长，虽然带来一时的快感，但是也带来对企业管理的挑战。高速增长本身没有任何错误，错误在于企业是否具有了支持高速增长的体系。我们都知道，会有两个方面对高速增长产生影响：一个是组织外部环境的影响；一个是组织内部的影响。我们抛开外部影响不谈，组织自身的影响是企业必须面对的。我在自己的新书《高成长企业的组织与文化创新》（中信出版社）中专门就这个问题进行了探讨，因为高成长的企业必须面对的最根本的问题就是组织与文化的问题。但事实上很多企业并没有注重组织与文化的创新，沿用过去的组织与文化来解决高速增长带来的问题是无济于事的。

（3）将企业业务延伸到一个以前从未打算进入的客户群的增长。表面上看，这种增长是一种必然的选择，很多企业或者高估了自己品牌的力量，或者高估了自己渠道的能力，或者高估了自己技术的能力，或者高估了自己整合资源的能力，甚至可以说是高估了自己的"核心竞争力"。

看到本来运作很好的企业无法好好地活下去，看到高速增长的企业陷入困境，我们不得不重新回到一个根本问题上：如何认识公司的目标市场与竞争对手？

二、两个重要命题的追问

这么多年来，无论是在企业界还是在管理研究与管理教育界，一直都有一个观点被确认着，但是我坚持认为这个观点可能是错误的。在很多MBA课堂上，教授们教育大家：企业的目标市场就是产品所服务的目标顾客。但是如果我们深入地了解顾客，你应该同意能够为顾客创造价值是企业的基本要求，怎么能把企业的基本要求当作目标市场呢？因为那是你的责任，你必须这样做，你无法回避。

如果我们把企业的目标市场定位在目标顾客上，一定会导致企业把同行作为竞争对手，这样做必然的结果是：

· 同行之间拼杀，大打价格战；

· 市场人员不去研究顾客的真正需求，反而只是关注自己与同行的差异，或者只是关注同行的做法而忽视了市场本身的因素；

· 销售人员并没有真正关心顾客，更多的是关心别的企业；销售人员并不知道顾客要什么，但是很清楚别的企业要做什么；

· 没有人去关心顾客的价值，人们只是关心如何在竞争中打败对手；

· 没有人关心行业的成长，没有人让整个价值链更有价值、更具长久的生命力，人们只是关心短期的利益，急功近利；

· 没有企业拥有忠诚的顾客。

其实上述情景已被我们的企业充分演绎着。

这样的错误掩盖在"我要在竞争中取胜""我必须追求我的目标市场""同行是我的竞争对手"这些看似正确的观点上，反映在市场上就是我们没有看到可以持续存活的企业，没有看到忠诚的顾客群体，没有看到顾客价值的创新，更看不到企业真正的竞争力。

三、逼近命题答案

首先，我们是否应该提出以下问题：

· 我所能够提供的产品或者服务价值是多少？相关的产品和服务的价值是多少？

· 谁是我们的价值链？谁是我们的原料？

· 我们的公司占了多少份额？接下来我们需要回答：何为目标市场与竞争对手？

· 目标市场：产品市场？行业市场？产品的来源？

· 竞争对手：同行？相关产品及其他？源头的制造商？

对于这个问题的思考让我联想到两个企业：可口可乐和福特汽车。可口可乐的竞争对手是牛奶、咖啡、茶等的制造商，而不仅仅是百事可乐。因为可口可乐知道与同质化对手竞争的结果是两败俱伤。福特汽车的竞争对手是汽车的保养、修理及其他服务的提供商，而不仅仅是其他的汽车供应商。因为福特汽车知道上下游厂家会夺走你的利润，吓跑你的顾客。如果我们愿意继续这样的联想，我们可以找出更多的例子，微软的操作系统，英特尔的速度，柯达的数码产品……

这里不妨瞄准可口可乐展开分析：

可口可乐的早期经营模式我们可以这样描述：可口可乐先确定软饮料行业的价值链，浓缩液制造—装瓶—库存—分销—广告促销—零售—客户关系管理等环节；那么，可口可乐如何界定公司产品所在行业的价值链？它作了两个选择：

（1）可口可乐的价值活动定位：浓缩液的制造商，商标使用授权与广告（每年6亿美元的广告费用）；

（2）向区域性的企业提供独家装瓶许可和地区销售许可权，可口可乐公司在各个装瓶厂几乎不占任何股份。

在当时的情况下，每个装瓶商都与可口可乐签订"特许协议合同"。合同中规定浓缩液的价格，以及授予装瓶商地区独家经营权——这种早期的特许装瓶商模式取得了巨大成功，伴随着消费者的满意、装瓶商的致富，可口可乐成为头号大公司。

经历了100年的沉淀，可口可乐公司在保持竞争力的同时，根据市场的变化，又确定了新的经营模式。概括起来，我们可以看到这个新的经营模式由6个基本核心构成：

（1）扩大消费者的范围——为顾客提供选择；

（2）成为价值链的管理者——确保价值链上所有环节的价值获得；

（3）对销售渠道进行重组——用为顾客创造价值作为战略控制；

（4）关键业务的确定与拓展——明确的业务范围界定；

（5）进军国际市场；

（6）从追求市场份额转变为努力增加股东的价值。

所以，我们看到，不管市场如何变化，一代又一代的消费者、不同区域的消费者都聚集在可口可乐的红色标志下，感受着可口可乐带来的活力。

反过身来看看我们的处境：在过去的几年里，大部分中国企业都能成功地做到：内部挖掘，降低费用，降低成本；改进生产设备，提高质量；创新及改进；关注人才，积极引进新的管理工具和方法。但结果是什么，我们的经营愈来愈艰难！整个行业的经营愈来愈艰难！

四、答案及行动

我们如何办？我们还是回到文章一开始提出的目标市场与竞争对手的问题上，答案已经揭晓：

·目标市场：产品市场？NO！行业市场？NO！产品的来源？YES！

·竞争对手：同行？NO！相关产品及其他？NO！源头的制造商？YES！

对，源头的制造商才是你的目标市场与竞争对手！能够这样回答，我们还需要明白如何做。正像可口可乐为代表的成功企业的做法一样，现在，我们需要至少先做三件事：第一，转变营销思维；第二，服务提升价值；第三，始终如一地交付这个价值。

（1）转变营销思维就是一定要记住其他同行不是我们的对手，从某种意义上讲他们也是我们的合作伙伴，我们一起为扩展产品的使用范围而努力。因此，我们需要关心的是顾客的差异，而不是销售差异；我们应该关心的是客户价值需求，从而确定产品价值界定。

转变营销思维就是一定要记住竞争对手不是同行，我们要进行的是对服务及产品直接使用的优劣势分析，并致力于生活水平和生活习惯的改善，这是竞争的真正含义。因此我们应该关心从产品的同质化转向产品直接使用的差异化营销。

（2）服务提升价值就是一定要记住我们要着眼于产品使用过程中的服务以提升产品的转化价值，而不是与同行有什么不同；我们必须致力于我们的服务对顾客价值的贡献，必须致力于是否能够带动业绩成长的营销服务。

服务提升价值就是一定要记住服务不是为了表示你与同质化对手相比有什么优势，而是你与异质化对手有什么根本的区别。因此我们应该知道服务营销的目的性是价值分享的可能。问题的关键是我们有没有提升价值的服务能力。

（3）始终如一地交付价值就是一定要记住：交付价值定位过程中最关键的一点是确保产品、销售方法以及所确立的价值定位之间协调一致。公司必须能够对从产品设计、生产到销售、分销和定价这一完整的业务流程中关注价值交付。

做到以上三件事的核心就是，确定源头供应商能够表现这个价值。你真正的竞争对手是源头供应商，而你的目标市场应该是源头供应商。你只有把目标市场放在原料的来源上，不断地超越源头供应商，不断地超越自己，你才能够真正地服务目标顾客，你才真正具有竞争力，你也才能够回到经营的根本目的上，那就是为顾客创造价值。

（原载：《销售与市场》，2014年第31期）

2004年哪些营销思想不能遗忘

生活实际上是一个不变的轨迹,到了年底人们开始盘点资产、规划方向,杂志社也不例外,选择这个方向思考是想提醒大家一年来我们的净资产是否有所增加,是否有足够的价值与读者分享。把《销售与市场》一年来的文章重新浏览一遍。以我们的理解做这样一个总结,内心深处更期望的是有一次思想的交流——与编者、与作者、与读者,也与我们自己。

对于2004年来说,中国人是非常高昂和兴奋的,雅典奥运会的圣火照亮了中国人激情洋溢的脸,F1的驰骋预示着中国人的速度,中法文化年的序幕旋转着中国人盛装的舞步……但是当辉煌成为过去,我们需要沉淀的是思想,为下一个辉煌奠定更厚实的基础。回望2004年《销售与市场》营销思想林林总总,我们认为,其中值得关注和进一步发扬光大的观点有下列10个:

观点1:得战略区者得天下

中国的国土面积与欧洲相当,中国每个省之间的消费差异,可能比欧洲国与国之间的差异还要大。地区差异,是中国企业必须正视的最重要的环境要素之一。由于受企业综合实力的制约,并不是所有区域都值得进入,或者说企业未必都有能力进入。面对这种状况,能够或必须全力关注的只能是战略性区域市场。

2004年第10期《销售与市场》提出的课题,将是未来相当长一个时期中国企业营销工作的核心。

战略性区域市场是从竞争的角度定义的,是指与企业资源相匹配的,可进入的,能获得竞争优势并对企业未来发展起到支撑作用的区域市场。主要指标包括:规模、利润、制造、管理、信息、资本、原料成本等这些概念的提出,为那

些仅仅专注于更多、更大区域建设的中国企业指明了努力的方向。这同时是中国企业逐步导入营销战略最合适的突破口。

占领战略区域需要多方面的能力，主要包括区域市场的定位、顾客的细分、组织结构的保障以及系统资源的匹配。这里面还有一个更为关键的问题是：营销考核体系的设计，企业是关心销售规模还是关心市场结构？这方面内容在该专题中没有涉及，也没有探讨。如果营销考核导向的问题没有解决，战略区域的开发只能是流于形式，不可能得到根本的解决。

战略区域市场构建的原因和目的之一是为了与区域顾客有着更为直接和有效的沟通，是为了能够更深入地理解顾客需求、更清晰地定位，及为区域顾客创造独特的价值体验。因此，对战略区域本身的理解是营销体系建设的出发点，不要站在营销的角度理解战略区域，而要站在战略区域角度来理解营销。所以不能够简单地归结为营销组织、营销资源、营销策略，而要归结为市场组织、顾客资源、顾客的价值营销策略。

观点2：从大众市场走向细分市场

2003年第12期《销售与市场》《中国企业营销创新的八个方向》就提出了这个观点，2004年第1期《寻找主流营销体系》再次强化了这个观点。尽管营销人对市场细分的概念并不陌生，尽管不少营销人早已开始市场细分的实践，却始终缺乏群体性的细分行为。问题的真正症结在于大多数营销对细分市场缺乏理解和经验，而只习惯这样一套营销模式：设计一个满足大众需求的好产品，然后通过大众渠道销售，通过大众媒体推广，以大众能够接受的价格销售，尽可能把销量做大。

同时，作为一个现实，在中国的大众消费市场空间还没有真正饱和之前，开发细分市场是费力不讨好的遗憾事。这也在很大程度上影响了企业进入细分市场的积极性和动力。

我们力主进入细分市场是因为：首先，大众消费市场已趋饱和，企业必须寻找细分市场来创造增长空间，大众市场日趋微利或无利，企业必须转向厚利的细分市场；其次，收入分配的贫富差异及由此造成的需求差异已经足够大，中产阶级和高收入群体已经作为一个社会阶层出现，基尼系数已经超过很多发达国家，这些都是细分市场规模化的前提条件；最后，细分传媒和细分渠道已经产生，分众传媒、小众传媒不断出现，为细分化产品的推广创造了条件。

现实的问题是：一方面，做细分市场意味着满足特定人群或特定区域的差异性需求，因此不但要求企业必须对这种特定需求进行到位和准确地把握，而且要求企业具有较强的产品研发能力。另一方面，做细分市场也对企业传统的销售渠道提出挑战，不同渠道覆盖不同的消费人群，你不可能用覆盖传统市场的大众销售渠道去分销针对细分市场的产品，而当前企业在运用和开发新型销售渠道上仍有很大障碍。

一些企业在做细分市场的过程中已经发现，做大众市场的营销队伍由于观念、习惯和经验使然，经常以做大众市场模式做细分市场，结果导致细分产品营销失败。这些要求我们必须学会做细分市场所要的能力和习惯，必须接受细分市场是一种趋势这样一个现实并为之做好准备。

观点3：以供应链管理为基础的渠道再造

企业的营销通路和终端成本太高已成为突出的问题，推进现代物流和供应链将成为重要的解决之道。但这还不是最重要的，最重要的是沃尔玛效应所显示的模式才是市场游戏规则的根本模式。这是我们必须正视的现实，我们把沃尔玛的模式称之为沃尔玛效应，简单地讲涵盖四个方面：第一，物流领域信息系统的高效率引发更低廉价格；第二，由需求驱动零售，形成一种与供应商的新型关系；第三，信息系统驱动分销；第四，促使生产厂家更加努力，形成高效消费者回应。过去企业主要是凭借在供应链上的抢位与占位来获取相对竞争优势，企业的供应链各环节是相互隔绝的，信息是不畅通的，利益是不均衡的，企业的供应链没有形成整体优势。未来企业的竞争，关键在于速度的竞争，而企业的速度，取决于供应链的整体运行速度，这就需要企业从供应链的抢位转向供应链的整合。

所谓供应链的整合，首先，要基于信息技术建立企业的供应链系统；其次，是要通过机制创新调整供应链各相关者的利益关系，建立目标责任系统，以实现供应链的有效协同；再次，要运用资本杠杆，对供应链的上下游进行整合或策略联盟与合作，如果我们回到供应链管理的特性上理解，你会更加同意我们所坚持的观点，供应链特性表现为以下几个方面：承认依存性和领导地位；基于反馈的战略；全面的解决方法，核心竞争力，专门化，共享的文化。供应链管理的结果是采购方式由竞标转向紧密合作关系，所以我们需要认真地理解供应链管理，把供应链管理作为渠道再造的基础。

观点4：营销创新回到务实的层面

2004年第4期《销售与市场》刊出产品创新的专题，为营销创新提供了务实的思考：创新并不神秘，也并不仅仅局限于技术上的突破。我们对其中选举的例子很感兴趣，转录如下：对儿童而言，吃什么样的汉堡其实并不重要，价格也不那么重要，关键是要"吃得开心""好玩"。于是麦当劳推陈出新，速度很快的是不断变化的儿童套餐玩具。对于七个小矮人这样的成套玩具，有些儿童生怕凑不齐，无形增加了消费频率，麦当劳还不断推出新光碟，让儿童吃汉堡时看得更开心。每到节假日，麦当劳总不忘推出逗乐儿童的游戏，对于定位于食品巨头的麦当劳，必须推出新的食品。对于定位于娱乐业巨头的麦当劳，则必须不断推出把孩子们逗乐的娱乐项目。我们再看一看经典的可口可乐。尽管可口可乐在不同国家的配方稍有差异，包装也不尽相同，但配方一旦定型，不会轻易改变。可口可乐是如何开发新产品的？20世纪80年代可口可乐推出新可乐的努力在消费者的强烈抵制下失败后，基本上就放弃了开发新可乐的尝试。但我们却从来没有厌倦可口可乐的感觉。可口可乐是用来解渴的吗？当然是，但却不完全是。可口可乐公司赋予可乐清新、愉悦的感觉，这就是可口可乐公司对产品的定位。这种感觉一方面来自于可口可乐中溶解的二氧化碳，可口可乐里溶解的二氧化碳浓度之高，让你在喝可乐时总要打几个饱嗝，这种感觉确实很棒。另一方面来自于它不断更新的包装，可口可乐公司恰当地把握了消费者喜新厌旧的周期，总是在消费者还没有厌倦时及时更新包装。因此，可口可乐公司的产品创新，主要在于包装。这种常常为人不屑一顾的创新恰恰是它的主流方向。这两个例子正好能够说明我们的观点，营销的创新一定要在务实的层面上进行，不要为创新而创新。

观点5：不确定性环境是营销面临的一种常态

2004年第6期《销售与市场》关于原材料涨价的专题中提出：不确定性环境是企业面临的一种常态。事实揭示的是市场背后隐藏着的基本逻辑——如自由竞争决定了企业微利时代必将来临，开放的市场环境也使得企业随时都必须接受不确定性环境的挑战。我们进一步缩小范围可以直接认为不确定性环境是营销面临的一种常态。这就要求我们的营销至少做好几个方面的准备：

一是练好内功，以自己的系统能力来保证产品的总成本领先。

二是围绕顾客价值进行营销创新。因为不确定性所能提供给我们的机会只能存在于顾客需求中。

三是基于供应链管理的营销过程使供应链上的每一环节都能为顾客价值做出贡献，通过营销过程的改变来改变与供应商的关系，从而抵御不确定性带来的风险。

四是成为价值链的管理者，制造商、经销商和消费者之间不再是零和博弈，而是正和博弈，也就是双赢或多赢的概念，才会使价值链参与各方利益达到相对均衡，才会产生真正的协同，这样才能增强一个企业对于市场不确定性的抵御能力。

在过去的很长时间，中国企业面临的是由政策变动和政治、经济改革所导致的环境不确定性，而目前，企业面临的则是由于中国加入WTO导致家门口市场全球化、市场外延扩张空间变小和平均利润率下降导致的环境不确定性，这些变化无疑对企业提出了更高的要求。

观点6：通过成就别人成就自己

2004年第8期《销售与市场》工业品创新专题中介绍的"利乐"的做法是我们推崇的营销思想。瑞典利乐公司作为全球最大的软包装供应商，掌控着全球75%左右的软包装市场份额。自1985年正式进入中国，它已经成为中国最大的软包装供应商。作为产业链上游的供应商，利乐是如何在产业环境，特别是下游企业经营理念很差的环境下迅速发展业务的呢？利乐公司在中国奉行的经营理念是：与客户共同成长。利乐深信，整个产业链各个厂家共同发展，才能带来整个产业的繁荣。作为产业链条中上游的供应商，只有下游发展了，自己才能获得更大的发展。

作为供应商，利乐并没有把自己的职责主要放在如何提高产品的质量、提高产品的竞争力、不断推出适应企业需要的产品、降低价格、完善对客户的售后服务等方面，而是面对产业链下游"软件"环境差的状况，决定帮助客户成长发展。作为落实这一理念的实际行动，利乐在营销上与下游厂商结成战略合作伙伴关系，这种伙伴关系，利乐称为"关键客户管理系统（KAM）"模式。为此，利乐"以客户为中心"，改变内部的组织结构，设置关键客户经理，使其组织在业务功能上形成以客户为导向的作业流程。这样，使得利乐在输出产品的同时，还更多地输出企业文化、管理模式、运营理念、营销思想、市场运作方法，为合作伙伴培养人才。同时在对合作伙伴全面输入管理、研发、技术、加工、营销过程中，利用优势资源全方位整合客户。通过有效的关键客户管理与实施，使客户实现业务利润的增长，从而达到客户满意的目标。同时，利乐也自然获得了客户的认可，获得了更大的发展。

树立以客户为中心的思维模式并不容易，尤其是当企业领先之后。公司创业阶段必须强烈地关注客户，否则就会失败；当公司发展起来后，重心就开始转移了。正是这一点点很微小的变化，使得公司离开客户而转向自己。只关注自己，就是只关注内部预算、内部资源的可能和内部的纠葛，所有这些都使得公司以客户为中心的思维推行起来十分困难。

观点7：产品创新是企业发展的核心动力

纵观杂志年度文章，一个突出的结论是："产品创新"对企业增长起着举足轻重的作用。无论是黑马产生的原因，或者是黑马变成白马的原因，或者是企业持续增长，无不与产品创新休戚相关。

中国企业发展的核心驱动力是什么？有人说是战略，有人说是技术、资本，更多人认为是市场等等。但是，我们简单回顾十几年间中国企业的发展轨迹不难发现：围绕产品的营销创新是所有企业经营行为中的最强音，因为它从根本上决定了众多企业的发展快慢甚至生死存亡问题。营销是企业经营活动的中心，而基于产品的营销创新则是营销活动的中心。

观点8：业务员时代的终结

"业务员"模式遭遇挑战源于超级终端的出现，面对高度组织化、专业化的"沃尔玛"们，精英业务员也无力以对。这是2004年第9期《销售与市场》探讨的一个话题。在市场专业化程度越来越高、社会分工越来越细的情况下，无法培养出一个"全能业务员"，更加不能够以"全能业务员"来作为营销队伍建设的标准。不仅超级终端的专业能力使"全职全能"的业务员相形见绌，跨国公司和国内优秀企业高度专业化、组织化的营销模式，也使得一些企业"全职全能"的业务员们失去了抗衡能力。市场的变化是静悄悄发生的，在你还沉迷于成功的模式时，变化的脚步已经悄然走过。市场催生的新型企业要求的不是业务的能力，而是理解顾客价值并实现顾客价值的能力，已有的业务员的功能开始分化。新型企业对于营销功能的要求具有全新的特征：营销人员专业分工，专业能力是营销人员的最主要竞争能力；在企业有效组织之下，营销人员在专业分工基础上密切合作，相互依存；企业提供支持平台，使营销人员在系统支持之下取得超乎其能力的业绩；严密的过程管理，变业务员的自我管理为企业的组织化管理。

当营销队伍的建设提升到团队化、专业化的程度，便意味着业务员时代的终结。

观点9：市场份额不等于利润

"市场份额与利润的关系"是2004年第9期《销售与市场》观点栏目探讨的问题。进一步探讨这个问题，我们必须回答：是追求数量增加，还是价值增长？

在过去几年，把市场份额作为最终目标和企业成功保证的做法开始受到挑战，许多选择了市场份额和数量增长之路的大公司，并没有获得预期的利润，甚至饱尝了亏损苦果。当然，所有获得理想利润的企业则都取得了很高的市场份额。所以关键是对于市场份额认识上的差异。

错误的市场份额观念是：获得市场份额，利润将随之而来。正确的市场份额观念是：客户最看重什么？在何处可以获利？如何在该处获得市场份额？两种观念的差别反映了不同的思考方式。前者是以市场份额为中心，后者是以客户和利润为中心。

观点10：方向大于方法，趋势成就优势

2004年第2期《猫人：时尚内衣第一品牌》一文提出了一个十分重要的命题："方向大于方法，趋势成就优势。"由于环境的不确定性，对中国企业来说，找对方向、抓住产业的发展趋势，就显得尤其重要。

"营销环境变了，一切都得变！"2004年第1期的卷首语成为《销售与市场》当期点击率最高的文章，该文配合当期的封面专题《寻找新的主流营销体系》传递出如下信息：当营销环境发生质变时，必须寻找新的方向。

营销史上总有几个被称为"分水岭"的时期，当营销环境的量变积累到足以

引爆质变时，曾经被运用到极致的传统营销方法将有可能全部失效，就像象棋对弈中的"卒"，当卒拱到底时，也就失去了威力。

1996年、1998年、2000年，不少企业都曾经在营销的分水岭上徘徊。那些找到新主流营销体系的企业获得了新生；而那些沉湎于过去成功营销经验的企业，不管曾经多么辉煌，都逐渐走向了没落。

中国企业在经历了二十多年的迅速发展和进步后，正面临着一个新的转型时期，必须首先解决好方向和思路问题，才能获得更大、更好、更快的发展。如果企业不能首先从总体（方向）上把握创新、把握市场和环境的变化、把握消费特性的变化，无论做出怎样的努力，都会事倍功半。

综上所述，"寻找主流营销体系"决不仅仅是2004年企业营销工作的任务，它应该是未来两三年内中国企业必须认真研究的课题，以上10个观点将在其中扮演重要角色。

（原载：《销售与市场》，2004年第34期）

营销就是在合适的时间做合适的事情

2005年，中国企业的生存坐标发生根本的变化，世贸标准、国际成本、全球化市场、开放维度、能源的约束等构成企业生存的环境，不仅仅是宏观环境，对企业而言，来自市场的挑战也发生了根本的改变。

一、经营重点从公司转向了价值链

以往经营单位都放在公司内部，所有的选择和发展都是围绕着公司本身展开，包括战略的选择，资源的运用、技术和品质的标准、业务流程的设计、人力资源开发以及企业文化的建设等这些努力带来最为直接的效果是公司本身有了非常好的成本、效率和运营能力，但是随着市场环境的改变，我们发现公司自身的能力仅仅是一个部分，公司所在的价值链还要能够在市场中创造价值。因此，新的环境要求公司经营的重心需要从公司内部转向公司外部，在价值链的概念下展开公司的所有活动。同样，包括战略要基于价值链的出发点，资源运用的价值链分享，技术和品质的标准要成为价值链的标准，业务流程设计要以供应链为基础，人力资源开发是源于系统思想，企业文化必须能够为企业内外部共同分享。

此转变中最大改变是：以公司为经营重心的时候，我们追求的是成本品质和规模，而以价值链为经营重心的时候，我们追求的是服务速度和顾客价值。

二、通过降低成本和加速增长来创造利润

我们常常谈到通过降低成本来获得利润，但是，有一个根本的问题是企业

的成本不可能也不能够追求最低，只能够追求合理成本。尤其在今天，对企业有了更为全面的衡量标准。一个企业社会资源的运用，企业的公民责任、员工的所有成本技术以及环境的成本都是必须付出的，在这种情况下，单纯通过降低成本创造利润已经是非常困难的事情。所以我坚持选择多一个方向，就是通过加速增长来创造利润，强调加速增长，基于两个理由：①目前的市场是个高速增长的市场，无论是区域还是全球市场；②中国企业的集中度非常低，企业有足够的成长空间，如果既能降低成本使得成本合理并具有竞争力，又能加速增长，使得市场的成长和规模带来成本和资源的有效性，企业就会获得所要的利润空间。

三、以能力为本

多年来我们向西方学习，引入"以人为本"的管理理念，从理论上讲这是非常正确的。但是"以人为本"理念的本质含义是什么，其实很多企业并没有搞清楚。以人为本事实上有三层含义：①企业以领导为根本，找到一个好的领导者；②领导以员工为根本，一切以员工为出发点；③员工以顾客为根本，在任何时候、任何情况下都要以顾客需求为出发点。但在现实的管理中，却是反过来的，员工以领导为根本、领导以顾客为根本，以人为本的理念成了企业内部管理的一个口号。因此，我认为强调"以能力为本"更适合中国企业的管理，我们需要奠定能力的概念而不是人本的概念。

四、变化变化，再多些的变化

只有变化才是唯一不变的真理，企业需要透过变化寻求出路，这些变化包括需要平衡以下几个方面：外部环境的不确定性成为企业面临的一种常态；内部的动态平衡是组织管理的基本内容；人员的退出机制的设计成为人力资源的核心；内容创新导向是企业文化建设的基础；超越自己成为永恒的话题。

五、技术

接下来的竞争中技术会成为主导性的要素，包括新产品、新的替代材料、新市场、新的商业模式、新的企业组合等。同时技术更重要的是成为生活方式、商业方式、管理的基本工具,这就意味着没有技术作为基础将会被淘汰出局。

六、吸引

留住和衡量有能力的优秀人才。我对行业趋势的描述有三个标准:决胜终端,渠道创新,人力份额。要在行业里居于领先的地位,不要关心市场份额,要关心的是在这个行业里,顶级的人才你拥有多少,也就是人力份额。就如剑桥、哈佛等被认为是顶级学府,理由之一就是它们拥有很多学术大师、诺贝尔奖获得者,所以吸引、留住和衡量有能力的优秀人才是目前市场竞争的关键之一。

以上市场带来的环境改变是2005年中国企业必须理解和有所准备的。因此,在新年开端,我用营销战略的理念表达对于新际遇的观点,即在变化中做有效的选择,在合适的时间做合适的事情。因此,我的营销战略观是:营销就是在合适的时间做合适的事情。

也许这是一个太简单的说法,但是我坚持是因为营销本来就应该简单,我看到好的企业都是运用最简单的思想来做营销,如松下幸之助的"家庭电器应该像自来水一样便宜",杜邦公司的"宫廷的女仆也能像女王一样生活",雀巢咖啡的"味道好极了",沃尔玛的"总是用最低价格销售"。这些应该能够说明我的观点。你可能会问,对于营销战略来说,什么时候才是合适的时间?什么事情是合适的事情?我用坐标的方式来阐述这个观点。

七、营销战略应以什么作为时间坐标?

根据以上观点,我认为选择营销战略时,不能够只评估战略的基本因素,还应当考虑它的时间坐标。营销战略的时间坐标并不是以时间为单位的,而是以市场关键要素为单位,比如以家电行业中国市场为例:1985—1989年价格是市场的关键要素,此间长虹、康佳做得很好;1989—1992年质量是关键要素,海尔、新飞、容声做得很好;1992—1996年服务是市场的关键要素,海尔、TCL做得很好;1996—2000年速度是市场的关键要素,海尔、美的、TCL做得很好;2005—2010年国际化、全球化是市场的关键要素,目前表现好的是海尔、TCL、美的。营销就应该是与这个时间段相匹配,海尔、TCL、美的等在相应的时间做了相应的事情,所以一直处于领先的地位,长虹的被动是因为它一直停留在价格这个时间段。

通过此例，我想说明的是营销战略的时间坐标只能够是以市场关键要素的持续时间为基准，当市场关键要素的持续时间改变，新的市场关键要素产生，便是一个自然时间单位的结束与开始。因此，企业需要分析的是在任何一个自然时间段内，市场的关键要素是什么，而不是自己擅长做什么，不能以自己大发展时间作为参考坐标，只能以市场关键要素作为参照标准，只有这样做的企业才是在时间坐标上选好了位置。

在营销战略的时间坐标上，企业容易陷入的误区是：

第一，过度关注竞争对手，忽略市场变化，常常把竞争对手的变化误解为市场的变化。本土零售企业看到跨国零售商不断圈地，误以为做零售终端就是圈地和扩大市场区域。而事实是，零售业的市场关键要素不是圈地和市场区域，而是对于消费者的理解和单店的盈利能力，所以沃尔玛的快速扩张，单店运营能力和理解消费者才是其选择基础。看到本土零售商希望通过跑马圈地来占据有利地位时，真真实实地担心规模快速扩张和经营能力严重缺乏的矛盾会打垮本土零售企业。

第二，简单理解市场，忽略了市场内在变化，常常把营销创新误解为市场的变化。在不到3年的时间里，中国汽车业的营销创新不断涌现，如会展营销和事件营销，奇瑞QQ的时尚营销，君威的文化营销，新蓝鸟的概念营销等，但现在汽车生产商发现原来行之有效的市场策略正在失效——营销创新也不能够带动疲软的汽车市场。今天的中国汽车行业的关键要素不是营销创新而是目标顾客的解决方案，所以能够满足目标顾客需求的汽车产品仍然可以占据市场并脱离价格战的怪圈，做得好的奥迪、宝来正是如此。

八、营销战略应该以什么作为空间坐标？

营销战略的空间坐标不是以市场所处的空间为坐标，而是以对于实现顾客价值的定位为坐标的，也就是在实现顾客价值的哪一点上你能够有所作为，那么这一点就是你的空间坐标。

比如IBM的服务转型，1996年，郭士纳就非常清楚地定义了IBM的电子商务：使企业能够通过信息系统增加企业整体的运营竞争力，而不是单个员工的工作效率。郭士纳的逻辑是：技术与功能都不等于客户价值，创造价值的关键点在于提供解决方案，在于用户如何用这种设备去创造出商业价值，而不完全在于技术本身。这一主张是划时代的，因为这等于指出了微软、英特尔这些公司的要穴，微软和英特尔等高科技公司为客户提供的是工具和效率，而IBM提供的是提升客户价值的解决方案！到2001年，IBM的服务收入占总收入的42%，首次超过硬件成为IBM的第一收入来源。由于在为顾客提供解决方案这一点上最能够提升顾客价值，因此解决方案就成了IBM的营销战略的空间坐标，IBM也获得了市场的空间。

九、营销战略在空间坐标上的误区有两个方面

第一，不断追求产品的变化，误以为这是实现顾客价值的方法。20世纪最伟大的产品是什么？英国一家机构的结论是：抽水马桶。美国《财富》评选20世纪最杰出的产品，曲别针（1900年）、安全剃须刀（1903年）、拉锁（1913年）、胸罩（1914年）、创可贴（1921年）、月经棉条（1931年）、袖珍简装书（1935年）、无带平跟鞋（1936年）、家用胶布（1942年）、插拼玩具（1958年）、滑板（20世纪50年代）、尼龙搭扣（维可牢，1954年）、尿不湿（1961年）、粘贴式便条（1981年）这些产品与苹果麦丁托什计算机、国际互联网、英特尔微处理器、施乐复印机和传真机、飞利浦和索尼激光唱盘、波音707飞机等等这些并列齐名。因此产品变化并不是实现顾客价值的方法，一个产品当它能够体现顾客价值的时候就决定了它的存在。真正有生命力的产品是那些真正简单而便捷并满足了顾客需求的产品。

第二，过度关注促销，广告服务误以为这些都是顾客需要的东西。从4P理论引入开始，中国市场就开始打价格战、服务战、促销战，其带来的直接与间接的影响是什么？表面上看加大广告宣传带来了销售额的增长，顾客的满意度增加，打折和促销是消费者喜欢的，但是否看到这些手段最终影响到一个关键性的东西——顾客的忠诚度，我相信这些方式与顾客忠诚度不是正相关联的，因此就有了市场上的混战和无奈，请永远记住一点，顾客要的还是产品本身。

十、什么才是营销战略所选择的合适的事情？

营销战略所选择的合适的事情就是能够反映市场关键要素的时间坐标和能够实现顾客价值的空间坐标的结合点（图1）。

以日本本田摩托在美国市场的营销战略为例。20世纪五六十年代的美国是哈

利·戴维森的时代，这个只生产重型摩托车的品牌几乎就是摩托车的代名词，其市场份额曾一度高达70%。经过前期试探之后，本田认为哈利·戴维森在重型摩托车上太强了，以至于消费者根本就不会接受哈利·戴维森生产轻型摩托车的事实。于是本田用一款完全没有竞争对手、价格仅为美国大多数摩托1/5的小型轻便摩托车打入了美国市场，而这款摩托在当时的哈利·戴维森看来不过是工艺精致的玩具。就这样，为消费者提供截然不同选择的本田，通过一系列有效的营销措施，市场占有率从零飙升至80%。本田进入美国时，摩托车市场的关键要素是给消费者提供不同的选择，从顾客的价值实现上来说，本田能够创造价格仅为美国大多数摩托车1/5的小型轻便摩托车。因此，本田营销战略的时间坐标是不同的选择，而空间坐标是小型轻便便宜的摩托车，符合两者的结合点就是本田摩托车在美国市场的定位。

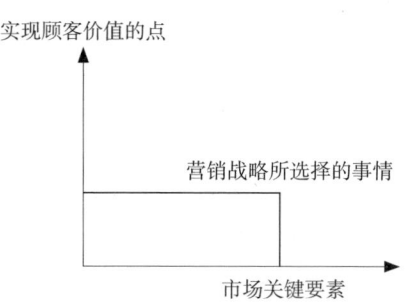

图1　营销战略所选择的合适的事情

最后选一个大家最熟悉的产品来总结本文观点，营销就是在合适的时间合适的地点做合适的事情。

麦当劳的儿童娱乐。麦当劳在全世界增长最快的消费群体是儿童，对儿童而言，吃什么样的汉堡其实并不重要，价格也不那么重要。关键是要吃得开心、好玩。于是麦当劳推陈出新速度最快的是不断变化的儿童套餐玩具。对于七个小矮人这样的成套玩具，有些儿童生怕凑不齐，无形增加了消费频率。麦当劳还不断推出新光碟，让儿童吃汉堡时看得更开心。每到节假日麦当劳总不忘推出逗乐儿童的游戏，在麦当劳看来新的食品品种并不是它所在市场的关键要素，它所在市场的关键要素是给儿童快乐和新奇，它所在的空间坐标是儿童价值，因此它必须不断推出逗乐孩子们的娱乐项目。

（原载：《销售与市场》，2005年第1期）

渠道驱动还是品牌驱动？

误区：很多经济管理方面的研究人员，特别是一些中国的研究学者，在根据有限的资料总结世界优秀企业经营的成功之处时，往往会得出这样一个结论："品牌经济"时代已经到来，而中国企业还没有一家可以称得上是真正意义上成功的品牌。这使得很多中国企业非常悲观，以至于对刚刚建立的渠道优势产生怀疑，进而在"品牌知名度"与"渠道成熟度"的选择上犹疑难决。

勘误：在中国市场，推进产品占领市场的过程并不是通过市场手段建设品牌的过程；企业即使建立了品牌也无法令市场占有率获得提升。这并不是说品牌不重要——在中国，最终消费群不能也无法只依赖品牌购买产品。在"品牌知名度"与"渠道成熟度"两者之间，我建议首先选择渠道。

企业发展需要强大的外部动力，而渠道则是中国企业成长中最关键的外部动力。无论海尔、联想、华为、TCL、宝钢等，许多中国成功的企业都在证明，渠道驱动比品牌驱动更加重要。

一、案例

GE照明和飞利浦照明，都是世界知名品牌，在中国成立合资企业的时间都是在20世纪90年代初，企业所在地都是上海。但从目前的业绩表现来看，飞利浦照明在中国市场上对比GE显然是打了个大胜仗。

许多分析认为，GE照明在中国的逊色表现，主要由于合资经营的双方不协调的管理。但这只是其中的一部分原因。我们从很多材料和报道的分析中得出：更重要的原因来自于他们对中国市场渠道的不同认知度。

飞利浦照明在与中国合资方亚明照明有限公司合作初期，就非常重视亚明原有的销售资源。对当时的飞利浦来说，中国是个神秘的市场，究竟怎样取得市场还是需要中国当地人去解决和开拓。所以，他们在中国市场的竞争中尤其重视其合作方亚明原有的分销渠道，并未采用飞利浦在欧洲以品牌作为市场拉力的销售方式。而GE照明走了另外一条路，他们在中国市场的广告和技术投资上的投入都远远超过飞利浦照明，他们始终专注于建立终端市场的品牌形象和源于"爱迪生"的技术开发。

二、品牌真的那么重要吗？

对于消费者而言，品牌的确非常重要，这是毫无疑问的。品牌的影响力有时确是无法抗拒的。一些成功品牌所带来的销售成就也是世人皆知的。但当我们惊呼这些"品牌魔力"的时候必须清醒地认识到：对于中国企业而言，品牌的影响能力是相当脆弱的！这不是品牌本身的问题，而是我们的企业还不具备做品牌的能力，我们所做的一切只是把产品转化为拥有名字的商品，并不是真正意义上拥有了品牌。

在营销战略上，我们常见的错误之一是——把品牌当作"资源"。品牌不是资源，品牌是一个结果。品牌不是原因，千万不能说因为我有品牌，所以我就可以做任何事情。错误之二是——把品牌当作"目标"。品牌同样也不是目标，而仍然是一个结果，企业的目标是基于产品、服务、交货基础上的持续获利能力。

戴尔一直被公认为具有个人电脑品牌，但是戴尔获得品牌这个结果，是源于戴尔公司渠道和市场的认识并有能力实现这种认识。绝大多数的研究都认为，戴尔取得飞速发展的核心是直销、速度、价格等等。事实上，无论是直销、速度还是价格，都是戴尔取得市场拉力的方式。我们以市场对企业的外部动力作为考虑的起点，戴尔的关键是，采取有竞争力的价格和直接掌握终端用户得到了市场拉力，这个拉力大于它受到的竞争阻力而产生了巨大的加速度。换句话说，戴尔以直销做品牌，所有知道戴尔的人，无论是否使用戴尔的产品，都知道它是个价廉物美的品牌。这让戴尔没有去投资一个巨大的渠道网络，而是得到一个更大的终端市场。在戴尔的逻辑中它追求的是直销、是顾客个性化需求的满足，并要求企业确实具有柔性化的能力来满足直接销售所需要的条件，所以戴尔得到了品牌这个结果。

当我们关注某个已经知名的品牌时我们常常只能看到品牌本身在市场中产生

的作用，却忽略了在品牌还没有建立时，是什么让产品进入消费者心中的，也忽略了即便品牌知名之后维系品牌的基石是什么。如果弄不清这两个问题，我们根本就谈不上对品牌的理解。

在几乎所有的世界优秀企业经营经验中，营销上纷繁复杂的策略都是起步和初创阶段的事，如今他们将绝大多数时间和精力投入到品牌基石的市场建设中倡导的是市场营销（marketing）而不是渠道营销（channel marketing）：所谓的"渠道管理（distribution management）"只是市场营销中某一环节的内容，目的是与渠道成员建立合理的合作关系，以控制渠道成本和确保消费者在需要产品、服务时不要出现问题。在美国、日本、欧洲、GE、IBM、SONY、SIEMENS等这些品牌早已深入人心，他们通过各种市场传媒手段和质量保证，取得并保持品牌的成功。但是，他们初涉市场时市场策略侧重的是什么呢？他们是如何在当地和国际市场上建立渠道的呢？渠道成本怎样是合理的？我们却不得而知。

在总结世界优秀企业经营的成功之道时，各类研究者很少提及这些企业在建立、管理和争夺分销渠道领域的作为——捕捉到这些初创阶段赢得市场的材料显然非常困难。这导致很多经济管理研究人员得出本文一开始所说的错误认识。实际上，品牌本身并不代表"优秀"：品牌是企业选择进入市场和取得市场的方式，品牌依靠企业通过市场营销以及品牌提供商自身形象（产品/服务质量、价格、交货服务等）得以经营，并无其他含义。

三、渠道成熟度才是关键

品牌，我们认为它是一个投资巨大、非常理想的市场拉力，然而在巨大的中国市场争取市场份额的方式显然并不是只能通过品牌。在品牌所带来的市场拉力这一点上，中国企业经营得非常痛苦，因为中国企业与跨国公司在品牌竞争上起点完全不同，并不公平。客观地说，在中国本土已经不公平，在国际市场上就更是如此。中国企业只能以主动积极的态度想方设法地将产品/服务推向市场这个推力就是渠道，它源自产品/服务提供商所设计和建立的渠道网络。企业在初创阶段，渠道推动力是企业成长的主要动力；相对地，随着企业通过渠道和产品使品牌逐渐被消费者和最终用户接受，对品牌的投入经营加大；随之，品牌逐渐产生巨大的拉力带动渠道（见图1）。

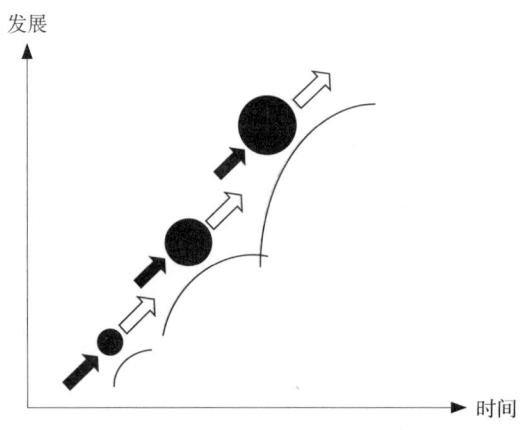

图1 品牌拉力和渠道推力

中国的"渠道"二字原意为在河湖或水库等的周围开挖的水道,用来引水排灌,其寓意已经非常清晰:首先需要有河湖(有源源不断的产品),其次需要开挖水道(建立渠道网络)。商业渠道,指企业的产品从工厂流向消费者,资金从消费者流向工厂的通路。渠道之于企业就像发达的树根之于参天大树一样,它对市场提供"养分"并确保其良好的吸收能力。在渠道的各环节上,制造商主要依赖渠道成员将其品牌形象推向消费群和最终用户,并带给消费群和最终用户品牌体验。从另一个角度看,渠道不是依赖品牌建立的,品牌知名度高,对渠道的推广和建设当然有帮助,这时的渠道是水到渠成;而对品牌知名度低的企业,渠道成了建立品牌的方式之一,企业需要通过渠道建立品牌的知名度。

我在前面援用GE照明和飞利浦照明两个研究案例,目的就是要强调即使同样是两个世界知名品牌,在中国市场上也完全无法做到只依赖品牌拉力而占据市场。如果我们明白飞利浦照明运作的细节就会更加认同这一点。

当飞利浦照明了解到中国经销商对服务和利益的各种需求后,迅速地将原有的5个办事处在两年中扩展到覆盖全中国的17个办事处,建立了300多个飞利浦特约经销商,并对经销商执行等级管理,确保获得各地随着"中国城市美化工程"的开展而产生的各种照明工程项目。飞利浦照明是第一个用手提电脑和投影仪为中国照明经销商讲解照明设备,帮助经销商实施工程现场的照明设计服务的专业照明企业。不仅如此,为使经销商的忠诚度不断提高,飞利浦加大了销售服务领域和对客户满意度的提升,为经销商开展专业的市场营销、财务管理、应收账款管理、仓储管理等培训,2000年起又启动了耗资巨大的经销商最佳合作伙伴项目，提高和扶持经销商对市场的进一步渗透。这种做法的关键之处在于飞利浦照明对中国渠道驱动力的认知：建立良好的分销渠道体系，服务经销商并确保他们获得利益，才是取得中国市场的关键。在以市场推广为主的品牌建设上，飞利浦照明始终保持低调。随着其市场份额的提高，越来越多的消费者知道不仅有飞利浦品牌的剃须刀、电视和影音设备，还有飞利浦品牌的灯具灯泡等。事实上，飞利浦照明设备已经在中国城市建设中形成了稳固的优势。而在彩电业务上，自2002年，飞利浦正式进入并采用TCL的渠道网络。

这就是一个世界著名品牌进入中国市场的运作进程，它至今为止是成功的。那么，中国本土企业又是怎样的呢？

四、渠道为先

许多中国企业对于渠道的认识实在是太过肤浅，企业没有认真地理解：渠道到底是什么？渠道是解决什么问题的？其实，渠道就是解决"交货"这个问题的，就是如何保证把货以最合理的方式最快速地交给顾客。我发现，企业对于渠道的理解，更多的是对于经销商、零售商、批发商的理解，没有人回到渠道本身和顾客本身去思考。

我们不妨从一些领先的或者说暂时领先的中国企业成长过程中去领悟。

从20世纪90年代开始，大型百货业开始没落，连锁超市开始成为主要的零售渠道，中国流通渠道领域进入深刻变革时期。由于市场渠道管理和开拓纷繁复杂，中国一些企业在没有渠道网络的情况下，并不只是一味选择通过代理商加盟形式的渠道建构方式，而是侧重考虑如何避免使各类渠道成员失控的棘手问题。

我们看看TCL的例子。1992年，TCL集团公司在供过于求的彩电市场中发现了一个为众多彩电生产厂家所忽视的盲点：大屏幕彩电市场，当时的外来品牌价格普遍偏高，致使消费者难以接受，而中国彩电生产厂家还没能占据高质低价的市场。

按照传统步骤，TCL要切入这个市场必须经历产品选项、筹措资金、物色人才、征地建厂、招工培训、组织生产、销售推广。由于市场机遇不可能等待如此漫长的过程，李东生决定先建立一个渠道销售网络，再找工厂合作生产。当时的TCL还没有参与彩电行业，在进入市场的方式上，TCL选择了"渠道为先"的途径：创建一个全国性的营销渠道网络，第一步是要进入市场以渠道将产品推向最终消费者；第二步就是要摆脱市场失控的危险，进而引导、控制市场，把主动权掌握在自己手里。它成功了而且这个渠道是动态的——随着网络的发展主动创造新的机会，实现TCL持续发展的战略目标，因为它具有自己感触市场脉动的渠道根须。

我们再看看中国手机市场上的生力军——波导。波导在加强产品开发的同时扩大生产规模，降低生产成本，提高产品性能和产品质量，使波导手机真正具备了优良的性价比，而波导的渠道营销网络则是其成功之路的起点。波导还建立了覆盖全国的售后服务网络，使消费者能够真正享受到全方位的本地售后服务。随着手机市场日渐成熟，消费者购机心理也日趋理性，他们大多看中的是手机品牌以及品牌所涵盖的诸如性价比、质量、服务等与消费者切身利益相关的因素。如果说波导连续三年夺得国产品牌手机市场占有率第一是渠道和产品制胜的结果，那么2003年实现国内手机市场占有率第一和四连冠则是品牌与渠道相互推进的结果。具备优良产品性价比，完善本地售后服务，贴近消费者需求，获得更多消费者的首选。

但2004年国产手机却遭遇了一场"大雪"。对此，很多人从不同的角度进行了分析，但是无论你如何认真分析国际品牌的成功，也许你只能更加明白对于中国手机企业而言真的是没有什么"品牌效应"——当国际品牌手机也开始建设渠道的时候，我们的手机企业显得那么脆弱，面对如此大的起伏，2005年我们需要想想我们企业的渠道与品牌的困境。

五、形成闭环的渠道驱动

渠道驱动的核心是让分配好的利益和市场保持源源不断的动力，而渠道的两个核心成员——制造商和分销商之间是一种共生关系，成功的渠道建设令双方始终由于利益关系而相互依赖和支持。它需要操作的科学性，并运用IT技术的成果；它还需要价值链各成员相互之间建立良好的合作伙伴关系。所有这些需要的是一个坚强有力的理念，即所经营的产品应有持续稳定或增长的市场，这时，品牌建设起到及时的拉动效果，所产生的市场拉力与渠道推动力成为一个方向上的合力。随着品牌知名度和渠道成熟度的相互提升，闭环的渠道驱动力产生循环，成为源源不断的动力，如图2所示。对于中国市场，我们需要启用的是渠道驱动所代表的"渠道营销"的魅力。

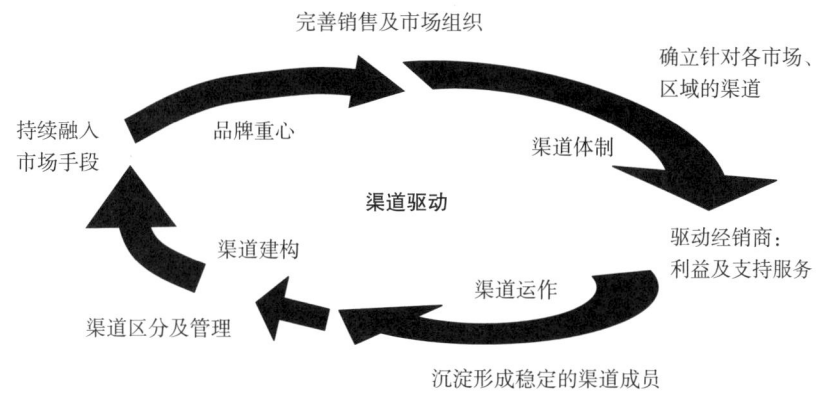

图2 渠道驱动

对于中国企业来说，需要明确：

（1）品牌知名度产生市场的拉力，渠道成熟度产生市场的推力；
（2）成功的企业以渠道为先；
（3）渠道必须动态持久；
（4）渠道驱动和品牌营销相互产生合力。

企业的成长必然需要强大的外力，中国企业要取得外部动力，不是在一开始就获得和创造一个知名品牌，而是需要通过渠道驱动取得持续的效果，随后深入进行品牌营销，联合"渠道"和"品牌"正向合力，使得企业始终处在持续而快速地成长中。

（原载：《销售与市场》，2005年第4期）

建立伙伴关系的渠道发展观

2005年的中国市场已经是一个全方位竞争的市场,渠道格局也在发生巨变。对于企业来说,一方面需要应对这些变化,另一方面需要重新设计渠道,并有能力创新渠道。我主张,对渠道采用"建立伙伴关系的渠道发展观"。

一、市场反应来自"神经末梢"

零售是必不可少的商品销售的管理环节,忽视了供应链的最后一个环节,就等于无视顾客的存在。弃零售终端的真正价值于不顾,从长远看要付出巨大代价。

客户信赖的终端能够成为增值服务的发力点。例如,柯达公司已经制定计划,带领加盟"柯达快速彩色"连锁店的经营者逐步拓展数码和其他多元化商品,让柯达连锁店演变成为新一代的娱乐生活化便利店,其北京、上海、广州店内已经销售印有柯达字样的网通IP电话卡。这也许意味着,今后,只要是能充分利用"柯达快速彩色"现有网络、有利于店家赚钱的业务,都可能引进。

企业日益认识到渠道终端的重要性,抢占终端的大战不断涌现:在石油行业,中石化和中石油全力并购社会加油站;在医药行业,海王集团、太极集团、同仁堂等争建零售终端;在汽车行业,轿车制造巨头纷纷把原来的分销商网络改造成集售车、零配件供应及维修服务功能为一体的"三位一体"品牌专营店。

曾经,一些品质很好的国产商品却销不动,就在于终端受阻:企业把商品交给零售商后,认为销售工作已经完成,零售店内的工作与己无关,这与跨国公司对终端的强力投入形成了鲜明对比。

在与"两乐"长期对垒中,健力宝的最终落败,与其终端战术的乏力密切相关。"两乐"有一套科学的渠道管理方式,通过对代理商、分销商、零售商等各环节的服务与监控,产品能够及时、准确和迅速地到达零售终端。在广州,"两

"乐"商品无所不在，而本地的健力宝在许多场合却无法见到，无疑是因为后者的终端渗透率很低。

"两乐"定期对零售商进行调查访问，收集反馈信息。这样做，一方面可以对代理商、分销商起到辅助销售的多重促销效果；另一方面，更可根据直接面对消费者的零售商提供的信息，改进商品的质量与服务。

更重要的一环是，"两乐"要求零售商配合其商品的特殊性与销售需要来陈列商品。同时，它们还花高额成本购置或制作诸如冷饮机、冷柜机、招牌、宣传印刷品等，免费赠送给各个销售终端的零售商，但同时要求零售商按照公司的要求进行商品陈列或开展商品宣传促销活动。正是这种对零售商规范化的支持与要求，使"两乐"深得零售商的信赖与支持。而健力宝的大多数终端没有支持物资，商品陈列也不规范，造成其销量趋减。

现在，在与跨国公司同台竞技中，中国企业已日益认识到铺市率、终端促销等终端工作的重要性。现代营销已经演变成一场"终端战"，一切的市场反应都来自"神经末梢"。

二、建立伙伴关系的渠道发展观

基于以上的市场认识，我建议企业需要确立新的渠道发展观，即建立伙伴关系的渠道发展观。它包括以下几个方面：

（一）以战略为导向的分销渠道组合设计

由于市场环境变化较快，当前，企业已经形成多渠道分销的模式，企业思考的重点应放在：①根据自身的战略要求，制定有针对性的渠道组合方案，即从各个渠道的自身发展潜力、对企业的销售额贡献、利润贡献、渠道利用水平和改进潜力等角度，对渠道进行分析，对渠道客户进行细分，制定与战略相匹配的渠道组合方案；②设计相关的机制和措施协调各种渠道，以减少、避免渠道的冲突；③通过对渠道的控制和权重的调整，优化各渠道销售的结构和制造商内部的成本结构，不断优化各渠道的销售结构和对渠道进行控制，应该是营销管理的核心任务；④考虑对组织结构和流程进行调整，以适应渠道管理的需要。

对于金融服务、汽车、民航等环境变化大、现有分销渠道相对比较单一的行业，则要更加关注潜在的、新的分销渠道。新渠道的开发不仅意味着获得目前的非客户群体，而且也可能使企业可以更快速、有效地应对市场需求的变化或降低总体的交易成本，或改变现有的竞争劣势（如金融企业的地点劣势）。

当前，传统的商品竞争优势正在逐渐消失，追求渠道的差异化是中国企业面临的难题。渠道是企业接触消费者的主要媒介，企业应根据渠道来重组营销架构，以渠道为核心的组织更具竞争力。

（二）加强渠道效率

中国企业长期沿用的批发零售模式，其金字塔式的多层次框架降低了渠道的效率，延长了商品流通时间，导致企业对终端消费者的信息掌控不力，并且增加了营销成本。根据麦肯锡高层管理论丛的资料，分销渠道成本通常占一个行业商品和服务零售价格的15%～40%。由此可见，通过改善分销渠道，企业可以大大提高自己的竞争力和利润率。

（三）避免渠道冲突

市场开发初期，跨区窜货、低价竞销等非正当竞争是与生俱来的产物，企业的态度和应对策略直接关系到渠道的质量。渠道冲突和窜货的直接后果是，互相杀价导致价格混乱，渠道体系遭受重创，最终是多败俱伤。因此，规避冲突、创建渠道之间的有序竞争是各企业需要直面的问题。

富士施乐（中国）有限公司总裁张昆曾提出"渠道生态系统"的概念：健康的渠道生态系统，需要具备扁平、高忠诚度等特点，而渠道之间有序竞争是健康的前提。

（四）建立伙伴关系

渠道效率的高低，很大程度上取决于渠道成员对制造商的忠诚度。不容忽视的情况是，中国的销售渠道本身质量并不高，如果他们在营销水平和服务质量方面得不到改善，必然对品牌产生负面影响，从而损害制造商利益。

除了盈利政策之外，制造商和分销商之间应建立共同的愿景，并为此努力，使渠道成员获得长久成功而不仅仅是短期利益，这才是合作的最佳状态。制造商选择渠道伙伴的标准之一应该是：渠道伙伴的目标与制造商的宏观市场目标和价值观一致。因此，制造商的渠道管理人员同时应是一名咨询员，需要了解渠道伙伴公司的整体结构，并提出自己的改进意见。例如，为渠道伙伴提供"造血机制"是西安杨森对分销商支持的一个重要方面，它出台了一系列措施培训渠道成员，提升其整体素质。

（五）创造新渠道

在传统渠道模式的变革中，形成了某些新的趋势。例如，制造商直接和零售系统打交道，绕开渠道所有中间环节，避免渠道冲突，大幅降低了成本，这是渠道扁平化的最佳体现，同时，制造商和分销商以一种风险共担的间接渠道形式合作，通过预购或集中采购，或商业资本向产业资本的渗透，体现制造商与商家共同经营、最大限度利用各方资源的努力。在控制着消费终端的零售商眼里，今后渠道的理想模式，将是制造商、物流服务商和零售商的组合，人们谈论的将不再是如何"建立渠道"，而是如何"进入渠道"的话题。

戴尔公司无疑是创新渠道的典范，其120亿元的销售额来自一个灵感，即改变过去那种通过零售渠道销售个人电脑的做法，直接面向顾客销售，并按订单组织生成，戴尔的实践印证了创新渠道的巨大价值所在；新的渠道可能意味着公司不用受制于零售商，也不用承担巨额的库存费用，从而实现最佳的效用循环——低成本，高利润。

"拥有好产品不一定称霸市场，相反，有能力管理不同渠道及其带来的经验和关系，才能使自己与众不同，脱颖而出。"建立伙伴关系的渠道发展观，要求营销渠道管理不仅仅是指销售或供给，它更是一种思维方式，一种与顾客建立新型联系以捕捉崭新商业机会的方式。一个公司与其顾客之间存在各种互动方式，包括掌握顾客怎样以及在何处购买商品或服务，又怎样以及在何处使用这些商品或服务等，而建立伙伴关系的渠道发展观就是这些互动方式的本质。

（原载：《销售与市场》，2005年第7期）

经 营

免费服务有没有赶跑你的顾客？

这是一家普普通通的机械制造业公司，设有两个事业部，产品分别是小型包装机和小型食品机，它们以低价和快速的模仿创新占据了低端市场。公司的客户一方面极为欢迎这些物美价廉的产品，另一方面又对不稳定的质量怨声载道。为了安抚这些受伤的客户，公司建立了庞大的售后服务网络，每年的利润有很大一部分重新回到了客户那里。于是尽管销售额保持两位数的增长，利润率却直线下滑，更要命的是，客户并不买账，依然怨声载道，依然一有机会就选择更优质的进口产品。

痛苦的老板开始寻求咨询顾问的帮助。顾问问了一个问题："你的服务收费吗？"老板瞪大了眼睛，说："当然不收!"

顾问告诉他："那就开始收费吧!"老板的眼睛睁得有刚才的两倍大，寻思要不要把这个顾问赶出去。不过最后他决定试试。

当售后服务部门被迫向顾客收钱时，他们发现光凭维修机器根本不可能，不过他们也发现自己原来还可以为客户做更多的事情：帮助客户培训维护人员从而减少生产停机时间，帮助客户改善工艺从而挖掘设备潜能，帮助客户设计配套方案从而实现总成本最低。直到有一天，售后服务部门突然发现，两个事业部的两类产品往往分别销售给同一个客户，而售后服务部门完全有能力把这两类产品与一些外部产品加以组合，从而提供给客户完整的产品线解决方案。而客户愿意为这样的方案支付的价钱几乎是设备款的25%!

一年后，这家企业又一次实现了营业收入、利润率的同步增长，同时客户满意度大幅提升。

新利润来源于售后服务部门：它不但实现了服务收费，而且当年实现的设备销售额占到整个公司的15%。现在，它已经改名为客户增值服务部。

这是一个真实的故事。表面看起来匪夷所思，内中的道理却出奇的简单：

客户愿意付钱的服务才是他真正需要的。换言之，凡是无法为企业带来利润的服务，就无法保证为客户创造价值，当然，也就不能指望客户能够真正满意。

简单的道理，一些企业却屡屡犯错。

一、错把服务当作弥补产品不足的手段

这些企业在意识到客户不满的同时，高举服务的大旗，却忽略了产品才是战略的中心，错把服务当作弥补产品不足的手段，错把顾客服务等同于顾客满意。殊不知服务与产品之间不是一个相互提升价值的关系，而是为顾客创造价值的两个同等重要的方面，两者不是互补关系，而是平行关系。产品的价值须由产品自己来解决，服务的价值须由服务自己来解决。因此，服务带来的应该是增值，没有增值，服务就没有意义。

我最喜欢的一个广告是来自一家国外手表企业的："我们在世界各地维修站的人员正闲得无聊"，其手表价值由产品自身的品质来提供。而国内经常看到的广告是"我们的维修人员正一周7天，每天24小时为您服务"，我们的厂商错把服务当作弥补产品不足的手段了。

二、服务应创造独立的价值

我的一个同事买了一部手机，半年修4次，每次维修中心的态度都极好，派人上门取、维修期间给代用机、修好了专人送回来，全是免费的。但我的同事发誓说再也不用这个牌子的手机了。这家公司试图用优质服务去弥补产品的不足，但他们失败了：2004年的业绩表现证明我的同事绝不是唯一一个逃离者。

DELL电脑在中国也经常被人骂，它的服务也是上门取、给代用，但DELL中国业绩仍旧连年增长，尤其是全国性的企业用户增长最快、忠诚度最高。为什么？DELL准确定义了自己的服务价值，"只要当地有维修中心，DELL都会在第二天上门服务"。这就是这些大公司真正需要的价值：全国统一的计算机维护服务外包。没有任何证据表明DELL的产品质量出色，但他们凭借独立而有价值的服务赢得了市场。DELL对他的服务收了钱，3年全保900元，电脑掉水里，DELL照换不误——要记住DELL此时的服务已经不再是传统的维修服务。

不要用服务弥补产品的不足，不要提供一厢情愿的服务，你提供的服务必须

具有独立的价值，这价值只能由顾客来评判。

三、有价值的服务来源于对客户价值的深刻认知

上汽通用汽车金融公司去年8月成立，贷款利息比银行高出了1.1到1.5个百分点。总经理魏德明说："我们相信这样的利率真实地反映了我们提供的服务价值。我们的目标是把世界一流的服务带到中国来，并成为市场中最优秀的公司，我们不期望通过低价竞争达到这个目标。"

魏德明说的没错，低价竞争不但无法达到优秀的目标，反会使得企业远离这一目标。但战略理论从来没说过不能低价，只是说低价不能成为优势。

我的一个客户是深圳一家房地产集团，下面有一家物业管理公司。他们的物业收费水平在所属区域不高也不低，客户的评价也不咸不淡。集团老总希望提高住户的满意度，同时也明白价格战是死路。于是他要求物业公司提供更全面、更丰富的服务内容。这个战略叫作"用价值竞争，而不用价格竞争"。结果怎样呢？在资源的不断投入下，客户满意度有了小幅提升，但物业公司的盈利一落千丈。

我告诉他，降价吧，一直降到物业公司铁定亏本的水平，然后要求物业公司必须盈利，不盈利，整个管理团队走人。

一年后，这家物业公司被评选为深圳最佳物业公司之一，无论是经济指标还是顾客满意指标都名列前茅。

秘密很简单，当管理团队发现原来的物业服务肯定无法盈利时，他们就去开发一系列的有偿服务，这些有偿服务帮他们赚了钱；更重要的，这些服务恰好是住户需要的，而顾客支付的价钱却比原来还低。用理论来说，在集团投入没有改变的前提下，其物业公司优化了自身的资源配置和投放，物业公司和住户都从资源使用效率的改善中获得了利益。

到底哪个是价格竞争，哪个是价值竞争？看样子，这个问题不是字面上看起来那么简单。这里的关键是要找出那些客户真正需要的服务，然后把所有资源都投入进来。在客户不需要的地方花的每一分钱最后仍要客户买单，忽视了这一点的企业要警惕：你的客户已经在准备离你而去——你浪费的资源使得他们支付了本不用支付的高价。

四、让顾客来决定什么是有价值的服务

竞争获胜的本质在于找到恰当的细分市场，把企业的所有资源用以满足这一细分市场的客户需求。要使服务战略有效，你必须专注于盈利。顾客愿意付钱是最可靠的信号，专注盈利可以使你随时知道自己有没有偏离航道。成功地执行服务战略需要五个步骤：

第一，了解并明确你的顾客。

幻想留住所有顾客是不现实的，企业应该懂得每个顾客的价值，从而发展出越来越强的细分能力：从一般的人群细分成为基于需求的细分，最终成为基于购买和优先模式的特殊细分。

企业必须以真正的顾客为中心，重要的不是大顾客，而是能让企业盈利的顾客。所有的顾客都应该享受服务，关键是要对每个层次的顾客提供相应的服务，使服务成本和潜在收入相匹配。必要时甚至要剔除一些服务成本太高的顾客。

因此另一个重要细分尺度是财务细分，了解每个细分部分的特殊顾客带来的利润率。如果能够根据利润率区分顾客，企业就能识别出对他们最有利顾客的特征，并决定如何经济地为每个层级服务。

如果你不对自己的服务收费，你永远不会知道你顾客的利润率。如果不对自己的服务收费，也绝不会有人关心到底应该对谁服务。

第二，确保你的顾客认识你。

公司通过清晰的制度表达并积极实现服务承诺，能大大加强顾客满意度。很多公司通常会走进一些"承诺"误区。例如有时候，公司认为让顾客高兴非常重要，因此试图为顾客做所有的事情。但是这个目标是不现实的，要想全都做好反而会导致公司在每个方面都做不好。

如果想增加超过期望值的机会，公司就不应该集中于"顾客想要什么"，而应该是"顾客最重视什么"，把公司的大部分力量集中于一两件与顾客最相关的事情上。

另一个误区是不明确告诉顾客具体的承诺，所以当他们没有满足顾客要求的承诺时，他们会感到很惊讶。一旦公司的顾客策略制定，就需要给用户一个重要概念：告诉顾客自己的承诺并积极做到。

如果你不对自己的服务收费，就没有压力迫使企业明确自己的承诺。如果不对自己的服务收费，也绝不会有人关心客户最需要的到底是什么——我只管做那

些我想到的事就好了。

第三，随时知道你做得好不好。

了解并且对顾客满意度做出反馈需要企业的眼光超越历史和表面现象，公司应该观察顾客对公司所作所为的反应（例如每个顾客的投资收益率），以及什么因素影响顾客满意度（例如员工流失率）。

客户愿意对你的服务付费，这就是最清楚的肯定，比任何市场调查都更加清楚有效。

第四，要知道究竟哪里需要改进。

直接的顾客回馈，无论好坏都是对市场趋势的了解，是形成新产品思想的最好来源。虽然看上去很荒谬，但公司确实可以从顾客投诉中获利，而并不仅仅只是一个不满的顾客。

经过持续记录并评价顾客的不满、需求、回馈以及购买活动，公司能够找出未满足的需求以及潜在的问题，可以利用调查结果重新定义顾客策略，并改进操作执行。

不幸的是，如果你不收费，大多数顾客都不会告诉公司他们什么时候感到失望，相反，他们愿意告诉其他顾客。

付了钱的客户不一样，他们会来公司投诉。这一点很重要，投诉的顾客给了公司改正的机会，采取改进措施能够潜在地保留有价值的顾客关系，阻止负面的口头影响。

第五，改进你自己。

顾客满意度与股东价格相关联，这是一个真理。问题是企业中大多数人都不是股东，所以你需要一个办法强迫他们持续地、始终如一地关注客户满意度。最简单的办法就是迫使他们不断地寻找能让客户买单的机会，客户买单的同时也就清楚地告诉了你，你做错了还是做对了。

敏锐的读者会发现，我现在谈的已经不仅仅是服务增值的问题，而是谈到了对服务进行收费能有效驱使企业本身提升竞争力。

五、对服务进行收费能有效驱使企业提升竞争力

两位著名学者（B.Joseph Pine II 和 James H.Gilmore）在世纪之交借一本书指出了体验经济（experience economy）的来临。

书的开篇就讲了一个故事：经济的演进过程，就像母亲为小孩过生日、准备生日蛋糕的进化过程。在农业经济时代，母亲是拿自家农场的面粉、鸡蛋等材料，亲手做蛋糕，从头忙到尾，成本不到1美元。到了工业经济时代，母亲到商店里，花几美元买混合好的盒装粉回家，自己烘烤。进入服务经济时代，母亲是向西点店或超市订购做好的蛋糕，花费十几美元。到了今天，母亲直接将生日活动外包给一些公司，请他们为小孩筹办一个难忘的生日晚会。这就是体验经济的诞生。

书中提到的服务经济时代，服务是附属于产品、帮助产品实现价值的。而到了体验经济时代，服务本身成为关键性的增值部分。

书中把迪士尼列为体验经济的先驱和典范。但同样是米老鼠、唐老鸭，迪士尼乐园在全球长盛不衰，而迪士尼连锁零售店却表现平平，这是为什么？

迪士尼乐园收取了高额门票，就不得不创造出独特、丰富的体验项目，用心去描绘、激发每个人心里潜藏的梦想。在迪士尼乐园，每一位员工都被称为"演员"，米老鼠、唐老鸭就是表演的道具，员工的任务就是利用这些道具"制造欢乐"，而管理阶层的任务就是"分配角色"。新员工到迪士尼乐园上班的第一天，并不会被告知"你的工作是保持这条大道的清洁"，而是"你的工作就是创造欢乐"。

迪士尼乐园利用服务创造出了独特价值："制造梦想，激发快乐"。2004年全球10个游客最多的主题公园，迪士尼占了8席。

而在迪士尼乐园之外的连锁零售店，却与其他商店没有区别，令人失望。这正是因为迪士尼零售店没有门票，所以也不费心设计有价值的服务。

米老鼠还是米老鼠，唐老鸭还是唐老鸭，产品没变，服务却没带来增值，迪士尼零售店从来都是个平庸的竞争者。至此，我再次强调：服务带来的应该是增值，没有增值，服务就没有意义。

（原载：《销售与市场》，2005年第16期）

营销,"手"高于"脑"

我总是觉得很诧异,在企业界人们的思想如此混乱,在研究界也不例外——比如有人提出"中国创造"一词——在中国制造还没有做到位的情况下,我不知道这样的理想是否脱离了现实。

近来我感受到的压力来自于中国家电业的困境。在这个最具市场化能力、最具有企业运营能力、最具有竞争力的行业里,出现了根本性的困惑:关于核心技术的问题、关于品牌的问题、关于全球化的问题、关于渠道的问题等,似乎每一个问题都可以让中国的家电企业陷入困境。更困惑的是家电业的经理人的痛苦感觉:他们说在这个行业除了做价格战、做销量之外根本就无品牌可言。

2001年我曾经对家电行业做了一个全面的总结,2005年我再一次陷入沉思。一直的关注和研究让我清晰地感觉到,对于家电产品来说,它并不是一个严格意义上的品牌产品,它首先是人们的日常生活用品,在家电产品中品牌的意义远低于价格和服务所带来的价值,所以大部分家电企业营销精英把企业的资源耗在品牌建设上是非常浪费的。我相信很多经理人都会梦想构建一个品牌,但是,他们的确犯了一个致命的错误——在不了解产品和行业属性的情况下去做营销,这真是一种悲哀,所以他们很痛苦。

一、从根源上解惑:战略更重要的是行动而不是思想

战略只有在起点的时候是一种"思想"或者"理想",但是进入到战略在企业的表现能力上时,战略则演化为企业的核心能力。如果企业不具备核心能力,企业就无法拥有战略的能力。不要简单地认为企业具有战略规划就具有了战略能力,也不要简单地认为价格能力就不是战略的能力。理解战略不能够基于企业自身,必须基于顾客的价值,必须基于环境。

二、从营销经理职能来解惑：经理人不是思想者而是实践者

经理人作为个体可以是一个充满理想的人，可以是一个热爱思考的人，也可以是一个不屈从于现实的人，但是当把经理人作为职业来选择的时候，他只能够承担职业所必须承担的角色。这个角色决定了他必须是一个充满理想而又脚踏实地的人，必须是一个热爱思考而又身体力行的人，必须是一个面对现实解决问题的人。

我曾经很认真地讲授一个专题课程：职业经理人的素养。我列举为7项：

（1）职业化的心态。简单讲就是一种承诺的心态，对目标承诺，解决为什么做的问题；对措施的承诺，解决如何做的问题；对同事承诺，解决与谁做的问题。

（2）职业经理人的职能过渡：从体制到人。表现为：通过培养和利用企业核心人才调整企业决策方向，减少对于决策计划体制的依赖；通过培养鼓励自我监督的企业个人价值观和人际关系，减轻企业监控体制的负担；通过建立与拥有专业背景的企业员工的人际交流渠道，代替大部分对于信息系统的依赖。

（3）职业经理人的职能过渡：从结构到程序。传统的结构是"把脸对着董事长，把屁股对着顾客"（杰克·韦尔奇），现在经理人需要把关注结构改为关注程序，把组织变为程序选择的组织，其特点是构建企业家机制、优势互补机制、更新机制。

（4）实事求是的管理之道。职业经理人要做到对于环境的敏感，愿意脚踏实地地工作；关注结果；对于不确定问题的公开坦诚。

（5）转变职业经理人的角色。表现为四个方面，第一，从设置战略到阐明意义，以使战略能够变为行动；第二，嵌入企业的雄心壮志，以使成员可以面对所遇到的困难；第三，灌输组织价值，以使成员具有行为选择的标准，知道什么应该做，什么不应该做；第四，给员工的工作赋予意义以使成员愿意为之全力付出。

（6）管理自己的老板。管理自己的老板就是建立并培养良好的工作关系，形成和谐的工作方式、相互期盼、信息流动、诚实与可靠、合理利用时间与资源。

（7）职业经理人的品牌。职业经理人获得品牌的根本是生产人才的"发动机"，即直接培养人才、传授心得、情绪能量与决断能力。

理解了职业经理实践者这一职能，才能消除职业带来的痛苦。

三、从营销专业解惑：营销本身就不是思想而是行动

营销是什么？产品，价格、促销、渠道。营销的基本理论就是4P，没有做好4P又何来的营销呢？虽然菲利普·科特勒已经认为4P不屑一谈，但是任何理论都需要与所处的环境相适应。我们所处的市场环境是一个不成熟的市场，我们所面对的竞争也不是理性的竞争，所以如果不把基本面做好，你是不可能做好其他的。我还是坚持曾经的观点：营销就是在合适的时间做合适的事情。

中国企业遇到的最大内耗是没有行动力。虽然我们一直在探讨战略问题，但一直局限于战略规划、战略选择、战略目标、战略思维这几个层次上。形象一点说：中国企业的战略探讨都是学院派的，都是理论和思考层面上的。真正意义上的战略是要落实到行动上，它包含了目标、思想和行动的方案。所以我们常常看到，一些企业在战略上总能找到一些清晰的方向，但还是出现竞争力不足或者企业破产，那只能说明一个问题：行动力差。松下幸之助说："对于产品质量来说不是100分就是0分，没有任何商量！"日本企业的质量战略是日本产品走向全球市场的基本战略，质量取胜的战略方向贯彻在日本企业的现场管理中，贯彻在日本人的"5S"行动中。

对于今天的中国家电企业，有三个制胜的关键因素必须关注——速度、创新、全球化——都牵涉到执行问题。有人解读：当前，中国家电的营销如不将个体思维转化为组织思维，不将个人能力转化为组织能力，不将个人的理性与激情转化为组织的理性与激情，不将个体的创新转化为组织的创新，在今后的营销道路上，你只能做减值营销，靠拙劣的促销和透支未来资源的方式杀鸡取卵，你只能溃败于个人英雄主义的理想。

四、从做人的道理来理解：人之优秀正是他的行动，企业也如此

哲学上有一句名言："人无异于一根芦草，只是这是一根会思想的芦草。"这句话给了人类本质的评价，并使得人类承担了宇宙的责任。因为在这个星球上，人之所以能和动物种群区分开来，在于人有思想。但是这仅仅是人与其他物种区别的本质，而对于人类自身来说，在这个世界上，人之所以有优秀与一般之不同，在于优秀者更有实现构想的能力，而不是更有思想。邓小平的优秀在于他把改革开放的思想变成中国人20年的行动。我自己一句座右铭是："手比头高"。你现在把手举起

来，手是比头高吧，对不对？人的高度不是思想决定的，人的高度是双手决定的。

　　大部分企业总是强调自己优越于其他企业的各种原因，但是究其根本原因：一个优秀的企业在与其他企业做着同样的事情，只是比别人做得好。大部分经理人也在强调自己比别人优越的各种条件，但是究其根本原因：一个优秀的经理人能够持续地完善自己的行为，以比别人更高的标准来行动。企业和经理人一样需要放弃对自己的过度欣赏，需要打开心胸接受现实。林肯是坚定的理想主义者，坚信美国是统一的国家。但正是他的现实主义色彩对于李将军的现实主义态度才能够在南北战争中取得胜利。邓小平也是理想主义者，但正是他基于中国的现实创造并设计了经济特区的做法使得理想得以实现。张瑞敏是个理想主义者，但正是他颁布的（不准随地大小便）的现实主义的管理制度使得海尔成为中国企业的典范。只有真正面对现实的人才有机会成就理想。这本身就具有战略的含义。

（原载：《销售与市场》，2005年第10Z期）

经 营

贡献价值才可以称雄市场

究竟如何做才能称得上是一家"创造价值"型的公司？

一家大型消费性电器公司一边要市场营销人员展开行动，推销可望成为公司热销产品的微型摄像机；一边又让公司四个研究小组相互竞赛，抓紧研制性能更加优异的机型，以淘汰目前正在推销的型号。

一个家居用品维护商店的业务员打电话给顾客，询问上周为新阁楼买的吊扇好不好用？顾客说，很好。业务员又问，还有什么需要效劳。顾客说，餐厅的调光开关不灵了。业务员马上说，今晚给你带个新的来。成交金额：0.671美元，商店利润等于零。

这两家公司分别是索尼和宜家家居。它们都是各自市场上的佼佼者。索尼过去五年的年均收入递增了29%，而其竞争对手则只有14%。宜家家居的销售额在过去五年中每年递增了37%，差不多是同业平均水平的三倍。这是我在一份材料上看到的数据，最为关键的不是这两家公司得到了增长，而是这两家公司所做到的事情：为顾客贡献价值。我又想起了另外一家美国公司，在美国，房地产早已经不是一个高增长的行业，但是恰恰有个叫作Build Net的房地产服务商创造出了奇迹。在美国市场，一般的建筑商需要盖精装修房子，还带家具电器，利润率为7%，经济不景气时利润率不足4%。Build Net对行业分析之后得出结论：竞争激烈使购房者不停地进行价格比照；购房者一般居住15年，期间可能坏掉4万样东西，而且平均一辈子换3次房子。对此Build Net找出了自己的策略，这就是关注服务价值：用最好的材料盖最好的房子，以成本价出售，赚取其后15年服务带来的利润，其他竞争对手无法应对。现在Build Net成为房地产服务商，原有10万家竞争对手成为Build Net建筑商；顾客超过千万；供货商超过1万家；专注于服务提供，购房者并不计较换电器零部件的价格。

这三家公司虽然是不同行业的企业，但相同的是，这些公司销售给顾客的是一种超级价值。而且不限于此，它更是一种不断完善的价值，正如索尼让顾客怡然自得，他们所买的产品永远是最先进的；而宜家家居的超级价值则体现在对顾客始终如一的高水平服务和帮助；Build Net关注的则是住户的服务价值。

正如我们本期所探讨的caridnal health一样，企业能否在市场上成为主导者，最为关键的是找准顾客并为顾客贡献价值。无论是制造型公司还是服务型公司，抑或技术型公司，这些都不重要，重要的是公司所面对的顾客是谁，如何为其创造价值？

我们有极高的愿望希望中国企业能够从制造走向创造，同时我不觉得这是一个很困难的问题，制造和创造并没有本质的区别，如果制造能够基于顾客的价值，这样的制造本身就是创造，所以问题的关键不是制造和创造的区别，而是对于顾客价值认识的区别，换句话说：由制造提升到创造，只要能够提升对于顾客价值的认识，就可以实现。

那么，什么是顾客的价值？

"顾客价值"一直以来都是研究的热点，很多人都希望能够得到关于这个概念的清晰解释，我自己也竭力想搞清楚如何描述这个概念，但是后来的实践让我放弃这种努力，我发现，这不是一个概念，而是一种战略思维，是一种准则，这个准则和思维用另外一个方式来表述就是"以顾客为中心"。

"以顾客为中心"的思维方式涵盖着这样的思考：
· 顾客的需要和偏好是什么？
· 何种方式可以满足这种需要和偏好？
· 最适合于这种方式的产品和服务是什么？
· 提供这些产品和服务的投入要素是什么？
· 使用这些投入要素的关键资产与核心能力是什么？

这样的思考将传统的价值链完全颠倒过来：

传统价值链是从资产与核心能力开始——

资产/核心能力 ▷ 投入 ▷ 产品/服务 ▷ 销售渠道 ▷ 顾客

而现代价值链则从顾客开始——

顾客偏好 ▷ 销售渠道 ▷ 产品/服务 ▷ 投入 ▷ 资产/核心能力

因此一个能够创造的公司应该是基于现代价值链进行思考，一切从顾客开始,为顾客创造价值,由顾客的偏好决定渠道与销售所付出的努力,再由渠道和销售的价值引导产品和服务的产生,之后决定资源的投入,最后获得公司的资产和核心能力,这样的企业我们才会确认是拥有市场能力并持续成长的企业。

那么又应该如何提升顾客价值认知?

曾经有学者对八十家领先市场的公司进行研究时,发现这些领先市场的公司顾客可以分为三种类型:

第一类是像3M、耐克等公司的顾客,他们把产品的性能或者是独特性看作是价值的核心。

第二类顾客是诺斯·托姆(Nords Torm)和空投快递(Air bome Express)等公司的顾客。他们多数看重个性化的服务和建议。

第三类是联邦快递和麦当劳的顾客。他们主要的希望是在保证价格与可靠服务的前提下,尽量追求最低价格。

我们借助这个研究的分类,可以看出公司提升顾客价值的方向可以是:

最低总成本;最优产品;最优服务。

这样看来,从制造到创造有三个方向选择:

第一个方向是用最低的成本提供产品以满足广大消费者的需求,正如沃尔玛所做的努力:"总是用最低的价格销售",一个零售百货公司,因为清晰地知道日用易耗产品对于顾客的价值就是最低的价格,因此沃尔玛独创出全新的百货业态,以全行业最低的成本使得在一个传统的、微利的行业中脱颖而出并保持强劲的增长。

第二个方向是提供最优的产品提升顾客的价值。这里最出色的例子是三星。三星正如我们很多家电企业一样是一家制造型公司,但是三星从1993年开始,由顾客需求出发,展开工业设计、数字技术等等一系列的变革,使得三星电子产品具有全球竞争力,更使得三星品牌成为全球电子第一品牌,用三星董事长李健熙的话来说,就是三星必须全心关注产品。

第三个方向是服务带来增值。服务带来增值一直是人们统一的认识,但是真正把服务与提升价值联系在一起的企业并不多见,很多企业都是把服务做得很好,但是这个很好的服务是为了弥补产品的不足,而不是为产品带来增值。

市场的主导地位,从根本上讲是由顾客价值来决定的,能够为顾客贡献价值,那么你就是主导者,这也是从制造到创造的必由之路。

(原载:《三联竞争力》,2006年第9期)

创新，而且实践

彼得·德鲁克先生1985年写就的《创新与企业家精神》给了我们一个很好的视角，让我们能够寻求真正意义上的新商业领袖。

在商业史上，拥有远见的企业家早已提出过零星的创新性思维。甚至我们可以认为，经济繁荣与社会发展正是企业家创新性思维转化为行动的结果。本书认为在过去10年间，美国出现的企业家经济是现代经济和社会史上最具深远意义和最鼓舞人心的事件。德鲁克坚信创新与企业家精神的重要性。

创新是实践的创新。德鲁克告诉人们："创新是有目的性的，是一门学科。"企业家精神是神，企业家战略是创新市场的战略。如何成功地将一项创新引入市场是企业家战略的核心。德鲁克告诫我们：创新是否成功不在于它是否新颖、巧妙或具有科学内涵，而在于它是否能够赢得市场。

德鲁克在本书最后一个部分探讨了企业家社会的问题，虽然他是从福利社会的困境出发，提出企业家社会的概念，但结论如何并不重要，重要的是明确了创新在各个领域的作用，只有发挥创新的功效，才有社会的发展。

这是一本基于创新但又强调行动的书，这一点是书中最为精华的地方。创新如果停在观念、思想和制度上，创新如果没有转化为行动和结果，就没有任何价值和意义。而企业家的本质就是实践，所以，我们需要安静下，评判一下我们与德鲁克所倡导的有着多大距离，或者我们可以对照他的观点想一想：我们得让创新转化为行动及结果？如果好好地深读该书，我们一定能够做到这一点，进而成为真正意义上的商业领袖。

（原载：《中国企业家》，2007年第1期）

控制终端，一定是错误的方向

曾经被公认为中国市场化风向标的家电行业，一场制造商自建终端的风潮正在蔓延。尝试过了代理制的酸甜苦辣和大卖场的盘剥滋味，大家不约而同地把目光锁定在——终端零售市场。

这是一轮正向的加速，还是一轮自闭式、重复性的资源内耗战？终端就是顾客吗？

"顾客导向"在今天已经成为常识，问题的关键不在于价值取向，而是如何实现这个价值取向。制造商之所以如此被动，是因为它丧失了"对于顾客的理解能力"，认为只有终端才能够贴近顾客。只是在性价比方面做了大量的工作，在产品与顾客之间的价值关系上并没有做太多的努力。三星的每一次投入，都能够为顾客带来技术革命的力量，带来赏心悦目的感受。所以，我更倾向于近来自己一直强调的观点——专注于产品。

因为顾客的需求并不是制造商所理解的产品概念的满足，也不是零售商所认为的自身服务的提供。事实上，顾客既没有跟随产品制造商，也没有跟随服务零售商，顾客只是顾客。"终端就是顾客"这个方向从根本上就是错误的。

拥有好的渠道不一定称霸市场，相反，有能力管理不同产品及其带来的经验和关系，才能使自己与众不同，脱颖而出。反观我们的企业，一方面与同行拼价格，一方面与渠道商拼终端！如果把太多的力量投入终端建设，还会有多少力量来理解消费者？

所以，不论对于渠道商还是制造商而言，以自身的能力、更高的要求、更低的营销成本为顾客创造价值，才是根本的选择。控制终端，一定是一个错误的方向。

（原载：《商界：评论》，2007年第1期）

创新，你可能忘了要实践

2002年，英国《经济学家》曾宣告说"偶像的黄昏"来了，它是对的，从此许多人也认为我们不再需要偶像。但是，走到现在的4年之后，我们强烈地发现，我们还是需要偶像，需要具有超凡能力的新的商业领袖。正当我们无法界定所需要的新的商业领袖具有什么样的特质的时候，彼得·德鲁克先生1985年写就的《创新与企业家精神》给了我们一个很好的视角。

在商业史上，拥有远见的企业家早已提出过零星的创新性思维。甚至我们可以这样认为，经济繁荣与社会发展正是企业家创新性思维转化为行动的结果，正如德鲁克先生书中所言：本书认为在过去的10～15年间，在美国出现的真正的企业家经济是现代经济和社会史上最具深远意义和最鼓舞人心的事件。这种现象本身引发了德鲁克先生的思考：什么是创新与企业家精神？何时以及为什么进行创新与企业家精神的实践？

事实上，商业本身已经进入了一个自我探索、理论和实践结合的领域，德鲁克先生提出创新和企业家精神是为了探讨他们的行动和行为。在过去的几十年中，复杂的理论、严谨的分析不断地启发人们对于这个问题的辩论和研究，在与人们一样坚信创新与企业家精神的重要性的前提下，德鲁克先生更注重于创新和企业家精神的实践。"事实上，它将创新和企业家精神视为企业高层管理者的工作的一部分。"是德鲁克先生的着眼点。

创新是实践的创新。德鲁克先生在《创新与企业家精神》一书中告诉人们："创新是有目的性的，是一门学科。"所以德鲁克首先向读者展示了企业家应该在哪里以及如何寻找创新机遇。随后，又探讨了将创意发展成为可行的事业或服务所须注意的原则和禁忌。在做这部分的分析的时候，德鲁克先生认为：创新是企业家特有的工具。他们凭借创新，将变化看作是开创另一个企业或服务的机遇。创新可以成为一门学科，供人学习和实践。企业家必须有目地寻找创新的来源，寻找预示成功创新机会的变化和征兆。他们还应该了解成功创新的原理，并加以应用。这让我想到一个例子：孟加拉经济学家尤努斯，他创造性缔造的"微贷"事业正在以成功的商业运作在全世界范围内消灭贫困。尤努斯的项目已经遍及100个国家，累计为400万穷人放贷53亿美元。2004年，尤努斯甚至向26000位乞丐放贷，每人9美元，这些钱可以让一个乞丐开始贩卖糖果等小生意，而不是沿街乞讨。2005年，尤努斯被评为1979年以来全球最具影响力的25位经济领袖之一。尤努斯的创新实践正是德鲁克先生理论的一个全新例证。

企业家精神是创新实践的精神。对于如何成功地培育出企业家精神，是德鲁克先生重点讨论的第二个问题。德鲁克先生从现存企业、公共服务机构以及新企业三个方面来讨论企业家管理。这三类企业也正好涵盖了目前我们能够理解的所有组织机构的特性，现存企业会更多地从商业的角度出发，注重那些与企业息息相关的社会问题，对于社会问题的长期关注，可能会从根本上重新定义"公司"的根本目的。公共服务机构，更多的是从社会问题本身出发，将企业的管理技能运用在社会目标的实现。他们通常具有更强大的道德力量。最后是新企业。一如其在所有主要的企业家时期所表现的一样，新企业将继续成为创新的主要载体。

企业家战略是创新市场的战略。如何成功地将一项创新引入市场是企业家战略的核心。德鲁克先生告诫我们：创新是否成功不在于它是否新颖、巧妙或具有科学内涵，而在于它是否能够赢得市场。不具有创新市场的能力就会被远远地抛落在后面，这是人们的共识。但是问题的关键不在于是否理解，而是在别人已经开始全新商业理念的运用的时候，我们却处于被动的状态，因此在判断是否具有创新能力的时候，我们需要看到的是用什么样的方式进入市场。

《创新与企业家精神》是一本基于创新但又强调行动的书，这一点是该书最为精华的地方，创新如果停留在观念、思想和制度上，创新没有转化为行动和结果，创新就没有任何价值和意义。而企业家的本质就是实践，所以，我们需要安静下来，评判一下我们与德鲁克先生所倡导的有着多大的差距，或者我们可以对照着德鲁克先生的观点想一想：我们是否让创新转化为行动及结果，如果好好地深读这本书，我们一定能够做到这一点，进而成为真正意义上的商业领袖。

（原载：《21世纪经济报道》，2007年2月14日）

远离竞争(上)

过去的几年间,全球竞争态势明显加剧,而在中国市场上的竞争更是你死我活,不久以前占有市场主导地位的是游戏规则,竞争对手虽然彼此存在竞争,但还称不上激烈,但是现在我们似乎看不到游戏规则,也看不到市场的规律,一切都在巨变和竞争之中。

多年前大部分人接受迈克尔·波特竞争理论,也重复他所阐述的观点:从单一产业层面,延伸到多种业务或者多元化经营的企业。产业的结构与演变,以及企业从中获得并维系竞争优势,关键就在于竞争。但是今天当我们置身于现实的市场中,理性地看待迈克尔·波特的"竞争论",才发现他的理论精髓不是竞争,而是远离竞争,竞争的目的是远离竞争。

谈到竞争,大家会很容易谈到迈克尔·波特的三大竞争战略:低成本、高差异、专门化。这些都是竞争的手段或者方法,它们也是所有企业都追求的,但如果每一个企业都以成本作为进入市场的基本条件,那么竞争就无法避免。

因此,对于波特竞争论的理解不能够局限在这三个明确的战略上,而是要理解更本质的东西:如何远离竞争!其中最为令人兴奋的是"蓝海战略"的理解,我也尝试着从人们对于竞争理解的误区去做分析。

我用图1来传达我所表达的意思,从波特的竞争理论中,他非常明确地认为:对于一个企业来说,最重要的选择是如何理解竞争,正确的理解应该是沿着图1所表达的方向来进行:

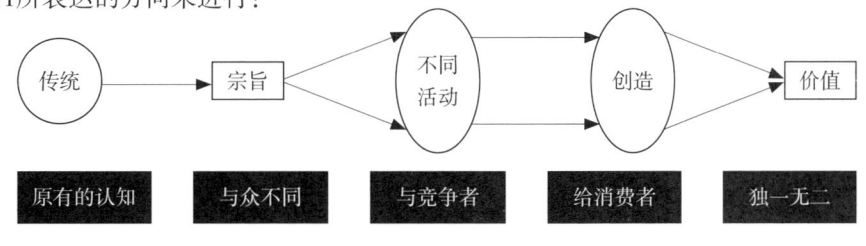

图1 竞争之外

第一，充分理解所在行业的特性、行业运行的规律、消费者的原有认知。

第二，必须明确企业的宗旨与所有的行业内的企业不同，要以全新的认知来理解所在的行业，要把企业放在环境中，而不是行业中。

第三，一定要展开与行业内竞争者完全不同的活动，不要依随竞争者来运作市场，不能够按照竞争者的战略来选择战略，要不断地创造出全新的活动来与消费者沟通。

第四，立足于为消费者创造独一无二的价值，而不是为企业创造价值，必须是为消费者创造价值，并确保消费者感受到企业所创造的价值是独一无二的。

一、竞争的出发点是抗竞争而不是竞争

事实上我们对于竞争的理解一直存在偏差，没有从根本上去理解。我们先从竞争的基本态势上看，竞争作为企业进入市场的基本状态，是企业需要面临的一种格局，这种竞争的格局我们可以用四种状态（即竞争的四种基本态势）来描述：新入、取代、一方独大、战斗。

新入的态势是指新公司进入市场，打破原有的竞争态势。在这种态势中，关键不是与谁竞争，而是重新形成竞争格局，形成这种新格局的原因可能是新的商业规则确定，可能是新市场的开发，可能是新的企业组合，也可能是全新的技术替代。

取代的态势是指我与你一样，但是存在"我比你提供更多好处的替代品"威胁。在这种态势中，关键是基于顾客的价值做全新的调整，一方面可以满足顾客的需求，一方面可以提升行业的成长。

一方独大是指购买者或供应商一方势力蓬勃发展引起的竞争威胁。这种态势的关键是价值链的重新调整，是价值分享的提供者所作的更进一步的努力，从而改变竞争态势，这种改变可能来源于技术，可能来源于独有资源的占有，也可能来源于创新。

而战斗是指市场现有竞争者的火并。这是最后一种态势，也是中国企业运用得最多的一种态势。

如果企业清楚在竞争的基本态势中只有一种是现有竞争者火并，而其他三种态势都没有直接的冲突，那么企业就应该明白在竞争态势本身陷入竞争僵局的选择是最后一种竞争形态，并不是竞争本身。

竞争作为企业进入市场的基本状态，那么企业就需要掌握一种竞争的方法，这种竞争的方法可以用三种定律来描述：重生、破均、革命。竞争定律之一是重生，即通过重新定位将企业能量发挥得淋漓尽致。这种方法要求企业自身深刻地理解顾客的价值，深刻地理解行业的价值。竞争定律之二是破均，即打破原有均衡态势，影响平衡状态，这种方法是基于对于市场结构和顾客结构的深刻认识，基于对于顾客组织的深刻理解。竞争定律之三是革命，即借由改变产业的游戏规则，创造生存的空间。这种方法更是清晰准确地理解行业，理解价值链上各个环节的价值贡献，借助于对于价值分配的管理来改变竞争的格局。

所以从竞争的法则上看，所有的法则的出发点是抗竞争而不是竞争。

（原载：《21世纪经济报道》，2007年3月7日）

经 营

远离竞争（下）

迈克尔·波特曾明确地说过："战略就是选择，选择做什么，选择不做什么。"对于竞争战略来说在其本质上是选择不做什么。

一、竞争战略的本质是选择不做哪些事情

大部分企业都会认为竞争就是针对竞争者做出选择，这样的说法我并不反对，只是我发现大家在这个认识的前提下，却选择针对竞争者的做法做出回应，不是选择不做什么，而是选择做什么。

看一下中国家电市场，当家电进入完全竞争状态的时候，所有的家电企业都选择了降价的竞争策略，而当家电的通路企业崛起的时候，大型的家电专业零售企业，又再一次掀起了降价的热潮，无一幸免。可是看看韩国的三星，同样是以家电起家，但是却选择了不做家电产品，进入数字产品，不是用价格取胜，而是以设计取胜，同行是学习的榜样，不是竞争的对手，三星鼓励公司同仁使用其他品牌的电器以取他人之长。李健熙的家里也是一个电子产品实验室，公司的新产品和其他对手公司的产品他第一时间试用。保持和时代同步，吸取同行的优点也是三星人的优势之一。在三星的竞争策略里，李健熙曾经明确告诫他的同仁：如果我们还是和中国的企业一样生产家电产品，我们一定会输掉，因为中国家电企业能够生产更好的家电产品，但是成本更低，物美价廉，所以我们需要走到高端产品上去，走到技术带来竞争优势的方向上去。正是李健熙选择与中国家电企业做不同的事情，所以在10年后的今天，三星成为全球电子第一品牌，销售额超过2000亿美元。

二、竞争活动的特性就是创造生存空间

2004年的格力和国美之争，在流通界和制造领域都引起了非常大的震撼。从表面上看，国美和格力之争似乎仅仅是两个企业的理念不同所摩擦生成的火花，但是随着格力自建渠道取得成功，自建营销渠道和进大卖场这两种不同营销模式之间的地位与未来之争已经浮出水面。大部分的人会在渠道之争中来评价这件事情，我们也相信这也仅仅是两个企业之间的竞争关系，同样的情况还会更多。但是我没有仅仅从渠道的角度去看待这个问题，我更深切地感受到，这样的竞争表明：我们的企业没有明确什么才是竞争活动的特性。2004年开始我一直主张价值链竞争，不断地强调竞争对象不再是产品与产品、企业与企业，而是价值链与价值链。

我之所以不断地强调价值链的作用，是因为只有在价值链上我们才可以找到企业的生存空间，而创造生存空间是竞争活动的本质特性。企业所选择的竞争活动，如果不是从创造生存空间的角度去做的话，这些竞争活动就没有意义，这样竞争的结果只能是两败俱伤，我们一直都有这方面的教训，家电的价格之战，手机的模仿之战，零售业的圈地之战，出口产品的抢单等等，这样的竞争活动使得大部分企业不断地陷入价格陷阱、广告陷阱、促销陷阱、成本陷阱，苦不堪言，没有谁能脱离这样的竞争活动，反而陷入竞争的僵局而不能够自保。

三、竞争的关键是寻找新定位

企业如何确定自己的竞争优势，不同的角度会有不同的解释。如果从资源的角度来说，独有的资源占有确实是竞争优势的来源，所以在前些年的竞争中，一部分企业依赖地理位置获得成功，一部分企业依赖产业配套获得成功，一部分企业依赖规模获得成功，还有依赖人才、资金、技术和产品，甚至依赖土地等资源都可以获得成功。

近几年的竞争中，企业发现依赖资源已经无法获得成功，于是企业开始寻求能力上的突破，所以创新能力、整合能力、速度能力以及自我超越的能力成就很多企业的成功，而我们也把能够让资源和能力结合并产生出以下四个方面价值的企业成为具有核心竞争优势的企业，这四个方面是：稀缺的、不可替代的、模仿成本高的、独有的。核心竞争优势已成为大部分企业不断追求的方向。

但是我们同样清楚地知道,核心竞争优势是可以转移的,如果企业不能够持续地提升自己的能力,不能够持续地关注能力与资源的结合所产生的价值,企业就无法保持自己的核心竞争能力。更重要的是,市场环境是一个巨变的状态,对于企业的要求变得更加苛刻,人们公认的法则是:变,是唯一不变的。所以企业需要不断地面对环境做出调整,而调整的关键就是寻找新的定位。

从苹果公司到戴尔公司,电脑产品经历了四代替换,而竞争变化的主线无一例外是重新定位,而每一个在竞争获得优势的企业都是能够清晰地确定产品的定位,从而获得竞争优势。

回到我们今天的话题,竞争的目的到底是为了什么?如果竞争仅仅是为了获得竞争优势的话,那么我们可能会陷入竞争的僵局而不能够自拔。就如我以上的分析,从竞争的出发点来说,竞争的出发点是抗竞争而不是竞争;从竞争战略的本质来说是选择不做哪些事情;从竞争活动的特性上看是创造生存空间;而竞争的关键是寻找新定位;在分析竞争的各个角度我们都可以明确,竞争的目的是远离竞争,这就是波特竞争理论的精髓。

(原载:《21世纪经济报道》,2007年3月9日)

用营销重塑企业经营

在经历了接近30年的高速成长,中国大部分有着超过20年历史的公司开始陷入一种称之为"增长陷阱"的感觉。一方面市场还是在不断地进步;另一方面企业却越来越要面对更多的困难,人力资源的发展瓶颈、灵活的战略,不确定的市场营销,变化神速的技术,等等。人们开始质疑一切管理的努力能够给企业做出多少贡献?

就其本质而言,企业应当贴近顾客,作为企业就应该去满足顾客的需求,但是越来越多的企业让我感受到是脱离了经营的现实,过于热衷于竞争游戏,而不是从事围绕顾客需求所展开的日常工作。在过去的接近30年间,我们企业的绝大多数领域都经历了巨大的变化:制造活动实施了全面质量管理,成本在大幅下降,供应活动正努力向即时管理方向过渡,信息技术的运用使得企业内部大量的文字工作被替代,管理人员的数量也在减少等等,但是,我最为惊讶的是在这一切努力的背后,对于顾客所作的努力并没有太大的改变,确切地说就是企业的经营没有什么改变,人们在营销上的努力并不明显。

但是,正如营销大师西奥多·里维特所言:"企业的目的就是吸引并且留住顾客。如果不能吸引一定比例有购买能力的顾客,企业就不可能存续。顾客为了解决自己的问题,总是有许许多多的选择,而他们购买的其实不是产品,而是用来解决问题的方案。企业只有不懈努力,帮助顾客更好地解决问题,也就是为他们提供更加出色的功能、更高的价值和更加便利的服务,才有可能生存和繁荣。"

事实上,无论是在幕后默默无闻地工作还是直接面对大众,对于企业家来说,迅速树立产品形象和制定适宜的营销战略以确立产品的市场地位非常重要。星巴克公司的首席执行官霍德华·舒尔茨对于如何在一个成熟的行业创立一个名牌有着独到的见解:它不是靠炫目的广告,而是致力于让顾客对香浓的咖啡产生一种狂热,从而影响顾客的消费行为。肯德基的创始人桑得斯采取了不同的策略:他树立具有亲和力的个人形象,亲身推广产品。2006年的LG"巧克力"手机,让嗅觉融入通讯产品中。虽然对于如何销售自己的产品每一个人有着自己独到的方法,但是关键是要找到一种最合适的方法。

里维特提醒我们:"管理者最担心的不确定性往往来自于市场,无论他们是处在美国、苏联还是在阿联酋,或者联合劝募会。市场是显然存在的,而且谁都无法逃避它。所有商业机构的命运,最终都是在市场冷酷无情的运转中所决定的。"我们来看看今天的市场到底发生了什么样的改变呢?

我曾经以自己的角度把企业的经营分为四种方式:第一种是薄利多销型;第二种是品牌型;第三种是服务型;第四种是个性化满足型。这样的分法不见得正确,但是可以让我表达我所要表达的想法。如果经营是有四种形态,那么我们的企业仅仅是停留在第一种形态中,也就是仅仅做到了薄利多销而已,换句话说,中国的企业是成长于"大量营销"的时代,企业的主要任务就是说服消费者接纳公司提供的产品。薄利多销的逻辑是一种大量生产的逻辑——企业的产量越高,单位产品的成本越低,因而盈利能力和竞争力就越强。但是我们都很清楚这个逻辑今天遇到了挑战:

产品生命周期缩短。每一年都会涌现出15000种以上的新产品或者新型号,其中超过90%的新产品的生存期限都不会超过12个月。

敌对与高傲。企业大多数的活动并没有真正地围绕顾客展开,虽然顾客导向是企业今天最常使用的一个说法,但也仅仅是一个时髦的口号而已。很多企业并没有真的看得起顾客,他们总是试图操纵顾客,这可以从许多广告中的语气感受得到,也可以从购买的现实过程中体会得到。

关心的是实质而不是形式。很多企业的主要兴趣是在于为自己的产品或者服务创造某种形象,但是却没有多少企业真的下功夫确保产品或者服务是与顾客期望的形象相符。所以对于顾客而言,他们更关心实质而不是形式,企业产品或服务能够给顾客带来的实际价值才是顾客给予企业的评价,在此基础上才会有企业形象。

以上的仅仅是企业所面对的一部分挑战,但是即便是这样,我们的企业如果不作改变,企业的发展就会停滞。

尽管我们以薄利多销的形态走过了接近30年,也取得了令人瞩目的成就,但是我们还是需要明确地知道,顾客时代已经开始。我不清楚接着下来会有什么样新的概念,但是企业为了应对面临的挑战并在未来的时代扮演好应有的角色,如今的企业需要表现出来的一系列新的特征，就是更好地理解顾客的需求，更好地提供真正的价值。其实早在1960年西奥多·里维特在其影响深远的《营销近视症》中就提出顾客导向。里维特认为许多大量生产的组织错误地采取了"产品导向"而不是"顾客导向"，为此他写了这篇文章，这篇文章传达的关键信息之一是，如果企业从提供大量制造的产品的做法转向满足顾客的真正需求，那么企业进入市场的方向就应该有重大的改变。正是如此，因为顾客时代的到来，企业需要做重大的改变，不能够再以以往的成功经验来面对这个全新的时代，更加不能够沿用企业原有的定位，很多习惯性的做法，都需要以顾客导向作全面的调整。

首先企业需要明确营销是全员而非营销人员的工作，"事实上，市场营销是公司内所有人的事情，每一个人最好都对它有所了解，不管这个人离营销职能有多么遥远，是一个研发人员，还是一个电话接线员"。接着企业需要对变化的市场有着足够的认识和准备，"如果仅仅依靠自己的创造，或者完全依赖自己在行业里的领导地位，那么没有哪个企业能够生存下来。这是一个竞争激烈的世界，竞争者们都渴望得胜。这些竞争者当中总有那么一些，在创造新事物的某些方面领先于所有其他企业。因此，一家公司在努力成为领导者和创新者的同时，也必须付出同样艰辛的努力，系统地向其他竞争者学习。"更为重要的是需要向顾客学习，无论是客户关系管理还是服务的工业化，甚至于差异化以及产品的生命周期的驾驭。

企业真的能与时代同步吗？回答是企业必须与时代同步，进入21世纪，有部分企业意识到这个时代的变化，开始调整自己的方向和定位，有些企业开展的"客户经理"活动，开始构建与顾客更紧密的关系，围绕关键顾客群展开顾客关系管理等等，更有成功的企业运用对于顾客细分需求的创新，开始了超越同行，引领变化的成长。但是对于大多数企业来说，并没有真正做到更深入更贴近地了解顾客，他们还在沿用过去对于顾客的定义，简单地以地域或者年龄来划分或者以购买规模来划分。这些企业所面临的根本问题是：并不了解顾客到底需要什么？西奥多·里维特指出："企业首先必须了解顾客心中的'更好'是什么。为了弄清这一点，然后弄清有哪些工作应当完成，并以高超的智慧、满怀热忱地去完成那些工作，我们就必须拥有想象力。"

在里维特看来，"如果不能发挥营销想象力，不发挥热情当中的神奇力量，现代营销科学和深度分析都只会是百无一用。世人总是希望找到一些简便的方法和精细的计划，来解决他们碰到的问题。现在管理者也加入了这个行列；他们这样做是可以理解的。但是，这个世界到处都是虎视眈眈的竞争对手，这些对手在不停地发明新产品、寻找提供这些新产品的新方法，以此绕过那些根深蒂固的旧事物，远远地跑到了前面——那就是拜他们的想象力所赐。所以，即使是那些根基深厚的企业，也必须发挥自己的想象力。要知道，正是他们的想象力，还有他们前辈们的事业心，把他们带到了现在这个位置"。我非常认同这个观点，事实上每一个走在同行前面的成功企业，都是在满足顾客需求中充分发挥想象力，给顾客以全新的感受和帮助，也正是这些企业能够做到这一点，让顾客感受到"物超所值"，顾客才不断地与企业互动，从而使得这个企业能够走在行业的前端。经历过市场变化洗礼的企业，会认识到全世界的商业惯例都面临着同一种情况：商业惯例中的很多假设，只要有想象力和胆识，并且坚持不懈地发起攻击，它们就会轰然倒塌。成功的企业总是能够运用想象力，去抓住市场边界不断消融甚至消失所带来的大好机会。花旗银行对于金融产品的想象力开启了金融创新的新时代，宜家家具的想象力使得家具和家居的个性化得以实现，阿里巴巴对于互联网的想象力让天下没有难做的生意，分众传媒对于楼宇的想象力让广告变换出新的展示力量。

（原载：《中国证券报》，2007年6月22日）

重塑企业的经营

当我拿到《营销想象力》的时候,内心的震动是无法形容的,一是因为作者曾给予我无法形容的影响,二是因为能够在纪念作者的时刻里得到仔细研读他的书的机会。

西奥多·莱维特是哈佛商学院的"营销学大师",现代营销学的奠基人。《营销想象力》自1983年出版以来,得到了广泛赞誉。作者为这本书增写的序言,意在对有关市场全球化的辩论进行扼要的总结,而书中收录的著名论文《营销短视症》,详细阐述了怎样尽可能延长产品的生命周期,以及如何在创新与模仿之间巧妙地保持平衡。

确切地讲,这不是一本写给营销人员看的书,而是写给企业最高决策层和经理人看的书。如果不能够深刻理解这本书所提出的观点,在这样一个不确定性成为常态的世界里,企业很快就会陷入泥潭不能够自拔。

在经历了接近30年的高速成长后,中国大部分超过20年历史的公司开始进入一种"增长陷阱"的感觉:一方面市场还是在不断地进步,另一方面企业却面对更多的困难,人力资源的发展瓶颈、灵活的战略、不确定的市场营销、变化神速的技术等等,人们开始质疑管理的努力能给企业多少贡献?

就其本质而言,企业应当贴近顾客,作为企业就应该去满足顾客的需求,但是越来越多的企业让我感受到的是脱离了经营的现实,过于热衷于竞争游戏,而不是从事围绕顾客需求所展开的日常工作。在过去的接近30年间,我们的企业的绝大多数领域都经历了巨大的变化:制造活动实施了全面质量管理,成本在大幅下降,供应活动正努力向即时管理方向过渡,信息技术的运用使得企业内部大量的文字工作被替代,管理人员的数量也在减少等等。但是,我最为惊讶的是在这一切努力的背后,对于顾客所做的努力并没有太大的改变,确切地说就是企业的经营没有什么改变,人们在营销上的努力并不明显。

但是，正如西奥多·里维特所言："企业的目的就是吸引并且留住顾客。如果不能吸引一定比例有购买能力的顾客，企业就不可能存续。顾客为了解决自己的问题，总是有许许多多的选择，而他们购买的其实不是产品，而是用来解决问题的方案。企业只有不懈努力，帮助顾客更好地解决问题，也就是为他们提供更加出色的功能、更高的价值和更加便利的服务，才有可能生存和繁荣。"

事实上，无论是在幕后默默无闻地工作还是直接面对大众，对于企业家来说，迅速树立产品形象和制定适宜的营销战略以确立产品的市场地位非常重要。星巴克公司首席执行官霍德华·舒尔茨对于如何在一个成熟的行业创立一个名牌有着独到的见解：它不是靠炫目的广告，而是致力于让员工对香浓的咖啡产生一种狂热，从而影响顾客的消费行为。肯德基的创始人科洛内尔·桑得斯采取了不同的策略：他树立具有亲和力的个人形象，亲身推广产品。2006年，LG的"巧克力"手机，让嗅觉融入通信产品中。

虽然对于如何销售产品每一个人都有自己的方法，但关键是要找到一种最合适的方法。而如何寻找最合适的方法呢？《营销想象力》给了我们很好的思考角度。西奥多·里维特提醒我们："管理者最担心的不确定性往往来自于市场，无论他们是处在美国、苏联，还是在阿联酋，或者联合劝募会。市场是显然存在的，而且谁都无法逃避它。所有商业机构的命运，最终都是在市场冷酷无情的运转中所决定的。"

（原载：《中国邮政报》，2007年6月23日）

品牌是顾客体验的总和

在过去的几年里我们被繁多的词汇湮没：品牌态度、品牌增效、品牌效应溢出、品牌稀释、品牌认知……营销人和经理人对品牌津津乐道，企业家和管理者对品牌孜孜追求，管理顾问和学者对品牌投注热情，消费者对品牌爱恨交织——这一切都表明，品牌已经成为经济生活的重要元素。

然而，并非人人都真正理解品牌的内涵。我个人对关于品牌的种种不严谨的说法颇感不安，因为如果不能真正理解品牌的确切含义，品牌本身的魅力就会变成商业的包装，从而失去力量。

一、定义品牌

《兰登书屋英语词典》（*Random House English Dictionary*）中有一个词条对"品牌"作了定义：

①一个词、名称或者符号等，尤其是指制造商或商人为了在同类产品中区别出自己产品的特色而合法注册的商标，通常十分明显地展示于商品或广告中；②品牌名称广为人知的一种产品或产品生产线；③（非正式）在某一领域的名人或重要人物。

这个定义有些过时，但它可以让我们对品牌有一个相对清晰的认识。我说它"过时"是因为这个定义过多地依赖于产品、服务、商标之类的有形物。不错，品牌在一定程度上是物质的，通常由产品、场所和人来代表。但我们还清楚地认识到，当工业革命转变到技术革命时整个世界从"有形世界"转变为"无形世界"，如今那些无形的、无重量的理念，如知识产权、创意、产品和服务对财富的驱动力等要远远重于有形物质，对于品牌而言更是如此。我们完全可以肯定，可口可乐的市场总价值中情感实体远大于物质实体。罐装饮料厂、卡车、原材料和建筑物这些有形物质资产对于可口可乐公司和华尔街来说，远没有全球顾客对可口可乐这一品牌的好感重要。换句话说，可口可乐公司的顾客忠诚度在未来难以估量。要量化这一部分的资产负债，即使是最出色的首席财务官都会发狂，但品牌的价值就在于此。

所以，品牌的全面定义应该是：品牌具有最基础的本质，这一本质不是外在的，也不是完全用产品或服务来定义的。就像柏拉图认为的那样：我们在日常生活中所体验的任何具体事物的各个侧面都存在着该事物的"理念"，是"理念"使事物更长久，甚至拥有永久的意义。

也许这样的表述方式不够概念化，但意思非常明确——品牌的最终体现的是具体事物，但这个具体事物本身并不代表品牌，而只是人们内心对其认知的外化表现而已。品牌概念，我们可以称之为"柏拉图的理念"，是人们在没有看到产品或者直接体验服务的情况下对其产生的反应。例如"哈根达斯"的名称本身甚至标志都能够让人产生美好的联想。是的，它代表冰激凌，但是品牌承载的最突出的意义却是一种感觉，以及对于这种感觉的期待。

二、顾客是品牌内核的来源

按照密歇根大学商学院教授普拉哈拉德（C.K.Prahalad）及拉玛斯威米（Venkatram Ramaswamy）的说法，权力钟摆向顾客的移动使产品"不过是一种顾客体验"。

这一概念无疑意义深远。我们知道，产品和服务总是要不断更新的，但其品牌却是永恒不变的。所以品牌的定义应该是这些体验的总和，而非产品或者服务本身。事实上从进入网络经济的那一天起，顾客的力量就开始发生作用。企业与顾客成为战略伙伴，而非简单的交易关系或者服务关系。新的经济规律是，商业世界围绕着顾客运转，而不是相反。商业最终会随着顾客而非那些最成功的分销商或者零售商而起起落落。正因为我们生活在这样一个经济时代，所以我们必须更加关注顾客的体验——在顾客与品牌的关系中产品和企业本身只是载体而已。

也许这样说有些过分，但如果我们理智地思考就可以理解产品和企业功能的本质。我再一次引用彼得·德鲁克的观点：企业就是创造顾客。如果没有顾客，企业和产品其实都没有存在的意义和理由。就如耐克运动鞋，菲尔·奈特（Phil Knight）在推出耐克品牌后将运动健身的灵感与渴望达到世界级水平的创新性产品展示结合起来。耐克推出气垫运动鞋后本来可以花上千万美元宣扬产品本身的价值,因为这种运动鞋的中跟处薄而柔韧的膜中装了气垫,外面包着成型的脚框架,附有一种动力健身系统,技术含量很高。但耐克的推广方式是:简单地展示了一下产品,却与顾客在更深、更鼓舞人心的层面进行交流,让人在更广阔的运动健身世界中了解产品的真正意义,这超越了产品本身,让人感动。

有一次我到一家公司调研,我问公司员工企业最成功的地方是什么。他们自豪地告诉我,"我们是行业内赚钱最多的公司。"当我问另一家公司同样的问题,得到的回答是,"我们是行业内最大的企业。"我感到了一种危机:也许最赚钱或是规模最大能够证明企业所取得的成绩,但这些公司成员的自豪与顾客没有任何关系。我在美国访问时发现,中国企业家常常问美国企业的规模有多大,而美国企业家常常问中国企业的用户是谁、客户有多少。我们有理由相信,一个不断关心用户以及用户数量变化的企业会一直存在。我们参观的美国企业的平均寿命是86年,一个拥有86年历史的公司应该就是拥有品牌了。

这几年来,中国企业的规模增长神速,但对于顾客价值的展示却并没有表现出相应的能力。因此我们看到了一个非常奇特的现象:大量销售的实现是通过资源投放而非顾客的认同来获得的,顾客与企业间完全是交易关系。这个现象表明,我们的企业并没有真正构建品牌,相反,是与品牌的内核渐行渐远。如果继续这样下去,当资源耗尽的时候顾客就会离开企业,企业也就失去了生存的空间。

因此,企业应该从关注产品回到关注顾客的层面来。在营销领域人们对于"第一提及率"非常热心,但是如果仔细研究就会发现,"第一提及率"所显示的并不是顾客自身的努力,而是企业所做的努力。"第一提及率"反映的是一种产品或者产品特征、一种品牌的自觉认知,但这并不代表人们一定会购买。正如人们可以在多种场合下不断提及宝马汽车一样,实际上他们可能根本就没有意愿去真正拥有一辆宝马汽车,因为在大多数人的消费习惯中宝马并不是与之相关联的产品。

回到顾客的层面就会寻找到品牌的内核。品牌之所以成为品牌,就是因为它能够在顾客内心中产生共鸣,能够引发顾客的信任。品牌如果能够尊重顾客更高级的需求,能够在产品开发与服务的同时巧妙地调节产品与服务的交流途径,就可以高于产品,因为它更具有意义。对顾客的理解、对顾客情感需求的满足、对顾客认知理念的理解和认同,可以引发顾客更强烈、更细微、更复杂的原动力。正如需求理论所描述的那样:渴望有归属感、纽带关系、希望有所超越和自我实现、希望感受快乐和满足,等等。最成功的品牌总是能够激发起积极的情感,就如蒙牛的"请举起右手,为中国加油"。每一次新产品、新服务的发布会都会成为一个故事,而这个故事就像一部伟大的神话,永远也讲不完,因为故事的主人公是顾客,而不是公司自己。

三、品牌是顾客意图,而非企业核心竞争力

企业是在不断变化的,产品和服务也会周而复始地改变,但顾客体验最终会定义品牌。在我写下这个观点的时候,刚好收到新一期的《中国国度地舆》杂志,封面题目是"江南专辑",在不同人的眼里,江南是完全不同的:地舆学家说江南是丘陵;景象学家说江南是梅雨;文学家说江南是天堂。江南之所以能够牵动那么多人的思绪,是因为这些人都可以在江南体验到自己的感触感染,表达出自己对生涯意义的懂得。我曾写过一篇散文《西塘》,在这篇散文中,我所感触感染到的是清纯——"何以踏上这小镇的土地,我的心就有了一种如归的亲近?宁静地坐在西塘的午后,我知道这是自己内心向往的生涯状况,不须要繁荣,不须要奢靡,只须要清纯的河水,只须要一缕箫音,在微微的风中思绪淡绝就可以了……"这就是我的江南。很多人都认为,江南的品牌是由小桥流水、唐诗宋词构筑的,而其他处所因为没有这些独到的历史和资源,也就无法构建品牌。我不赞同这样的说法,江南之所以是江南,不是因为小桥流水,不是因为唐诗宋词,而是因为江南切合了游人细腻、温顺的心,在江南的环境中能够呼应,能够服帖。

很多企业都基于企业的核心竞争力来肯定品牌优势,简略地说,就是品牌定位于顾客意图而非企业核心竞争力。克林顿在1996年总统竞选上有一句有名的短语——"经济,乏味透顶的东西"。每次克林顿提到此,他都提示选民他所关怀的是工作、失业、福利、税收以及所有老选民正担心的其他问题。"经济、乏味透顶的东西"这句脍炙人口的话,把克林顿定位为唯一关怀选民疾苦的人,因此,虽然其他候选人力图抢回注意力,但克林顿已经捷足先登。克林顿恰是选择选民的意图来构建自己的品牌,而非他的演说才能或引导才能。

所以,在开端斟酌肯定品牌的时候,首先需要肯定顾客的意图,肯定在顾客意图方面——企业善于什么、不善于什么?企业是会辅助实现顾客的意图?还是会损害顾客的意图?或者与顾客意图的实现毫不相干?

核心竞争才能并不是企业天生具备的，它需要不断累积和培育。但是很多人把企业核心竞争才能与品牌的实质混杂了，认为具有核心竞争才能的企业就能够构建品牌，很多企业甚至没有构建品牌，只是不断地进行市场定位的调整和完美，花大量的时光和资源来改善进入市场的营销策略，斟酌在哪里获得原材料、怎样管理和分类产品，不断调整产品组合，甚至开创发明更新的产品，但是却忘却了品牌内涵需要符合顾客的意愿，更忘却了企业需要吸引顾客的购置核心竞争力当然非常重要，但也请大家明白，企业核心竞争才能是实现品牌构建的一种才能，却并不是品牌内涵，品牌的内涵只有一个——顾客意图。许多公司犯的过错，就是简略地把两者接洽在一起。

斯科特·贝德伯里（Scott Bedbury）和斯蒂芬·芬尼契尔（Stephen Fenichell）认为，品牌的七种核心价值最为主要：①简练；②耐烦；③接洽关系性；④可接触性；⑤人情化；⑥无处不在；⑦立异。

这七种核心价值恰是顾客意图的体现，也许企业属于不同的行业，会有不同的范围，但是在构建品牌的时候，体现这些核心价值是所有品牌在创立以前都必须关注的，因为它们恰是顾客所期望的价值，在不肯定的情形下，构建品牌是归顾客层面的日程。也许品牌有多种表述方法，但我仍是偏向于用"顾客价值"来定义品牌，从而使品牌构建的方向符合顾客成长的方向，唯有这样，企业才能够真正构建自己的品牌。所以，再重复我对于品牌的定义——品牌是顾客体验的总和。

（原载：《北大商业评论》，2007年第5期）

全球市场的管理定义

每一个结构变革时代都会重新定义当时的管理理论和实务,当中国进入全球竞争的时候,中国的企业也进入了重新定义企业管理方式的时候。我们首先认识管理学界公认的评价标准,然后思考中国企业的道路。

一、四个企业时代

(一)第一个时代:后二战时代,代表人物:艾尔弗雷德·P.斯隆

这是个宏大的卖方市场时代,其驱动力是来自被禁锢的需求,以及一个新兴中产阶级的大爆发。这个时代的代表人物是通用汽车的艾尔弗雷德·P.斯隆(Alfred P.Sloan)。斯隆首创了经营权下放与财务控制权集中这两者之间的平衡艺术。斯隆在组织结构和流程方面的创新至今还在全球各地的大型企业中广泛应用。就是在这个时候,现代管理理论开始成型。

(二)第二个时代:20世纪70年代初,代表人物:哈罗德·S.吉宁

一个长期的经济低迷期开始了。随着经济发展放缓到极点,企业的多元化热情急剧高涨。其理念是:一种业务的高潮可以抵消另一种业务的低谷。这时兼并和收购成了企业的主要业务,而其中大部分是纯粹的资产汇集。这个时代的代表人物是哈罗德·S.吉宁(Harold S.Geneen),他将国际电话电报公司从一家主要在美国之外经营的价值7.5亿美元的电信公司,扩建成了横跨20多个行业的价值近180亿美元的公司。但是,国际电话电报公司成了时运起伏的标志,它最终凋零了,只剩下很小一部分幸存至今。

（三）第三个时代：20世纪60年代至90年代初期，代表人物：杰克·韦尔奇

随着日本人通过注重低成本、高质量和生产率，悄悄地创建起了一个制造强国，美国公司别无选择，只能够静下心来研究如何转型，企业领导人被迫把精力集中在经营业绩上。这个时代代表人物是通用电器的杰克·韦尔奇，他将一个平庸乏味的工业企业集团转型为充满活力的服务型企业，使得通用电器成为精密的增长机器，其管理模式，特别是核心业务单元战略的计划管理带领通用电器成为全世界价值最高的公司。

（四）第四个时代：20世纪90年代，代表人物：比尔·盖茨

这个时候出现了一股规模大、范围广且影响深远的热潮，其动力是科学技术、高生产力、无限乐观主义、不断扩张的股市以及风险资本的史无前例的增长。这个时代的代表人物是微软的比尔·盖茨。主宰20世纪90年代后期管理思想的四大信条是：商业模式创新、生产力、速度和股东价值。比尔·盖茨拥有了这些特征，他成了"速度之父"。在他主导下，电脑成为每个人必备的工具，他用创造性的商业模式，把一个少数大企业支配的市场转变为一个开放的舞台，新的商业机会不断涌现，价格不断下降。

二、四个核心要素

综观以上四个时代与代表人物特征，对于企业而言，真正奏效的经营方式的核心要素有四个：第一是战略——坚持明确且专注的核心事业战略；第二是执行——持续符合顾客期望的品质；第三是文化——建立以绩效为导向的企业文化；第四是组织——建立快速、弹性、扁平化的组织能力。中国企业如何实现这四个关键要素，我认为的突破路径是：

（一）重置战略逻辑

真正影响企业持续成功的重心不是公司的策略目标，也不是发展策略的流程，而是专注于核心事业的成长、坚持核心价值践行的力量。韦尔奇改造GE的第一个愿景目标，就是"第一或第二"，核心事业如无法成为业界的第一或第二，就修理、关闭或出售。对于中国企业而言，能否解决核心事业是非常关键的问题。

如何看待当前的发展机遇？30年的中国经济的飞速发展，中国国际影响力的飞速提升，更加令人心动的中国庞大的市场，所有跨国企业对于中国市场发展的极大关注，这一切都给了中国企业和产业一个巨大的发展机会。在这样难得的历史机遇下，中国企业更应该乘机聚焦能力，专心致志于核心事业的不断成长，根据顾客、合作伙伴及投资者的需要来制定发展战略。

我曾经总结企业的经营战略可以分为四种：薄利多销型；品牌型；服务型；个性化满足型。目前，我们的企业仅仅停留在第一种形态。也就是说中国的企业是成长于"大量营销"的时代，企业的主要任务就是说服消费者接纳公司的产品。薄利多销的逻辑是一种大量生产的逻辑——企业产量越高，单位产品的成本越低，因而盈利能力和竞争力就越强。但是我们都很清楚这个战略逻辑今天遇到了挑战：①产品生命周期缩短。每一年都会涌现出15000种以上的新产品或者新型号，其中超过90%的新产品的生存期限都不会超过12个月。②市场进入顾客时代。很多企业的活动并没有真正地围绕顾客展开，所谓顾客导向只是一个时髦的口号，很多企业总是在试图操纵顾客。③价值才是品牌的基础。很多企业的兴趣是为自己的产品或者服务创造某种形象，而没有认识到企业产品或服务能够给顾客带来的实际价值才是顾客评价的基础，然后才会有企业形象。

这还只是企业所面对的部分挑战，但是即便是这些，我们的企业在战略逻辑上如果不作改变，发展就必然停滞。

（二）改变文化惯性

企业文化对推动企业获得良好业绩有着非常重要的作用，这是我们需要强化的意识。郭士纳在IT业井喷初期接手IBM，柔韧而坚定彻底地发动了一场企业文化变革，使得这家连年亏损的IT业"病狮"重振雄风。安德鲁·莱克是美国全国广播公司前董事长，近期加盟索尼音乐公司。他公开声明，一旦挑起索尼BMG首席执行官重任，就要大刀阔斧重塑企业文化，将经营重点集中到数码音像产品的销售上。微软的管理人员承认，由软件开发者执掌帅旗的企业文化是造成某些产品失败的原因，因为他们常常会开发出一些技术上一流而消费者并不需要的产品。

我们看到，企业每一次真正的变革，都与掌权人自身文化和他所推崇的管理方式休戚相关。企业如果没有持续业绩，就无法承担一个企业公民的社会责任（比如减少失业率、保持社会稳定、创造更多的价值衍生机会等）。对于今天的中国企业而言，更需要实事求是的领导作风，不能够有任何的非业绩因素，不能够强调无原则的"和谐"，在激励和管理制度上更需要注重实际的奖惩机制，这种重视比任何时期更为重要。如果无法形成业绩导向的企业文化，所谓的转型根本无法实现。

很多企业形成了自身的潜规则，不容易接受变化，不能够打破框框，甚至可能形成固有的滞后的习惯；而一部分企业的文化还有着非绩效痕迹，也就是无法用绩效来衡量业绩。企业转型考验的是公司上下一致对外的能力，只有明确的价值取向与价值判断，才可以让文化发挥应有的作用。

（三）逆转产品审视

很多企业对于产品的评价，更多是来源于企业的内部，来源于企业的技术本身，而没有从产品和服务的终端用户角度逆向审视。企业必须意识到时代的变化，需要调整自己的方向和定位，需要构建与顾客更紧密的关系，围绕关键顾客群展开顾客关系管理等。

一部分成功企业运用对于顾客细分需求的创新，开始超越了同行、引领变化的成长；而更多的企业还在沿用简单的顾客定义，用基本人口统计特征分类来划分市场，或用生活形态来划分顾客，或用规模来划分，称之为"大客户、小客户"等；更有的简单地以地理区域或者行政区划分来区隔市场。

索尼在每次推出一个畅销产品的同时，都会安排四个小组研究全新的替代产品。因为在索尼的逻辑里，新产品一旦上市，顾客的期望就会跟着提升，索尼要做的是抢先一步超越顾客的想象。企业必须明白，再以产品生产的逻辑来经营企业一定是要失败的。

（四）活化组织制度

关注一个企业的制度是否能够发挥正向的作用，最直接的指标是：
- 授权第一线人员快速且弹性地响应顾客需要；
- 能够不断致力于改善生产力，杜绝一切浪费；
- 建立快速弹性反应的组织力；
- "简化、简化、再简化"是企业建立组织架构的基本原则；
- 促进企业的合作与信息交流；
- 把最佳的人才摆到最前线以掌握机会。

威廉·大内提出的Z理论认为，一切企业的成功都离不开信任、微妙性与密切的关系，因此主张坦白、开放、沟通的"民主管理"基本原则。事实上真正的核心不在于企业组织形态有什么样的区别,而是什么样的组织管理更有利于企业竞争力的获得。正如大内所言:"美国企业在未来10年面临的关键性问题不是技术或投资,也不是规章制度或者通货膨胀。关键性问题是我们如何对一个事实作出反应,即日本人知道如何比我们管理得更好。"

当我们描述四个时期的管理方式定义的时候,时代已经到了第五季,这个时代会更快、更加剧烈,更加需要放弃以往熟悉的方法和经验,做出更大幅度的调整和变革。中国企业要做充足的准备:学会放弃自己的习惯,否则市场会放弃你。

(原载:《销售与市场》,2008年第7期)

发挥营销想象力

抗拒或者抵制消费者逐渐演化的行为习惯,在商业上的含义,就是重蹈一些傲慢的老公司的覆辙——这些公司躺在商业世界的坟墓中。

中国大部分有着超过20年历史的公司开始出现一种称之为"增长陷阱"的感觉:一方面市场还在不断地发展,另一方面企业面临的困难更多了,人力资源的发展瓶颈、灵活的战略、不确定的市场营销、变化神速的技术等等,人们开始质疑一切管理的努力能够给企业做出多少贡献?

就其本质而言,企业应当贴近顾客,作为企业就应该去满足顾客的需求,但是越来越多的企业让我感受到是脱离了经营的现实,过于热衷于竞争游戏,而不是从事围绕顾客需求所展开的日常工作。在过去的接近30年间,我们的企业的绝大多数领域都经历了巨大的变化:制造活动实施了全面质量管理,成本在大幅下降;供应活动正努力向即时管理方向过渡;信息技术的运用使得企业内部大量的文字工作被替代,管理人员的数量也在减少等等。但是,在这一切努力的背后,对于顾客所做的努力并没有太大的改变,确切地说就是企业的经营没有什么改变,人们在营销上的努力并不明显。

事实上,无论是在幕后默默无闻的工作还是直接面对大众,对于企业家来说,迅速树立产品形象和制定适宜的营销战略以确立产品的市场地位非常重要。虽然对于如何销售自己的产品每一个人有着自己独到的方法,但是关键是要找到一种最合适的方法。

如何寻找最合适的方法,西奥多·里维特所著的《营销想象力》给了我们很好的思考角度,他提醒我们:"管理者最担心的不确定性往往来自于市场。"

我们来看看今天的市场到底发生了什么样的改变呢?

我曾经以自己的角度把企业的经营分为四种方式:第一种是薄利多销型;第二种是品牌型;第三种是服务型;第四种是个性化满足型。这样的分法不见得正确，但是可以让我表达我所要表达的想法。如果经营有四种形态，那么我们的企业仅仅是停留在第一种形态中，换句话说，中国的企业是成长于"大量营销"的时代。薄利多销的逻辑是一种大量生产的逻辑——企业的产量越高，单位产品的成本越低，因而盈利能力和竞争力就越强。但是我们都很清楚这个逻辑今天遇到了挑战：

1. 产品生命周期缩短

每一年都会涌现出15000种以上的新产品或者新型号，其中超过90%的新产品的生存期限都不会超过12个月。

2. 敌对与高傲

企业大多数的活动并没有真正地围绕顾客展开。很多企业并没有真的看重顾客，他们总是试图操作顾客。

3. 关心的是实质而不是形式

很多企业的主要兴趣是在于为自己的产品或者服务创造某种形象，但是却没有多少企业真的下工夫确保产品或者服务是与顾客期望的形象相符。企业产品或服务能够给顾客带来的实际价值才是顾客给予企业的评价，在此基础上才会有企业形象。

以上的仅仅是企业所面对的一部分挑战，但是即便是这样，如果不作改变，企业的发展就会停滞。

顾客时代已经开始。我不清楚接着下来会有什么样新的概念，但是企业为了应对面临的挑战并在未来的时代扮演好应有的角色，如今的企业需要表现出来的一系列新的特征，就是更好地理解顾客的需求，更好地提供真正的价值。

其实早在1960年西奥多·里维特在其影响深远的《营销近视症》中就提出顾客导向。西奥多·里维特认为许多大量生产的组织错误地采取了"产品导向"而不是"顾客导向"，为此他写了这篇文章，这篇文章传达的关键信息之一是，如果企业从提供大量制造的产品的做法转向满足顾客的真正需求，那么企业进入市场的方向就应该有重大的改变。

首先企业需要明确营销是全员而非营销人员的工作，"事实上，市场营销是公司内所有人的事情，每一个人最好都对它有所了解，不管这个人离营销职能有多么遥远，是一个研发人员，还是一个电话接线员"。

接着企业需要对变化的市场有着足够的认识和准备，"如果仅仅依靠自己的创造，或者完全依赖自己在行业里的领导地位，那么没有哪个企业能够生存下来。这是一个竞争激烈的世界,竞争者们都渴望得胜。这些竞争者当中总有那么一些,在创造新事物的某些方面领先于其他所有企业。因此,一家公司在努力成为领导者和创新者的同时,也必须付出同样艰辛的努力,系统地向其他竞争者学习"。更为重要的是需要向顾客学习,无论是客户关系管理还是服务的工业化,甚至于差异化以及产品的生命周期的驾驭。

(原载:《企业科技与发展》,2008年第7期)

经 营

中国企业开始步上品牌之路

4年前,我曾公开提出一个观点,中国企业还不具备做品牌的能力。看到如此多的企业进行品牌运作,我感到有点紧张,因为这是非常浪费的行为。虽然中国企业在20年的市场奋斗中,诞生了很多产品,也拥有了丰富的商品市场,但中国企业没有一家创造出真正意义上的成功品牌。

但是最近这4年,中国企业塑造品牌的能力有所提升。正是这个时候,我非常高兴地看到了《摊牌:做品牌就是做生意》这本书,也非常欣赏繁任老师的许多观点。我希望我们的企业能够仔细看看这本书,为此,我愿意首先贡献出我读这本书的收获。

什么是品牌?品牌的本质是什么?繁任老师指出,品牌的本质是品牌管理者的社会声望(包括个人、组织和产品)。品牌化经营包括了声望的构建、管理和参与交换。很明显,前两者体现了声望制造、管理的水平,是品牌的技术过程,而后者才是品牌的目的。我们对品牌价值的研究和考量,是如何使品牌成为一门有利可图的生意,即创造声望并使声望得到充分交换。也就是说,一方面,我们得打造一个顾客能够接受并喜爱的品牌;另一方面,我们还得"找到买主",让顾客愿意付出足够的代价去购买,完成交换这一过程。这是属于品牌的生意。

繁任老师进一步指出,品牌不生产产品,品牌建立消费者对产品的概念和印象;品牌不直接销售产品,品牌提供消费者购买该品牌定义之产品的理由;品牌不提高产品性价比,品牌提高消费者的感觉性价比。品牌具有充分的消费者立场,立足于消费者购买决策的特点与过程,通过作用于消费者心智,配合销售,有效地实现商业模式。

运用生动的实例,繁任老师还提出了一系列的营销学格言,而平常晦涩桀骜的原理就蕴含其中,例如:销售关注通路,品牌关注思路;销售卖的是性价比,品牌卖的是感觉性价比;溢价,是品牌最基本的任务之一,提高产品的附加值是品牌当仁不让的使命;销售要人买我,品牌要人爱我。从某种意义上说,品牌就是糊涂的爱，一如买几千元一只LV钱包的消费者。抓住情感诉求的要点，就能抓住消费者。类似这样的形象而深刻的箴言是繁任老师多年品牌营销实践的总结，值得每一个营销人反复揣摩和玩味。

我欣赏繁任老师及他的团队所秉承的"奇正"观点。兵法云"凡战者，以正合，以奇胜"，就是说一般的作战，都是以"正兵"合战，以"奇兵"取胜。所谓的"正"是传统大众之法，这些方法套路正是我们书本上学到的、工作中众人皆知的道理。这些是基础，我们必须要掌握，但要运用这些人人都懂而且都在运用的套路和方法去取胜，显然很难。所谓"奇"即是在正的前提（战略计划的约束）下，对传统套路中的资源、工具、方法的细节创新和整合，包括节奏、速度、力度和技巧等等。很多时候"正"途可以理解为一个方向的问题，"奇"则是步伐的问题：即不跑偏还要跑快才能跑赢。要想成为胜家，两者缺一不可！这种关于营销是"科学"也是"艺术"的辩证思维是一剂良药，正好可以医治当前盛行的一些毛病。

这本书让我欣赏的另一个方面是，繁任老师贡献了他以及他的团队在多年的营销咨询中发展起来的专业分析工具，这是堪称商业机密的东西，比如"品牌分层检核台阶图""六个层面的市场洞察法"等。繁任老师这种勇于分享的精神展现了充分的专业自信，也袒露了他们不断进取、以整个行业进步为己任的胸怀。善用本书提供的工具与方法，我想对于企业的品牌建设会有非常实际的益处。

非常值得一提的是，书中有大量的案例，这些案例大都来自繁任老师及他的团队的实践。从这些案例中可以看出我国顶尖营销顾问所秉持的学术原则和分析思路，这对于提升营销人士的专业素养是非常有帮助的。我虽然和繁任老师接触不多，但是细读这本书，欣赏他对于中国企业品牌建设所做出的努力，也开始确信中国企业已步上了打造品牌的道路。

（原载：《中国图书商报》，2008年5月13日）

经 营

"公共传播时代"的公众沟通

亚马逊前首席科学家韦思岸（Andreas S.Weigend）指出："以往的网络时代，只有发文者（往往是权威）才有声誉，但现在所有的互联网用户都可以参与进来并建立信誉。将来，通过网络评价这种社会性的征信方式，可能会成为比eBay、阿里巴巴这种集中性的征信方式更为重要的信誉诚信，从而影响到商业上的一些变革。"

一、公众沟通的魅力

2006年，加拿大温哥华一名男子用一枚红色曲别针，换来一套漂亮的双层公寓使用权，创造了"别针换别墅"的神话。奇迹并非绝无仅有，英国《每日快报》《每日镜报》报道，英国一名男子用一瓶价值2.69英镑的啤酒，换来一辆价值1500英镑的大众露营车。

这名28岁叫皮特·詹德斯的英国男子是一名啤酒厂工人，梦想能开着野营房车和妻子去意大利度假。他希望能像那名用别针换来房子的加拿大男子一样，也能用某样便宜的东西从互联网上换来一辆露营车。皮特建了一个换物网站，表示愿拿一瓶2.69英镑的林肯啤酒，换取任何更值钱一点的东西。意想不到的是，皮特的"啤酒换物"广告在网站上刚打出几天，就迅速得到了回应。一家当地报纸称，他们愿意让皮特到他们报社当一天编辑，来换取那瓶林肯啤酒。皮特又拿"到报社当一天编辑的机会"继续换物，结果，林肯郡调频广播电台找到了他，表示愿意让他到电台早餐秀节目当几天共同主持人，来换取这个"当一天报社编辑"的机会。

林肯郡调频广播电台的一名听众听到这个消息后，立即和皮特取得了联系，表示愿拿4张ZUTONS乐队演唱会的贵宾票，来换取这个当几天"广播电台早餐秀主持人"的机会。从那以后，皮特的网站上就开始热闹起来，许多ZUTONS乐队的粉丝纷纷拿各自的物品要换取他手中的演唱会贵宾票。最后，一名英国女人表示愿意拿自己价值500英镑的雪铁龙ZX汽车来换取皮特手中的贵宾票，皮特立即同意了这一要求。

圣诞节前夕，皮特终于实现了他梦寐以求的愿望，一名男子愿意用一辆价值1500英镑的大众露营车来换取他的雪铁龙汽车。皮特说："这辆大众露营车需要维修一下，但我并不挑剔。因为它只花了我一瓶啤酒的代价，我做梦也没想到只花了5个月时间，我的愿望就实现了。现在，维里蒂和我将能够到意大利阿马菲海岸去重新体验我们的蜜月了。"

这是互联网上一个真实的故事，它昭示了一个真实的商业内涵：沟通产生无限价值。

二、公众沟通的力量

20世纪80年代初，广东大亚湾核电站建设之初，与之毗邻的香港有百万民众联名要求停建缓建；浙江秦山核电站动工之初，也曾在海盐引起很大的恐慌，一些当地居民甚至准备外迁；江苏连云港田湾核电站因为引进的是俄罗斯核电技术也曾引起人们质疑。

尽管核能是安全清洁的能源已经为科学界所公认，但社会公众不一定知晓，也不一定这么认为。事实上，人们对核的恐惧心理，往往缘于对核知识知之甚少。伴随着核电发展，尤其是出现核事故、核灾难以后，有关核电安全以及"公众沟通"问题更加突出地摆在人们面前。公众沟通做不好，就会影响核电发展，与公众进行有效沟通，争取公众的理解和支持非常重要，正如核电专家潘自强院士所言：在核安全领域，应该加强与公众的沟通，使之更透明，为公众了解，受公众监督。一些发达国家核电发展很快，是与公众进行有效沟通分不开的。

2008年5月12日后的中国沉浸在悲痛和奋进之中，四川强震带给人们极度的困难和痛苦，同时也凝聚了国人坚强的意志。人们共同的感受是，我们的政府能够第一时间和公众沟通，第一时间把信息传给所有的人，第一时间和人民站在一起，所有的这一切，让本来极其痛苦的灾民，有了真实的希望和依靠。这正是公众沟通的力量。

三、公众制造

网络技术的飞速发展，公众参与越来越广，企业面对的公众的范围越来越广泛，因此，企业需要具备做广泛沟通的能力。相对于发展的技术而言，我们需要理解公众所具备的新的能力，这个能力有人称之为：公众制造。

2005年伦敦爆炸事件，在《波士顿环球报》《纽约时报》《华盛顿邮报》以及路透社等主流媒体上传播着一个衍生新闻——"Blog迅速响应：伦敦爆炸目击者纷纷在日志上发表自己的所见和照片"。

在最后一个冲击波划过伦敦城区之际，世界上第一组附有目击者叙述的现场照片已开始在全球流传，它们首先出现在Flickr等图片共享网站和其他几个Blog组织。英国市民亚当·斯塔西（Adam Stacey）是世界上提供第一张现场照片的作者。在发生爆炸的King Cross地铁站内，斯塔西不停地将这些即时照片发给他的朋友阿尔菲·丹恩（Alfie Dennen）。经营着一个Blog网站的丹恩，迅速发布了这些图片。很快，斯塔西的照片被picture phoning.com和Wikipedia网站采用；随后，斯塔西的图片又被天空电视台、美联社、BBC、英国卫报等媒体采用。

从"克林顿与莱温斯基事件"、美国"9·11"事件、伊拉克战争到"亚洲海啸事件"，目击者通过各类Blog发布信息已不是新鲜事。Grassroots媒体网创始人Dan Gillmor说——以往的历史由新闻记者撰写，但现在的历史由人民大众书写，这是非常重要的一种改变。他语气坚定地说："随着时间的流逝，这些新一代媒体将颠覆传统媒体扮演的角色。"

亚马逊前首席科学家韦思岸（Andreas S.Weigend）也曾表示："今天正在出现的一种趋势是，人们已相信来自公众的评价，'公众—专家—公众'的传播模式正在形成，过去掌握话语权的专家将转变为其中发言的一分子，相较以往会形成一个更公平的社会价值格局，它将尽可能地改变人类社会原本信息不对称的现状。"

韦思岸描述的正是一个生活事实，由此我们面临的一个新问题是，当所有信息的传播已不再受到控制，我们无法判断这是一个更好的世界，还是一个更坏的世界，但是唯一可以确定的就是，我们需要全新的能力。

四、公共传播塑造组织形象

不管是否承认，企业形象来自公众评价，而不是客观事实。同时，一个更为重要的事实需要大家关注,那就是公众今天的评价能力、评价手段,都有着明显的进步,企业如果不能够理解这一点,就会陷入困境当中。因此,公众沟通是塑造企业形象的驱动要素之一。

我们都承认,汶川大地震让中国政府的形象得到非常高的认同,而在中国人的心目当中,政府就是我们的依靠,因为每一个人,无论是灾区的人民还是其他地区的人民,都在这100多个小时里面,内心真切地感受到我们有一个强大的祖国。有效的公众沟通可以提升组织的形象,提升人们共同参与和贡献力量的效率。

研究发现,组织实际形象与期望形象总是存在一定距离,可用组织形象要素差距图直观表示,如图1所示。标尺从右到左,数字从小到大依次排列,"10"表示非常差,"70"表示非常好,对组织形象各要素进行评价,将各个项目的平均值分别标定在数值标尺的相应位置上,并用线连接各点,形成一条曲线,即是组织实际形象曲线。同理,把组织所期望各要素达到的程度的平均值标定在数值标尺上,并将各点用虚线联结起来,便形成组织的期望形象曲线。两条曲线的距离就直观地显示出组织实际形象要素与组织期望形象要素之间的差距。

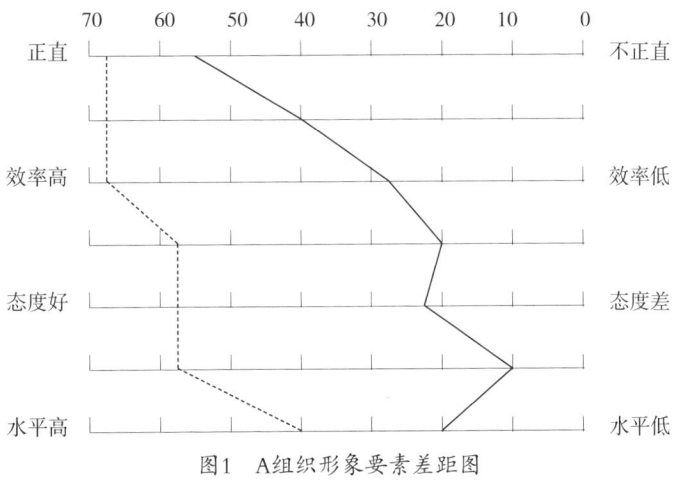

图1 A组织形象要素差距图

从图1可以看出,A组织的各项形象要素的实际评价值与期望值均有相当大的差距。比较分析组织形象要素的差距,可以找到组织形象要素的优势和不足,发现组织形象要素中,哪些项目和组织的期望形象存在着多大的距离。弥补或缩小这种差距应是改变或构建组织形象的重要工作。缩小这些差距,正是公共传播需要做的努力。

公共传播如果利用得好,完全可以得到明显收获。1988年4月27日,美国阿哈罗航空公司一架波音737客机从檀香山起飞不久便发生事故。事后,波音公司一反常规,利用这次本来会影响其声誉的事故大力进行公共传播。最初,人们对此大为不解。

波音公司对这次航空事故的传播语是这样的:这次事故主要是因为飞机太旧,金属疲劳所致。因为这架飞机已飞行了20年,起落过9万次,大大超过了保险系数。如此残旧的飞机都能使乘客无一伤亡,难道不是反而说明了波音公司的飞机质量十分可靠吗?

如此一来,波音公司形象不仅没有因这次航空事故受到丝毫损害,波音为此而做的公共传播反而赢得了更多客户。经此宣传,订单猛增,1988年5月份,国际租赁金融集团向其订购了100架波音737飞机,美国航空企业订购了30架波音737飞机。仅此一个月的订货量,比事故发生前的第一季度的总订货量还高出近1倍。可见,适时适地有针对性的公共传播,效果是卓著易见的。

(原载:《销售与市场》,2008年第19期)

本土市场领先才是全球化的前提

国际化成功的企业一般都先在本土市场取得了成功。只有在中国市场领先的企业，才有可能真正具有成长的能力。

托马斯·弗里德曼在《世界是平的》这本书里记录了他采访微软二号人物史蒂夫·鲍默尔的一个问题。他问史蒂夫·鲍默尔："微软是当今美国最重要的企业，微软衡量力量的标准何在？环顾世界，哪个国家是当今世界上最有力量的，为什么这么看？"史蒂夫·鲍默尔简单地回答说："我们衡量的标准就是看一个比率——每户拥有家庭使用电脑的数量。"史蒂夫·鲍默尔说微软增长最快的地区是亚洲，韩国每户拥有家庭电脑数量最多，日本也赶上来了，但是微软销得最火的却在中国。

当然，托马斯·弗里德曼讲述的这个故事，和我需要引用的角度有所不同，但是，有一点是明确的，那就是不管技术和环境如何变化，中国成为最重要的全球市场已是事实。

那些在全球化上表现优异的企业群体当中，可以发现最为明显的共同特征是，它们都具有强大的本土市场引领的能力。这些全球市场的佼佼者，首先是本土市场的佼佼者。沃尔玛、麦当劳、微软、英特尔、IBM、诺基亚和三星……这个名单可以一直延伸，因为各个行业都有全球领先的企业，很多人从不同的角度来分析，这些全球领先的企业成功关键要素是什么？这也是我愿意思考的问题，随着对于这些企业深入的了解，我们可以看到一些共性的东西。其中之一就是这些企业具有"市场集群"的能力，全球化的企业因为能够定位产品或进行区域竞争，也更有能力通过顾客成长获取优势。宏基的创始人施振荣曾经说过他成功的原因是保持"两只活眼"，一只眼看内，一只眼看外。事实上跨国企业正是由于在多个市场具有形成市场话语权的能力，确保自己在战略区域的绝对区位优势。

一、宏基的困境

可以说宏基系企业是华人企业中的国际化先驱,在施振荣的领导下,宏基公司用了28年的时间从一个制造商转型为拥有国际品牌的个人电脑商,施振荣的微笑曲线在IT业里路人皆知。后来宏基二次创业,一分为三,希望借此可以实现全球化,并缔造自己的品牌。其中,拆分出去的明基公司收购西门子手机业务,希望将自有品牌的手机业务做大,然而随着这一收购战略失败,明基再次回到代工战略。

当时的宏基和今天的联想一样,它受益于亚洲新兴市场的繁荣,急于走向国际市场,宏基的思路是,通过并购快速进入美国市场。1990年,宏基以9400万美元并购了美国高图斯(Altos)公司,后来的结果表明,这桩并购行为是宏基最为失败的投资案之一。当初购并高图斯的目的,在于获取其所掌握的迷你计算机技术能力,以及利用其在欧美的较为完善的国际化经营网络,从而提高产品的附加价值,增强企业国际竞争能力。但是,当并购发生之后,整个计算机产业的主流已经从原来的大型计算机、迷你计算机转向个人计算机。因此,并购高图斯的主要目的并未实现。而且,百分之百的并购方式导致了严重的"消化不良"。高图斯公司原有的员工难以及时融入宏基的企业文化,双方沟通起来非常困难。而且,支付这些员工的费用极为高昂。1991年,宏基在美国与欧洲的公司同时出现大量亏损,使原本已有组织膨胀问题的台湾总部,更加重了经营的困难,背上了快速成长所带来的沉重包袱。严峻的局面使宏基产生了进行再造工程的迫切要求。

可以说,在亚洲的企业中,宏基是一直坚持国际化战略的,宏基在台湾的市场很小,必须靠国际市场来支持企业的发展,企业也必须有效地利用全球分工与国际资源来降低成本,提升竞争力。2000年底宏基推动第二次企业再造,提出"新经销运营模式",成功地压低库存,结果不但降低了成本,也加速了产品的推陈出新,在欧洲市场打开了局面,2003年宏基在欧洲市场已经确立了自己的领先地位,而此时,亏损多年的美国市场也从2002年开始扭亏为盈。

无论从代工的经验、技术和制造的累积,甚至品牌的历练和销售模式的选择上,宏基系企业应该都具备了国际化的能力和条件,让宏基系企业国际化道路如此曲折的原因,是宏基没有一个属于自己的市场作为依托,宏基因为处在台湾一个相对小的市场上成长起来,如果不能够占据一个更广大的区域市场,宏基就无法累积真正的市场经验,累积对顾客的深刻理解。应该说没能够在中国大陆成为领先者，是宏碁系企业无法稳定在全球化市场持续领先的关键因素。

二、联想的幸运

柳传志一直抱有"办一个长期的、有规模的高技术企业，领衔中国PC市场的公司"的信念。1997年，凭借向首次接触电脑的用户推出简便易用的廉价电脑，以及竞争对手难以匹敌的分销网络，联想终于将IBM、康柏和其他外国电脑厂商甩在身后，一跃成为中国PC市场的领头羊。联想渴望自己成为新的IBM、松下、三星。柳传志认为，联想属于国际上的中型企业，必须坚定地成为一个国际大型企业。

事实上，柳传志对于联想的国际化早有设想。1997年，柳传志率队去中国台湾考察，会晤了当时的宏碁集团总裁施振荣，但这次的台湾之行，却让联想撤回了当时为国际化所准备的全部人马。就在那一年，宏碁集团收购了德州仪器公司的个人电脑子公司。但由于难以在美国建立庞大的分销网络，该公司被迫将重点重新转向了欧洲。显然，施振荣当时的惨淡处境无疑让柳传志深受触动。

但是，联想和宏碁有着完全不同的背景条件。联想在国内市场的竞争力非常明显，具有规模采购带来的成本优势、渠道建设的通路优势、服务网络广阔及时的优势、对国内市场敏锐的触觉和对国内消费者心态的良好把握以及在国内市场的品牌知名度等。细分市场、产品定位都是联想的强项，联想产品策略往往是竞争对手的风向标，惠普、戴尔等国际厂商在中国市场也不得不跟随联想变化。斥巨资收购IBM个人电脑业务，对于联想来说也是一次以资金换市场的行动，对于联想国际化有至关重要的推动作用。首先，收购IBM事件本身，对提高联想品牌在海外的知名度就有极大促进作用；其次，进驻IBM海外机构，利用IBM海外渠道，则是更重要的一步。

回到联想国际化进程的问题上来，毫无疑问，一年来的表现已经证明了联想在驾驭IBM这个强势品牌方面已经取得了初步的成功。当初分析人士担心的品牌价值下降、人心不稳等问题，都没有出现。在整合了原IBM的个人电脑部门之后，ThinkPad品牌并没有下降，依然是商务人士的最爱。同时，因为供应链整合等多方面的原因，联想整体的采购等更具有竞争优势。

尽管有业内人士评价认为，联想因2005年通过收购IBM的PC业务，目前总体处在对IBM的PC业务整合阶段，使得"奥运营销"显得单薄和仓促。但对此，联想集团似乎正试图消除这一猜疑。当联想收购的IBM业务开始盈利后，联想控股总裁柳传志、联想集团董事会主席杨元庆等高管多次在公共场合表示"我们已经成功地完成了整合过渡阶段，这个并购可以被看作是一个成功的并购"。

同时联想公布的2007财年第一季度财报还显示，个人电脑业务增长率在大中华区高于平均水平，在美洲区季内增加15%，在欧洲、中东及非洲区上升22%。从全球市场来看，由于2007年，美国经济出现疲软，投资者担心美国这个全球最大的电脑市场一旦出现经济滑坡，技术相关开支将会随之缩水，个人电脑类股票受到打压。在惠普、戴尔等公司的业绩受到影响的同时，2007年第四季度财报却依然显示：联想第四季度净利润较去年同期增长2倍，联想股票也因此逆势大涨，这一切主要源于联想在中国市场的绝对领导地位。

宏基和联想两家企业的国际化努力，收获了不同的结果。我们不能说这就是定论，因为全球化是一个永久性的课题，所有的企业都需要持续地付出努力，但是，就现在的经营结果，我们还是需要阶段性总结，思考一下，整理出一个需要面对全球市场的企业所具备的基本条件是什么，进入一个市场所需要的要素是品牌、技术、渠道，在这三个基本要素上，宏基并不逊色于联想，甚至在某些方面超越联想，但是，以目前的格局来看，联想似乎更有优势，在我看来，两者真正的差距来源于中国市场的业绩。

三、柯达和富士之争的启示

第二次世界大战后，为使日本遭受战争摧毁的工业得以重新发展，美国占领军说服包括柯达在内的大部分美国企业撤离日本，在以后40年间，富士开始逐渐发展起来，赢得了70%的国内市场，柯达和其他欧洲企业在日本的市场仅占10%。20世纪80年代，富士开始向欧美市场进军。在富士的猛烈冲击下，柯达开始在市场上频频失利，利润急剧下降。1984年，洛杉矶奥运会对柯达公司是一次耻辱的记录，因为被选为这次奥运会"官方指定胶卷"的是装在翠绿色纸盒中的"富士"，而身为东道主的老牌胶卷"柯达"却名落孙山。

失利后，柯达开始酝酿对富士的攻势进行反击，柯达选择了抢占日本市场份额的战略，让富士在日本本土市场失利，打击富士的全球化战略。1984年8月，柯达企业规划主管西格飞赴东京，研究如何在日本本土市场上收复柯达的失地。日本的摄影用胶卷和相纸市场规模高达22亿美元，而柯达只占了10%，并且还在走下坡路，这不是关税的问题，因为进口税只有3.7%，问题症结在于柯达虽然在日本做了90年的生意，但从无长期经营规划，企业在日本既无直接销售网，也无生产据点，更无驻地经理，在东京的25位职员完全依赖各地的经销商。

此后，柯达决定派出公司高级经理，并将更多的资源投放到日本市场。从1984年起，柯达投入5亿美元，在东京建立总部，在名古屋附近建立研究和发展实验室，并将其在日本的雇员从25人增加到4500人，在原来只出售日本胶卷的照相店成功上架，分销店从30000家增加到60000家。结果6年间柯达在日本的销售额扩大了6倍，1990年销售额达13亿美元。柯达的广告战术取得更大的成功，有一半以上的日本消费者能一下辨出柯达的商标，这一深刻的印象使柯达胶卷在日本摄影爱好者这一市场中，市场占有率已达15%，位居日本市场第二位，紧随富士之后。

柯达在东京取得的成功惊人，除拥有摄影爱好者市场的35%，在医用胶卷和出版业中，柯达的占有率已达85%。在柯达强大的攻势下，富士胶卷在日本的销售额开始下降，以致富士公司不得不将其在国外的一部分最精干的人员撤回东京，以抵挡柯达的攻势，而柯达借此稳定了美国本土市场领先者的地位。

四、本立道生

宏基和联想，柯达和富士让我们确信"君子务本，本立道生"，领先本土市场是全球化的一个关键因素，利用本国市场推动企业国际化进程是国际化成功的要素。没有本土市场的历练，没有本土市场稳定领先的格局，企业在全球市场上的努力会受到制约；没有本土市场持续稳定的发展，企业也不可能有累积企业内部的实力基础，全球化战略的步伐就会放慢。

（原载：《销售与市场》，2008年第25期）

回归中国消费概念

2008年初到现在,绝大部分的人都认为中国企业该开始准备过冬。我没有附和这样的观点,不是因为我天生乐观的秉性,而是因为我认为所有的判断都需要回到需求、回到市场当中。

最近,最有新闻价值的话题之一就是可口可乐并购汇源,人们可以从很多角度来理解和诠释这个并购案的内涵,但是在我看来,庞大的中国消费市场是可口可乐愿意用溢价收购的根本原因。因此,中国企业不需要看全球经济如何,也不需要过分关心美国次贷危机对中国的影响有多大。如果我们的眼睛只是对着外边,而没有关注到成长的市场需求、区域的调整以及新兴市场的改变,总是用简单习惯的思维来观察今天的环境,也许我们会错失根本的机会。

一、谁在驱动全球的资本

公开资料显示:阿里巴巴创下了中国互联网企业上市融资之最,其国际配售吸引了超过1800亿美元资金认购,公开发售冻结金约4530亿港元。

当阿里巴巴真正开启了其IPO航程的时候,人们不禁要问:阿里巴巴上市背后真正的推动力是什么?根据iResearch资料,作为B2B领域的领先者,阿里巴巴企业注册用户数占了中国整个电子商务市场份额的70%以上。若按收益计算,2006年阿里巴巴B2B业务的收入额约占中国B2B电子商务市场贸易总额的51%。

阿里巴巴招股说明书数据表明,截至2007年6月30日,阿里巴巴企业的注册用户达2460万名(国际贸易平台360万名,中国贸易平台2090万名),付费会员超过25.5万名。2005年阿里巴巴注册用户数量、付费会员数量的增长率均为83%,2006年这两个数字分别是83%和55%。

资本是阿里巴巴上市的重要推动作用,但并非决定因素,在对中国市场完成了垄断式的占领之后，借船出海积极拓展海外市场不仅是马云的要求，更是资本对于阿里巴巴的要求。在某种程度上，是市场在督促阿里巴巴的上市。仔细研究阿里巴巴的业务就会发现，资本的力量已经不仅仅体现在资本市场上，更重要的是它们从各个层面给阿里巴巴带来积极作用，这是其他互联网企业一直缺乏的。

事实上，真正推动全球资本的正是中国市场强劲的增长能力。

二、中国消费概念

携程的出现改变了中国人的商旅消费习惯。如今，市场上涌现着e龙、芒果网、同程、去哪儿搜索等众多在线旅游商，一个新兴的产业因为携程的成功而诞生。

同样，经济型酒店也是近几年突然兴起的蕴涵创新元素的传统服务产业。多年前，当锦江之星试水市场时，很多人还不知道什么是"经济型酒店"，如今，引入商务服务、舒适卫浴、高级睡床和现代化管理的经济型酒店成为被人们广泛接受的业态。

2007年是中国经济型酒店市场进入相对成熟的一年，整体市场呈现出细分等级的状态，比如莫泰细分了168、268、驿居等几个品牌，仅99元一夜的"我的客栈"强势出击……而季琦似乎早些年已经看到了这股趋势，将汉庭麾下品牌分为中端商务酒店和经济型快捷酒店两种，且将重点倾斜于前者。新崛起的7天连锁酒店以低价取胜，其最近一年的开业酒店增长率达400%，客房增长率达327%。

当中国市场出现"消费升级"之时，不仅是经济型酒店，2007年也是中国创新型传统行业获得资本市场充分认可的年份。"中国制造"的概念正悄悄向"中国市场"转变。风投、股市、各路资本都对持续上升的中国消费市场寄予厚望。新世界百货、报喜鸟、奥卡索、安踏、味千拉面等企业纷纷上市，小肥羊、一茶一座、PPG、九钻网等也成为风投青睐的对象。

三、回归中国市场

我之前引述过这样一个故事：托马斯·弗里德曼在《世界是平的》这本书里记录了他采访微软二号人物史蒂夫·鲍默尔的一个问题，他问史蒂夫·鲍默尔，微软是当今美国最重要的企业，微软衡量力量的标准何在，环顾世界，哪个国家是当今世界上最有力量的，为什么这么看。史蒂夫·鲍默尔仅是简单地回答说，

我们衡量的标准就是看一个比率——每户拥有家庭电脑的数量。史蒂夫·鲍默尔说，微软增长最快的地区是亚洲，韩国每户拥有家庭电脑数量最多，日本也赶上来了，但是微软销得最火的却在中国。

当然，托马斯·弗里德曼在讲述这个故事时和我引用的角度不同，但是，有一点是明确的，那就是不管技术和环境如何变化，中国成为最重要全球市场已是事实。

2004年，宝洁在中国的销售额约为18亿美元，约占其全球收入的3%，但是到了2007年，按其销售量来计算，中国已经成为宝洁在全球最大的市场之一。美国商会2006年进行的中国商业环境年度调查显示：74%的受访会员企业表示它们在为中国市场生产，64%的会员企业表示实现了盈利或者盈利丰厚，例如，通用汽车在2005年的全球利润中1/3来自中国，2004—2006年间，61%受访企业实现了盈利增长。

这些跨国企业在中国市场的成功，正是因为中国市场本身的巨大需求，多种巨大的力量在推波助澜，中国大大小小的城市中已经开始形成了庞大的中产阶级，消费能力和增长的速度令企业具有了更多的机会和实现增长的可能。

1987年5月进入中国开设第一家店，到2007年，肯德基在中国大陆已经拥有1695家门店，这个数字较3年前翻了一番，销售额每年以20%的速度增长。今天，百胜已经成为中国快餐和休闲餐饮行业的领跑者，每年在中国新开400家门店，其目标是在数年内让门店数量达到24000家，这是一个雄心勃勃的目标。为什么他们可以设立这样的目标？看看以往的数据，2002—2005年间，公司运营利润以每年22%的速度增长，到了2006年达到了2.9亿美元，这就是中国市场对于百胜的贡献。

在中国，实际购买力正在从富裕阶层转向中产阶级，超过3/4的中国家庭的年收入不到2.5万元人民币，但在20年内，这一比例将缩减到仅有10%左右，届时中国消费市场的规模可能和日本相比，年消费额将升到约20万亿元人民币，成为世界上第二大消费经济体。看到这些数据，我们可以想象，如果企业能够服务于这个新兴的中产阶级，那么其成长速度一定是可以预期的。

所以，我并没有悲观地看待今天的经济形势，也不认为中国企业处在一个"冬天"的环境中。问题的关键是：我们有没有全力地去认识中国消费市场，认识中国消费者？我们的企业是否真的深入到中国市场当中？深入到中国的消费者当中？肯德基在中国的典型快餐品种既包括原味鸡腿汉堡和鸡肉卷等在美国常见的品种，也包括烤鸡翅、早餐鸡肉卷、冬日暖汤以及时令蔬菜等中国独有的品种。当肯德基做出这些适合中国消费者的口味产品的努力的时候，我们自己做得如何呢？只要我们也这样去努力，中国消费市场一定会给企业新的增长带来机会。

（原载：《销售与市场》，2008年第31期）

品牌内核之源

对于顾客价值的判断是品牌内核的来源，永远站在顾客的角度，永远守护顾客的信任，才是构建品牌的可行之路。

品牌态度、品牌增效、品牌效应溢出、品牌稀释、品牌认知，等等，人们被繁多的词汇所湮没。在任何地方，都可以看到人们对于"品牌"津津乐道，看到营销人和经理人对其之追求，看到管理者和企业家对其之热爱，看到顾问们和教授们对其之关注。一切都表明，品牌已经成为经济生活一个重要的元素，人们已经确信了品牌具有强大的魅力。而在2008年9月爆出的"三聚氰胺"事件中，中国乳业、中国食品业甚至中国制造的品牌都受到了伤害，对于广大的消费者而言，更是一场灾难。透过事件本身，我关心企业是否真的理解"品牌"。无论我们多么期望拥有品牌，但是，如果不能够深刻地理解品牌的内在要求，以为广告、传播、产品、企业就是品牌，就会导致出现如当今乳品企业所面临的困境，我们需要明确品牌的核心是什么。

一、定义品牌

关于品牌，《兰登书屋英语词典》（*Random House English Dictionary*）对品牌进行了定义：①一个词、名称或者符号等，尤其是指制造商或商人为了在同类产品中区别出自己产品的特色而合法注册的商标，通常十分明显地展示于商品或广告中；②品牌名称广为人知的一种产品或产品生产线；品牌内核之源；③（非正式）在某一领域的名人或重要人物。

这个定义过多依赖于产品、服务、商标之类的有形物，显然有些过时。今天，那些无形的、常常是无重量的理念，如知识产权、创意、产品和服务对财富的驱动力等，要远远大于有形的物质。可口可乐的市场总价值中情感实体远大于物质实体，罐装饮料厂、卡车、原材料和建筑物这些有形物质资产对于可口可乐公司和华尔街来说，并没有全世界的顾客对这一品牌的好感重要。

所以，品牌的全面定义应该是：品牌具有最基础的本质，这一本质不是外在的，也不是完全用产品或服务来定义的。就像柏拉图所认为的那样，我们在日常生活中体验的任何具体事物的各个侧面都存在着该事物的"理念"，"理念"使事物更长久，甚至拥有永久的意义。从这个意义上讲，蒙牛、伊利、光明等企业所缺少的就是使事物更长久甚至永久的"理念"。乳品企业需要明白人们对乳品的期望是安全和营养，这是人们的感觉以及对于这种感觉的期待，但是，我们的这种感觉和期待被乳品企业打碎了。

品牌最终的体现是具体的事物，但是这个具体的事物本身并不代表品牌，品牌是这个具体事物在人们内心认知的外化表现而已。品牌概念也可以称为"柏拉图的理念"，人们可以在没有看到产品或者没有直接体验服务的情况下对其产生反应。哈根达斯，其名称本身甚至其标志都能够让人感觉到美。它代表雪糕，但是，这个品牌承载的是一种感觉以及对于这种感觉的期待。

二、品牌就是顾客的信任

按照密歇根大学商学院教授普哈拉（C.K.Prahalad）和拉玛斯威米（Venkatram Ramaswamy）的说法，权力钟摆向顾客的移动使产品"不过是一种顾客体验"。产品和服务总是要不断地更新，而其品牌却是永恒不变的。所以定义品牌应该是这些体验的总和，而非产品或者服务本身。事实上，从进入网络经济的那一天开始，顾客的决定力量就开始发生作用，企业与顾客之间成为战略伙伴而非交易关系或者服务关系，新的经济规律是商业世界围绕着顾客运转，而不是相反，商业最终会随着顾客而非那些最成功的分销商、零售商们起起落落。在这样的经济时代，必须更加关注顾客的体验，必须认识到"在顾客与品牌的关系中，产品和企业本身只是一个载体而已"。

彼得·德鲁克曾说：企业就是创造顾客。如果没有顾客，企业和产品其实都没有存在的意义和理由。回到顾客的层面，才会寻找到品牌的核心。品牌之所以成为品牌，就是因为它能够在顾客内心中产生共鸣，能够引发顾客的信任。品牌如果能够尊重顾客更高级的需求，能够在产品开发与服务的同时，开发可以巧妙调节产品与服务的营销交流途径，那么这样的品牌就可以高于产品。对于顾客的

理解、对于顾客情感需求的满足、对于顾客认知理念的理解和认同,可以引发顾客更为强烈的、更细微的、更复杂的原动力。最成功的品牌总是能够激发起积极的情感,每一次新产品、新服务的发布会都会成为一个故事,而这个故事就像一个神话,永远讲不完,因为,故事的主人公是顾客,而不是企业。

一个能够在品牌上有所作为的企业,也像《销售与市场》一定要更严格地要求自己,像"呵护眼睛一样"来呵护顾客的信任,其实也是在呵护自己的品牌。"三聚氰胺"事件彰显出企业并没有真正站在顾客的层面去保护顾客的期望,在顾客最需要信任的价值判断上,企业没能有所作为。

三、品牌契合了人们的心

很多企业都基于企业核心竞争力来确定自己的品牌优势,这是非常错误的。企业确定品牌的关键是与顾客的价值需求相一致,简单地说就是品牌定位于顾客意图而非企业核心竞争力。克林顿在1996年总统竞选中说过一句话:"经济,乏味透顶的东西。"克林顿总是以此提醒选民他所关心的是工作、失业、福利、税收以及所有老百姓正担忧的其他问题。脍炙人口的一句话把克林顿定位成唯一关心老百姓疾苦的人,从而促使他赢得了竞选。其实,克林顿正是选择了选民的意图来构建自己的品牌,而非自己的演说能力和领导能力。

所以,在开始考虑确定品牌定位时,首先需要确定的是顾客意图,确定在顾客意图方面企业擅长什么、不擅长什么,企业所擅长的地方能否帮助实现顾客的意图,还是伤害了顾客的意图,或者根本与顾客意图的实现毫不相关。我们的企业真的需要静下心来好好思考这些问题,如果不能够从顾客价值需求出发,而是单纯从企业的角度出发,最终的结果是顾客远离我们,就如"三鹿"品牌的衰败。

不要仅从传播的角度来构建品牌,不要从产品的角度来构建品牌,更不要从行业的角度来构建品牌,品牌构建只有一个角度——顾客。对于顾客价值的判断是品牌内核的来源。永远站在顾客的角度,永远守护顾客的信任,才是构建品牌的可行之路。

品牌之所以成为品牌,就是因为它能够在顾客内心中产生共鸣,能够引发顾客的信任。

(原载:《销售与市场》,2008年第34期)

减法营销：
企业经营战略的重新定位

2010年6月到美国，给自己的任务是购买一部iPad，原以为这是件很容易的事情，但是没有想到并不容易。本想选择离酒店最近的一家专卖店，被告知没有货，结果连续走了5家店还是没有货，朋友提醒说到洛杉矶较偏僻的苹果专卖店也许会有货，结果真的是这样，还没有我要的3G款，只有迁就购买了仅有的两部中的一部。购买iPad的经历让我不得不面对这样一个问题：为什么在这样一个时代，苹果还可以按照自己的意愿来做销售？

一、回归到顾客最基本的生活方式

一些人把苹果归结为"独特的产品设计，宗教式的营销"，我也同意苹果的产品设计极其独特，但是更需要我们学习的是：苹果对于顾客体验的认识以及实现顾客体验的商业模式。乔布斯阐明了苹果取得奇迹的缘由：我们只是尽自己的努力去尝试和创造（以及保护）我们所期望得到的用户体验。正是这样的定位和承诺，苹果一直以来坚持做一件事情，那就是重新赋予产品顾客体验的价值。

苹果并没有去创造一个全新的产品，反而更多是改变一个原来就存在的产业，而不是独自从零开始开创一个全新的领域。iPod、iPhone只是重新发明了MP3、手机而已，而iPad也是对于电脑的重新定义而已。因为在乔布斯看来，了解和理解顾客的习惯是最为关键的，他很明确，任何产品都应该回归到顾客的生活习惯上来，而不是改变顾客的生活习惯。

苹果更深的理解还在于顾客拥有成本的认识和对于商业的价值认识，iPad产品最低一款的价格是499美元，这样的定价的确具有极大的顾客体验价值，所以

iPad上市28天就销售100万台，这样的奇迹令人无法超越。对于顾客体验价值的维护还不仅仅体现在产品和价格中，在使用iPad的过程中，自己也开始被深深地吸引：这不是一个简单的顾客价值体验，而是围绕顾客价值体验的价值网络集群。这个理解让我惊讶并感叹，也终于明白为什么会有"苹果化"的倾向以及对微软的担忧了。

亚马逊的传奇是什么原因创造的呢？一方面是自身完善的组织结构与卓越的远见，一方面是和联邦快递、联合包裹公司之间的内容限定、约束与捆绑，更重要的一个方面是用最简单的方式来满足顾客的需求，以顾客习惯的购买方式来提供价值。同样，易趣的首席执行官惠特曼这样描述其企业战略：易趣公司是一个联系买家和卖家的市场，从根本上讲，它提供了一个全球性的在线交易平台，任何人都可以通过这个平台进行各种产品的交易。正是价值网络的协调能力造就了这些成长型的企业领袖。

这是一个新的商业模式，一个运用价值网络获得开放性成功的商业模式。这个全新的商业模式和我们以往所熟悉的商业模式最大的不同在于，不再是关于成本和规模的讨论，而是关于顾客互动与价值分享的讨论，无疑后者更加具有顾客价值的体验性。

二、智能化是企业需要全新追求的价值

我们面前的这个世界意味着一个不同于企业产品制造的更智能的时代正在出现。IBM以"智慧地球"的观点，提醒人们商业模式的改变，智慧地球的核心是以一种更智慧的方法通过利用新一代信息技术来改变政府、公司和人们相互交互的方式，以便提高交互的明确性、效率、灵活性和响应速度。如今信息基础架构与高度整合的基础设施的完美结合，使得政府、企业和市民可以做出更明智的决策。智慧方法具体来说是以以下三个方面为特征：更透彻的感知、更广泛的互联互通、更深入的智能化。

更透彻的感知是指利用任何可以随时随地感知、测量、捕获和传递信息的设备、系统或流程；更全面的互联互通是指先进的系统可按新的方式协同工作；更深入的智能化是指利用先进技术获取更智能的洞察并付诸实践，进而创造新的价值。这三个特征需要人们从全新的角度来理解市场、资源以及环境，更需要理解为尽最大的力量来减少不必要的浪费。所谓"智慧"一词就是提醒人们需要有效

地利用资源，需要提升自己的智慧来高效地使用资源。

中国的企业要理解到竞争优势的来源已有了根本性的改变，我曾经在之前的文章中这样总结：最初的中国企业是以"成本＋质量"的特征获得产品的竞争优势，使得中国企业具有了中国本土市场以及国际市场的分工；在此基础上，领先的中国企业以"供应商＋渠道"的特征获得了价值链的竞争优势，使得中国企业具有了自有的品牌以及融合资本的能力。在今天，借助于企业价值链的发展，具有竞争优势的企业需要有能力构建商业平台，而其特征在于"产业价值＋技术增值"。在"成本＋质量"带来竞争优势的阶段，规模成为核心关键；在"供应商＋渠道"获得竞争优势的阶段，服务成为核心关键；在"产业价值＋技术增值"带来竞争优势的阶段，智能化成为核心关键。如果我们不能够具有第三个阶段的优势，也就无法让企业在未来获得持续的成长。

让我们看看塔尔公司的做法，一件衬衫交由上百家原材料供应商、加工工厂和店铺来同步完成，而客户以正常的价格得到定制的衬衫。这家公司正是运用价值网络的协调能力占有美国所有礼服衬衫销售市场的1/8。正如eBay的前首席执行官惠特曼描述其企业战略时所言："eBay公司是一个联系买家和卖家的市场，从根本上讲，它提供了一个全球性的在线交易平台，任何人都可以通过这个平台进行各种产品的交易。"塔尔公司和eBay公司都是借助于商业平台的开放性，构建一个价值网络，更加智能化地满足顾客的需求。

正如IBM所确定那样，通过合作创建市场：根据需求在需要的情况下配置组件、协调客户的价值空间、改变成本结构、用开放合作性和服务性的机遇来创建新的能力、增加客户的灵活性和适应性、为精选的客户创建专有化的服务……借助于IBM的经验，不难看到成功源于企业对于顾客持有成本的理解，无论是有顾客需求来配置组件，还是协调顾客价值空间，都是在精准理解顾客需求的基础上来安排企业的所有行动；改变成本空间更是一个站在顾客角度来设计的要求，开放性和专有化给出企业今天必须要努力的方向。

三、价值链的有效性成为关键

网络技术的发展，价值链管理被推上一个相当的高度，很多企业纷纷开始了基于供应链管理的价值网络构建。在这些成功的企业中可以看出：价值网络上各成员之间的合作关系必须利用顾客利益去驱动和维持，这种方式的形成需要企业在充分考虑自身利益的基础上，通过共享价值形成利益共享的合作关系，以契约的形式进行固化，并在合同中加以体现。这种固化的合作关系不仅可以改善供应链性能，为买主提供稳定的供给，为供应商提供稳定需求，还可以减少事务处理成本，并加强合作。

但是我担心的是人们并没有理解到价值链管理的核心所在，价值链在今天具有特别意义的原因是因为：通过价值链的管理，可以确保价值链上的所有成员能够获得最有效的价值分享，如果不是最有效的价值分享，价值链管理本身并不会带来任何的竞争优势。之前很多人问我如何看待"山寨版"，事实上，我对以创造出山寨版产品的企业还是非常佩服的，因为他们恰恰是找到了价值链上最具经济价值的成员，并组合了这些成员获得了自己特殊的竞争位置。我并不赞同山寨版的战略，但是我建议大家寻找他们有价值的东西来借鉴。

（一）关注顾客及其持有成本

始终把最终顾客的需要和期望视为最重要的，并尽力识别和理解最终顾客的需要和期望，作为决策的主要依据。在此基础上，更需要了解顾客的持有成本，要让顾客能够以最低的成本来持有您所提供的产品，就如苹果一样的理念"革命性的产品，令人意想不到的价格"。

（二）为顾客提供专有的服务

与价值链成员和顾客共享详细的信息，如销售终端的信息可传输到制造商订单处理系统并与物流公司共享，而对于顾客需求的判断也在共享的信息平台上得以展示，让顾客的需求可以得到专有的服务。信息的流动可以帮助价值链成员和顾客之间很好的交流，让有效的信息帮助企业做出有利于顾客的价值判断。

（三）开放性的合作与服务

来自价值链成员的紧密协作，可以消除往常的组织界限并发现有益于整个价值网络的改进。消除人与人、成员与成员之间的藩篱，实现整个价值网络的协作。你会发现，本田汽车无论是在哪一个层级的汽车分类产品中，都具有特殊的价值贡献，这都得益于本田公司和它所有相关联的公司之间的紧密合作与服务。

（四）制订利益共享计划

利益共享对价值网络各方来讲都是很重要的，只有充分调动价值网络各方的积极性才有可能产生协同效应。与价值网络成员一起经营是一种应对挑战和寻求突破性发展的解决方式和战略，一个企业不可能为所有的人提供全部产品，但通过价值网络的构建，企业就能更接近这个目标。

价值网络的建构不仅仅是一种行为，还是一种思想，更是企业的一项长期的商业发展战略，为企业迎接商业挑战提供了发挥协同优势之路。我们看到，这个时代的出现开始让传统工业企业处于痛苦的境地。许多传统的符合工业时代的"好"产品，客户却再不买账，如果还是以传统的理念来经营产品，一定会得不偿失。对于顾客而言，提供最真实、最有效的感受才是他所需要的。所以，如何激发价值链成员贡献自己的有效性，回归到顾客最可以体验到的价值上来，是今天企业战略需要作出努力的地方。

好产品不受欢迎至少意味着传统的产品三要素"功能、质量、价格"开始失效，而很多新兴企业战胜传统企业，意味着企业规模大小与赢利能力之间开始分离，传统的"规模决定效益"的工业企业管理逻辑正在被颠覆。"有效性决定效益"也许正在悄悄地变成人们的共识，人们更关心能耗、环境保护、碳排放、有机和绿色，人们已经不再是功能的追随者，而是智能化的追随者。所有这一切的变化，都意味着企业需要重新调整自己的战略。所以，企业需要做减法，减掉那些对于顾客而言没有直接有效价值的部分，简单、便捷地为顾客创造价值。

企业经营战略之所以要重新定位，是因为传统营销模式存在的问题，特别是在顾客消费习惯已经改变的今天。今天的企业和企业营销应该回归顾客基本的生活方式上来，回归的本质是在于创造最能体现顾客需求及价值的核心产品，重新赋予产品新的顾客体验。长期以来，营销界过于强调市场细分和差异化的原则，使很多企业丧失了核心产品的竞争力，导致消费者更难以快速做出购买决策，尤其是在通胀的大环境下，企业对产品的认识和设计更加要回归到顾客本质需要上来，而不是其他。

今天市场的情况促使企业经营者必须思考应该如何应对，减法营销就是一个恰当的选择，减掉那些对顾客没有多大价值的设计，减掉那些影响消费者决策的干扰因素，特别要减掉那些增加企业成本而又难以获取利润的产品，也就是文中所强调的价值链共创及智能化的企业重新定位策略安排。回归顾客价值来思考问题是值得倡导并坚持的原则，在通胀的大环境下，学会减法营销，并使之作为企业的战略来对待，可以帮助企业理解顾客价值的变化并做出适当的应对。

（原载：《销售与市场》，2011年第5期）

顾客为王：回归营销本质

2010年11月腾讯与360的争端升级以致水火不容，把互联网企业在追逐利益方面的心态显露无遗，而网民引用"我们刚刚做出一个非常艰难的决定"这句话开始了造句热潮，用这样的方式来表达内心的不满和愤怒。2011年7月10日央视《每周质量报告》播出《达·芬奇天价家具"洋品牌"身份被指造假》。达芬奇家具可以说是国内最具影响力的家具高端品牌，以价格昂贵著称。而调查后发现，达芬奇公司销售的这些天价家具有相当一部分根本就不是意大利生产的，所用的原料也不是达芬奇公司宣称的名贵实木，有些顾客购买的达芬奇家具甚至被判定为不合格产品。这些企业所作出的选择让顾客感到失望，而最终企业也遭到了顾客的离弃。这使得我们不得不反思，企业存在的理由到底是什么？营销的本质到底是什么？

一、企业就是创造顾客

就其本质而言，企业应当贴近顾客，作为企业就应该去满足顾客的需求，但是无论是腾讯与360的纷争，还是蒙牛与伊利的纷争，都让人感受到是过于热衷于竞争游戏，而不是从事围绕顾客需求所展开的日常工作。很多企业在过去的30年间，都经历了巨大的变化：制造活动实施了全面质量管理，供应活动正努力向即时管理方向过渡，信息技术的运用使得企业内部大量的文字工作被替代，管理人员的数量也在减少等，但是，我最为惊讶的是在这一切努力的背后，对于顾客所作的努力并没有太大的改变，确切地说，就是企业的经营没有什么改变。

我不清楚接着下来会有什么样的新概念，但是企业为了应对面临的挑战并在未来的时代扮演好应有的角色，如今的企业需要表现出来的一系列新的特征，就是更好地理解顾客的需求，更好地提供真正的价值。其实早在1960年西奥多·里维特在其影响深远的《营销近视症》中就提出顾客导向。里维特认为许多大量生产的组织错误地采取了"产品导向"而不是"顾客导向",为此他写了这篇文章,这篇文章传达的关键信息之一是,如果企业从提供大量制造的产品的做法转向满足顾客的真正需求,那么企业进入市场的方向就应该有重大的改变。正是如此,因为顾客时代的到来,企业需要作重大的改变,不能够再以以往的成功经验来面对这个全新的时代,更加不能够沿用企业原有的定位,很多习惯性的做法,都需要以顾客导向作全面的调整。

所以到了今天,腾讯和360之间的争端从任何角度看,不管两个公司自己的理由如何充分,都不能够被接受,因为无论是腾讯还是360都没有在顾客感知价值上作深入的判断,而简单地理解为"自己代表的就是顾客立场",因此大家开始在用户上较劲,这个方向从根本上讲就是错误的。这里面一个根本的错误就在于两者对于顾客理解的错误。无论是腾讯还是360对于顾客的理解都本于自身产品的概念,认为产品本身满足了顾客的需求,事实上顾客既没有跟随腾讯,也没有跟随360,顾客只是顾客,顾客没有在两个公司那里,顾客是在顾客自己那里。达芬奇家具的做法就更加背离顾客的价值,远离了顾客最根本的需求。

熟悉迈克尔·波特的人知道,波特曾经明确地指出战略定位起源于三个明显的彼此间并不包含又常常相互衔接的地方。首先,战略定位可以确立在提供一个亚系列的产品或服务上,波特称之为多样化战略定位。战略定位的第二个基准就是为特殊消费群的大部分需求或全部需求服务,波特称之为需求战略定位。战略定位的第三个基准就是分割以不同方式赢得的顾客,尽管他们的需求与其他顾客的需求相似,但进入经营活动的布局却不同,波特称之为进入式战略定位。波特在界定这三种来源的时候,也许是关注战略定位所要获得一个特定的地位,我却想借助于波特的界定来说明一个方向:离开竞争的着力点是目标市场的选择。而上述的公司刚好去到了相反的方向,违背了各自的顾客价值。

那么什么是顾客价值呢?"顾客价值"一直以来都是研究的热点,很多人都希望能够得到关于这个概念的清晰解释,我自己也竭力想搞清楚如何描述这个概念,但是后来的实践让我放弃这种努力,我发现,这不是一个概念,而是一种战略思维,是一种准则,这个准则和思维用另外一个方式来表述就是"以顾客为中心"。"以顾客为中心"的思维方式涵盖着以下的思考,因为一个能够创造的公司应该是基于现代价值链进行思考,一切从顾客开始,为顾客创造价值,由顾客的偏好决定企业的技术和服务所付出的努力,再以技术和服务的价值引导资源的投入，最后获得公司的资产和核心能力，这样的企业才是拥有市场能力并持续成长的企业。

- 顾客的需要和偏好是什么？
- 何种方式可以满足这种需要和偏好？
- 最适合于这种方式的产品和服务是什么？
- 提供这些产品和服务的投入要素是什么？
- 使用这些投入要素的关键资产与核心能力是什么？

二、企业只有一个立场：顾客立场

顾客的变化是一个根本的事实，大多数的企业已经确认这一点，但是光有这个认识还不够，我们还需要清楚围绕顾客变化如何展开努力，这就要求企业能够围绕着顾客思考，来选择自己的战略。

传统的经营思考起始于这样的假设：价值是由企业创造的。通过选择产品和服务，企业自主地决定它所提供的价值。顾客代表着对企业提供产品和服务的需求。这样的经营假设，企业需要一种与顾客之间的连接点——销售过程——使企业的产品和服务从企业的手中交付到顾客手中。而这两家企业正是传统经营的方式的典型代表，在两家企业看来，因为它们可以提供产品和技术，所以在这两个公司的假设中顾客完全需要它们提供的产品和服务，因而在它们看来，可以给顾客施加压力或者提出要求，来配合它们自身的需要。但是我们都很清楚，这些假设和创新所反映的是工业时代的企业观点和实践，到了今天，顾客面临更多的选择所以更加不满意，这样传统的经营假设就无法满足顾客的需求。很显然，如何把企业的价值链和顾客的需求高效地匹配起来，具有十分重要的意义。

由于认识到这一点，许多企业开始寻找新的经营假设，在这个方面所作的努力使得一些企业可以脱颖而出，而我坚持这个新的经营假设的核心是：价值是由顾客和企业共同创造。普拉哈拉得也持有同样的观点，他说："传统企业的关注焦点和企业对于价值链的关注，是创造和向顾客转移产品所有权。但是，顾客的目标越来越表现为获取他们想要的体验——而未必一定是产品的所有权"。

所以企业需要转换思维模式，企业需要能够以顾客思维模式进行思考。这就要求企业学会放弃过去习惯的思维方式和管理方式。以往的企业思维模式是基于企业内部展开的，企业关注的是技术、计划的制定、产品质量、成本降低、效率等。企业的这些关注并没有什么错误，但是这样的关注表明企业的思维模式是由内向外的，也就是企业会依据自己的能力来做选择；而顾客则关注的是自身与社会的关系，或者可以说是由外而内的，也就是说顾客会依据自身在社会生活中所必须采取的行动来做选择。这样看来顾客和企业在思维模式上有着巨大的差异，如果我们没有关注到这个差异，那么企业所有的努力就无法真正对顾客产生影响并具有价值。

其实如果我们静下心来，好好思考一下就不难知道，今天企业所作的很多努力为什么不能够提升顾客的购买愿望，反而让顾客离企业越来越远。根本的原因就是企业受自己的思维模式的误导：企业过多地强调了自身的价值追求，却忽略了顾客在使用过程的价值。越来越多的企业行为使得顾客对于企业的认识产生了混乱，给顾客带来更多的困惑和疑虑。如果企业的行为导致顾客无法做出选择，只有放弃选择，企业需要改变自己的思维模式，而保持和顾客思维模式的契合，因为企业只有一个立场，那就是顾客的立场。所有人都说"顾客是第一位的"，但是又有多少营销经理人，多少公司真的做到这一点呢？

三、营销的本质就是理解顾客

对于顾客的理解是营销最根本的目标，也就是我们需要从产品和市场两个角度诠释对于顾客的理解。企业的产品如果停留在教育顾客的理解上，无疑会让企业的营销走上偏离的道路，因为顾客不是被告知，而是要理解，顾客不是需要被教育，而是企业需要向顾客学习。企业的市场如果停留在对于行业的理解上，无疑也会让企业走上偏离的道路，因为，市场是一个载体，承载着顾客的期望，而不是承载着行业的规则，很多企业以行业的数据作为理解市场的依据，恰恰忘了行业仅是市场的一个层面，对于企业来说市场永远大过行业，行业无法代表市场。

但是正如我以前的文章所说的那样，大部分企业表现为两个方面：

第一，过度关注竞争对手，忽略市场变化，常常把竞争对手的变化误解为市场的变化。中国本土的零售企业，看到跨国零售商抓紧抢占中国市场、不断圈地的时候，误以为做零售终端就是圈地和扩大市场区域，但在中国零售市场的今天，零售业的市场关键要素不是圈地和市场区域，而是对于顾客的理解和单店的赢利能力，所以当我们看到沃尔玛快速扩张的时候，要清楚扩张不是关键要素，单店运营能力和理解顾客才是沃尔玛的选择基础。看到中国本土零售商希望通过

"跑马圈地"来占据有利地位,我担心规模快速扩张和经营能力严重缺乏的矛盾会打垮中国本土零售企业。

第二,市场内在的变化常常被忽略,人们总是简单理解市场,常常把营销创新误解为市场的变化。但是如果仅仅以创新和变化来看待市场,其实是非常危险的,看看中国的国产手机行业,在短短的不到3年时间里,国产手机业的营销创新不断涌现,但到了今天国产手机生产商也发现,原来行之有效的市场策略正在失效——价格战不灵了,新款式玩不转了,广告更难起作用了,营销创新也不能够带动疲软的国产手机市场。国产手机业在今天的中国市场上,其关键要素不是营销创新,其关键要素是顾客自身的需求变化,人们对于手机的需求已经从单纯的工业设计转到内外功能的和谐统一,从关注非关联因素回到关联因素的关注,从关注价格转到关注界面的人性化,从追求时尚回归到追求价值细分。所以能够回归到顾客变化上的产品才能够深入人心,苹果、诺基亚、三星就是这样取胜的。

所以不能够简单地理解市场,必须知道市场内在的变化,这个内在的变化就是顾客需求的变化。对于营销而言,能够生存的空间不是企业的营销资源,不是营销经理或者营销人员的能力,而是在实现顾客价值的哪一点上你能够有所作为,那么这一点就是企业营销的生存空间。比如,马云对于阿里巴巴的定位,在创业的初期,马云就非常清楚地定义了阿里巴巴的电子商务:让天下没有难做的生意!从这样一个概念出发,马云带领阿里巴巴开始了著名的"服务转型"。马云以他做服务和消费品的经验,给阿里巴巴指出了一个新的逻辑:技术与功能都不等于客户价值,创造价值的关键点在于提供解决方案,在于用户如何用这种手段去创造出商业价值,而不完全在于技术本身。阿里巴巴在为顾客解决方案这一点上最能够提升顾客价值,因此解决方案就成了阿里巴巴的营销战略的生存空间。

四、缺失顾客的营销逻辑很难持久

2010年11月根据中国联通颁布的iPhone4新政策,要求用户只有在机卡不分离,即绑定使用所购买的通信服务、USIM卡、用户号码以及iPhone终端的情况下,方可享受中国联通为客户提供的终端补贴优惠政策。在联通正式实施新版iPhone合约计划后,2010年12月2日晚间,工信部的一个表态终于让联通松了口气。这个表态语气温和,只是表示:"要求联通切实尊重和保护电信用户的合法权益，完善服务协议，提高服务质量。"新政实施已数天，也几乎未见以往涉及争执中常见的顾客向主管部委投诉、律师驳斥甚至诉诸法律，备受关注的中国联通iPhone4新政似乎躲过了一场风浪。

但是真的就可以这样理解吗？如果人们从工信部的表态上来评价这件事情，让我还是觉得有些奇怪，因为在整个事情的过程中，竟然没有人关注到顾客的利益在哪里？联想到之前蒙牛与伊利之间相互暗斗和拆台的内幕，腾讯与360之间的网络大战，这一系列的现象，使得我非常紧张，倘若这些现象可以平淡地过去，而这些企业也仅仅是以行业主管部门的意见为参照的话，这样的企业就会丧失对于更深层次的战略思考的能力，而更深层次的战略思考就是基于顾客价值的思考，必须让自己的战略具有持久的、被顾客公认的战略逻辑，具有如此战略逻辑的企业才可能持久。

什么是真正的商业成功？实质上就是使顾客满意，同时使企业赚钱，这是一个老生常谈的观点，但是却恰恰说出了真理所在，同时这也是衡量商业成功的基本标准，如果以这个标准来界定企业的发展，就可以判断企业增长是否能够带来持续性，就可以判断企业能否集中所有的资源带来顾客的满意度，进而推动企业拥有增长的内在动力。人们惊讶于苹果公司所实现的增长，这些增长体现的是苹果公司与顾客之间全新价值体验的结果，苹果公司独有的创造价值被顾客认可——只要是苹果公司推出的产品，必然有其独到的存在价值。所以当iPhone4上市的时候，再一次风靡市场，因为顾客价值又一次被全新实现，中国联通与苹果公司在iPhone4上的合作，也一定会使得联通在中国市场获得增长，我非常希望中国联通也可以在合作产品的基础上能够像苹果一样理解顾客价值，这样才可以获得真正持久的增长。

拥有顾客才是关键！iPhone4的确是一个让人们接受的好产品，这个产品对于顾客的黏合度的确很高，而获得这样的效果的原因正是因为拥有顾客价值的实现能力，而不是相反。因此对于中国联通而言，一定要了解到拥有产品或者技术并不是关键，关键的是拥有顾客。人们确信价值增长是必需的，更加确信顾客价值是实现价值增长的根本途径，这样就需要回答一个关键的问题：怎样才能够拥有顾客？事实上拥有顾客并不是一件困难的事情，因为从顾客的角度来说，他们需要有产品来满足他们的需求，谁能够满足他们的需求，谁就有机会和顾客在一起。

2010年初，丰田汽车陷入"召回门"困境，我写文章谈了自己的观点，丰田汽车之所以发生这样大的问题，主要原因是它的战略逻辑转向规模，而非它之前视为管理哲学的质量,当战略逻辑错误的时候,增长就会陷入停滞。但我又提醒中国的经理人,如果丰田愿意回归到它最初的企业经营理念,也就是质量第一的理念,从顾客的价值出发,这个企业会很快恢复,而我们中国企业所需要学习的反而是丰田真正反省和行动的能力。事实证明丰田的确又回归到自己初始的经营理念,从质量出发专注于为顾客创造价值,现在的丰田已经恢复到正确的轨道上。所以顾客价值的实现才是关键,仅仅拥有技术和产品,是无法真正拥有顾客的,只有洞悉顾客需求,持续地创新投入,尽全力实现顾客价值,才可以持久地拥有顾客。记住:顾客是唯一能够解雇我们所有人的人。

(原载:《销售与市场》,2011年第12期)

产品是对企业理念最好的阐释

迈克尔·波特在研究典型亚洲跨国企业时，非常惊讶地发现，亚洲企业家把办企业完全看作是在做生意，而不是创造新产品和服务。

产品是一个需要持续关注，付诸行动的东西，同时更是企业与顾客连接的平台。顾客在认知企业品牌的时候，感受到的正是企业的产品。如果不在产品元素上做出努力，反而在其他的地方花心思，企业一定会丧失自己的生命力。

一段时间以来，达·芬奇与奥迪斯成为公众关注的品牌，加上前不久关于中国乳业标准的争议，致使一个严肃的问题摆在我们面前：企业赖以生存的东西到底是什么？企业品牌所具有的真实价值到底是什么？企业生命周期或者企业品牌的生命力到底靠什么？

20世纪80年代初，日本经济学家小宫隆太郎来到中国考察后曾宣布了一个令人吃惊的观点：中国没有企业。而迈克尔·波特在研究典型亚洲跨国企业时，也非常惊讶地发现，亚洲企业家把办企业完全看作是在做生意，而不是创造新产品和服务。

究竟是什么元素让我们的企业无法成为真正的企业而只能够在竞争中苦苦挣扎？也许很多人会从不同的角度来回答，我会想到一个关键元素，这个元素就是"产品"。产品对于企业而言，既是企业进入市场的前提条件，又是企业存活于市场的根本原因。如果没有产品，企业就没有了与顾客交流的平台，也就没有了在市场中存在的理由，顾客在认知企业品牌的时候，感受到的正是企业的产品，如果不在这个元素上做出努力，反而在其他的地方花心思，一定会让企业丧失自己的生命力。

很多时候，企业更加关注消费者心理的认知。但是企业本身无论如何理解消费者，在产品上，必须专注于产品的生命力，而不是利用消费者认知。事实上产品拥有自己的生命特征，企业与产品之间是生存和生命之间的关系，只有赋予产品生命力，给产品赋予内涵，企业才具有了在市场中独立存活的力量。

2010年初曾经发生了"丰田质量门"事件，后来又发生了"奥迪斯质量"事件。相对于其他品牌而言，这两个企业无论是在技术、企业发展的历史，以及消费者认知方面都具有强劲的影响力，但是为什么还是发生了人们不愿意看到的质量事件，甚至伤害到消费者的安全？究其原因，就是过度追求规模增长，而忽略了企业对于顾客的承诺。世界一流的企业有着一些共同的特性，其中一项是以恒定的质量模式进行管理。在这个高度，管理回答的是产品的问题，管理所要解决的问题也是围绕产品及其质量展开的。是否以质量和品质思考，决定了企业的管理活动是否有效，也决定了企业在市场中的能力。

此外，企业如何诠释自己的理念是非常重要的事情。人们之所以对于中国的乳业企业有很大的不信任，大部分的情况下不是这些企业的理念不好，整个中国乳业行业，在理念的诠释上，都会强调品质、原材料来自于大草原、可控的生产过程、绿色的标准。这些理念元素的确是大家期待的，也是必需的。但是，当三鹿公司的产品给幼小的孩童带来痛苦的时候，这些诠释理念的概念显得如此之苍白。企业的理念并不是用概念来诠释的，而是通过企业的产品来诠释的。真正让消费者感受企业理念的是企业的产品，每一个可以区分的产品正是源于产品对于企业理念的诠释。产品是一个需要持续关注，付诸行动的东西，企业要保持持续的领先地位，一定是拥有能够真正关注顾客价值的产品。

（原载：《消费日报》，2012年1月19日）

顾客为王时代的到来

以前企业管理者追求规模、追求速度是合理的；今天企业管理者必须追求顾客价值，追求持续的盈利能力。

2008年北京奥运会于我印象最深的是一个关于订单的故事：在最后一轮国际级涂料公司的竞标中，中国官员说没有一家的红色能体现出中国红的高贵。这时只有德国公司认真地要求再给自己两周时间。其后，他们从世界各地聘请了心理学、历史学、色彩学、涂料学等领域的上百名专家，调制了多种红色，当他们拿着选定的红色回来，中国专家敲定，就是这种。这个故事告诉我们一个明确的道理：成功的企业，是能够真正满足顾客需求的企业，是能够与顾客在一起并解决顾客所面临问题的企业。

研究表明，顾客保持忠诚的时间越长，为公司带来的利润就越多。丽思·卡尔顿酒店数据：18%的忠诚老客户，带来80%收入；2%的最忠诚客户，带来将近60%收入。

订单的故事和上述数据明确告诉我们，企业的利润来自于顾客忠诚度的时间把握。在过往30年里，企业管理者非常关注企业的规模和增长，很多企业家把规模和增长作为衡量企业成功的唯一标准，是企业最为重要的经营目标。顾客在哪里？顾客的价值是什么？除了规模和速度之外，还有什么是企业更为重要的绩效要素，似乎并没有得到它们的关注。

在过去，企业做出这样的选择并没有什么问题，因为规模、成本、速度的确是那时市场中最为关键的要素，企业需要把握这些要素以确保成功和成长。但是如果今天依然这么理解，那就大错特错，在今天的环境中，影响企业发展的关键要素不再是规模、成本、速度，而是顾客的认同，尤其是顾客的忠诚度。大量的研究表明，今天的环境具有不确定性、不稳定性、复杂性，以及结构性的差异，这些特点决定了企业必须用创新、用顾客的立场，才能够与环境互动，从而获得成长。这已经不是规模取胜的时代，而是以顾客价值取胜的时代。

对于企业来说,规模已经不是最主要的概念,最主要的概念在于稳定持续盈利,而这则取决于企业是否有能力与顾客走在一起,这是今天商业的逻辑。在5年前,10年前,企业追求规模、追求增长速度还是一个明智的选择,毕竟在那个规模的时代,没有规模企业就无法获得有利的竞争环境,在一个速度的时代,没有增长速度肯定不行。所以才有"快鱼吃慢鱼,大鱼吃小鱼"的观念。但是,随着技术创新、顾客能力的提升、商业模式的改变、市场与产业的发展、企业竞争的关键已经不再是大和小的关系,也不再是快与慢的关系,而是创新、创造与变革的关系。

全新的商业逻辑,要求企业有能力做持续的创新投入,持续变革。2011年微软的销售收入是699.4亿美元,研发投入是90.4亿美元,是其销售额的12.9%。2011年IT及通信行业研发投入全球前十位企业的研发费用都超过了45亿美元,它们分别是微软、三星、诺基亚、英特尔、松下、IBM、思科、索尼、日立、甲骨文。这样的研发投入规模,是其能够成功的重要原因。

如果5年前企业管理者追求规模、追求速度,那么今天企业管理者就要追求顾客价值,追求持续的盈利能力。所以企业管理者需要真正关心的问题是企业的利润增长是否稳健?企业与哪些顾客在一起?这也是今天阿里巴巴、腾讯具有独特魅力的原因,这两家企业最大的特点就是顾客愿意依随其产品和服务,一个"双十一"、一个"微信",缔造了商业的神话。马云曾经骄傲地告诉大家,"双十一"购物狂潮是阿里巴巴的80后和90后设计出来的,他并没有做什么,我想这就是阿里巴巴创造奇迹的原因:创新已经成为公司内在的习惯。

市场与产业最大的变化是由规模、成本转向创新、效益。这个改变对于企业来讲,就是创造利润、创造顾客。20个世纪90年代是被称之为"渠道为王"的时代,今天就是"顾客为王"的时代。企业必须走到顾客那一端,真正地理解、挖掘顾客的价值。腾讯理解消费者,知道顾客需要私密性的互动平台,用微信呈现了顾客的价值,三星理解消费者,知道顾客需要开放的系统,运用安卓系统的智能手机带给顾客全新的体验。从"规模与成本"转变到"创新与效益",这是根本性的改变,于是腾讯积聚了顾客,三星超越了苹果,这些超越也让我们明白如果故步自封,仅凭借原有经验,就一定会被淘汰。

我借用简·雅各布斯在《美国大城市的死与生》的观点作结,她说城市要饱满,要丰富,就要保证"大多数街道要短,也就是说,在街上很容易转弯"。

(原载:《IT经理世界》,2013年第2期)

无"心"之失导致大国寡"品"
——网络时代的品牌概念与品牌构建

在1967年的电影《毕业生》中,有这样一个经典场面:在鸡尾酒会上,一个久历商海的中年人对乳臭未干、充满迷惑的达斯汀·霍夫曼低声提了一条商业建议,只有一个词:"plastics"(塑料信用卡)。《纽约时报》商业版的记者Joel.Sharkey对此评论道:"如果现在重拍这一段,那个唯一的台词就要改成'品牌'了。"

进入互联网时代,商业生活正在迅速被繁多的涉及品牌的词汇所湮没,如品牌态度、品牌增效、品牌效应溢出、品牌稀释、品牌认知……这表明,品牌已经成为经济生活一个重要的元素,人们已经确信了品牌具有的强大魅力,但并非人人都真正理解品牌内涵。而如果不能够真正理解品牌的确实含义,品牌本身的魅力就会变成商业的包装而失去力量。

一、品牌已进入"顾客时代"

传统关于品牌的定义,过多依赖于产品、服务、商标之类的有形物。在一定程度上品牌是物质的,比如与人有关的(莫言的小说、张艺谋的电影)、产品和产地(金华火腿、龙口粉丝)等。

但当工业革命转变到技术革命的时候,商业的平台从"有形世界"转变为"无形世界"的时候,那些无形的、常常是无重量的理念,如知识产权、创意、产品和服务对财富的驱动力等,要远远大于有形的物质。比如可口可乐的罐装厂、卡车、原材料和建筑物这些有形资产,对于可口可乐公司和华尔街来说,远没有顾客对这一品牌的好感重要。要量化后一部分的资产负债恐怕会使最出色的首席财务官都发狂。

二、定义品牌：顾客体验而非产品本身

柏拉图认为，我们在日常生活中所体验的任何具体事物的各个侧面，都存在着该事物的"理念"；是"理念"使事物拥有更长久、甚至永久的意义。比如，产品和服务会不断地更新，品牌却是永恒不变的。而按照密歇根大学商学院教授普拉·哈拉德的说法，权力钟摆向顾客的移动，使产品"不过是一种顾客体验"。这些概念无疑意义深远，尤其是在网络时代，人们可以在没有看到产品或者直接体验服务的情况下对其产生反应。比如，哈根达斯的名称甚至其标志，就能够让人想起美好。它代表雪糕，但是更意味着美好。品牌承载的最突出的意义正是一种感觉以及对于这种感觉的期待。

所以，定义品牌应该是这些体验的总和，而非产品本身。

从进入网络经济的那一天开始，顾客就显示出了对品牌的决定力量。企业与顾客之间成为战略伙伴而非交易关系，新的经济规律是商业世界围绕着顾客运转，而不是相反，商业最终会随着顾客而非那些最成功的分销商或者零售商而起起落落。因此在这样一个时代，必须更加关注顾客的体验。

事实上，在网络时代到来前，德鲁克就一语中的地指出：企业就是创造顾客。如果没有顾客，企业和产品就没有存在的意义和理由。就如耐克推出气垫运动鞋后，本可以花上千万美元宣扬产品的价值：这种鞋的中跟处装了气垫，外面包着成型的脚框架，并附有一种动力健身系统。但耐克只简单地展示了一下产品，却与顾客在更深的层次上做了交流，让人在更广阔的运动健身世界里了解这一产品的真正意义。这超越了产品本身，取得了让人感动的效果。

三、品牌核心：顾客共鸣而非产品认知

在一家公司调研时，我问大家：公司最成功的地方是什么？他们自豪地说自己是行业内赚钱最多的公司。在另一家公司问同样问题时，他们说自己是行业内最大的公司。尽管赚钱和规模能够说明企业之前取得的成绩，但这些人的自豪与顾客没有任何关系，这不能不让人感觉到了一种危机。

中国企业家在美国访问时，常常问美国企业的规模有多大？而美国企业家常常问企业的用户是谁？有多少？一个不断关心用户以及用户数量变化的企业，有理由相信它会一直存在。美国企业的平均寿命是86年，一个拥有86年历史的公

司，因为有86年的顾客认同应该就是拥有品牌了。

这几年来中国企业在规模上增长神速，但是对顾客价值的展示并没有表现出应有的能力，所以可以看到一个非常奇特的现象：大量销售是通过资源投放而非顾客认同实现的，顾客与企业之间是完全的交易关系。这表明我们的企业并没有真正地构建品牌，而是距离品牌的核心内核相距甚远。而当资源耗尽的时候，顾客就会离开企业，企业也就失去了生存的空间。

在营销领域，人们对于"第一提及率"非常热心，但"第一提及率"所显示的并不是顾客自身的努力，而是企业所作的努力，"第一提及率"反映的是一种产品或品牌的自觉认知，但并不代表一定会购买，就像许多人会经常提及保时捷，但这些人可能并未想去真的拥有一辆保时捷，因为在多数人的消费习惯中，保时捷并不是与他相关联的产品。

只有回到顾客层面，才能寻找到品牌的核心内核。品牌之所以成为品牌，就是因为它能够在顾客内心中产生共鸣，引发顾客的信任。正如需求理论所描述的那样：渴望有归属感纽带关系、希望有所超越和自我实现、希望感受快乐和满足等。如果能够尊重顾客更高的需求，在开发产品的同时，开发可以巧妙调节产品与服务的营销交流途径，这样的品牌就可以高于产品。

最成功的品牌总是能够激发起积极的情感，就如DHL的"使命必达"。每一次的新广告发布都会成为一个故事，而这个故事就像一部伟大的神话，永远也讲不完，因为故事的主人公是顾客，而不是公司自己。

四、定位品牌：客户意图而非企业能力

很多企业都基于企业核心竞争力来确定自己的品牌优势，这恰恰是他们的最大错误。企业确定品牌的关键是与顾客的价值需求相一致，即品牌定位于顾客意图而非企业核心竞争力。

克林顿是二战后在经济领域表现最出色的美国总统，他在1996年总统竞选时却发表过一句著名的短语："经济，乏味透顶的东西。"每次克林顿提到此，他都提醒选民他所关心的是就业、福利、税收等老百姓正担忧的其他问题。"经济、乏味透顶的东西"这句话把克林顿定位成唯一一个关心老百姓疾苦的人，其他候选人力图抢回注意力，但是克林顿已经捷足先登。克林顿正是选择选民的意图来构建自己的品牌，而非自己的核心竞争优势：演说能力和领导能力。

所以，在开始考虑确定品牌时，首先需要确定的是顾客的意图，确定在顾客意图方面企业擅长什么？不擅长什么？企业所擅长的地方能否帮助实现顾客的意图？还是伤害了顾客的意图？或者根本与顾客意图的实现毫不相关。

太多企业混淆了企业核心竞争能力与品牌本质，认为具有核心竞争能力的企业就能够构建品牌。更糟糕的是，把营销投入也定位为品牌构建，因此不惜投放大量的时间和资源来改善营销策略，不断地调整产品组合，甚至创造新产品。企业认为这些努力都是在构建品牌，却忘记了品牌内涵所需要的是符合顾客的意愿，更加忘记了企业需要吸引顾客前来购买它们的商品。

企业核心竞争能力对于企业是非常重要的，但企业核心竞争能力是实现品牌构建的一种能力，并不是品牌内涵。品牌有多种表述方式，但只有用顾客价值这个方向来定义品牌，才能使品牌构建的方向符合顾客成长的方向，也唯有这样，才能够真正构建自己的品牌。

五、中国尚未进入"品牌时代"

品牌是怎样发挥作用的？上述对品牌的定义，其实也回答了这个问题。品牌的影响主要直接针对消费者和最终用户群。它强调的是品牌提供商的独立行为，并不与价值链上的其他成员构成直接利益。品牌的奥妙之处就在于，品牌提供商可以在任何逆境下都保持相对固定的市场份额和品牌忠诚度。好的品牌对品牌提供商产生拉力，从而使得整个供应链都受到市场的拉力，供应商至零售商几乎只需要不假思索地供货就行了。在欧美，GE、IBM、西门子、微软等品牌早已深入人心，对它们来说开拓新的市场需求，并且实现品牌对市场的最大影响力才是最重要的，因为有了品牌就有了市场拉力，其他的就会随之而来。

品牌效应也导致了许多中国学者认为中国企业已步入"品牌经济"时代。以至于一些企业认为，不断地做广告投放和营销策略，就是在建立品牌，这其实是非常浪费的行为。把品牌看成企业追求的目标，这是极其错误的认识，同时也是不肯面对现实的认识。这个现实就是：从某种意义上讲，中国企业还不具备打造品牌的能力。

六、中国企业未理解品牌的内涵

品牌经营对企业的成功起着重要的作用。然而,许多中国企业低估了品牌经营的难度,并且概念不清:将产品等同于品牌;将广告等同于品牌经营;将市场占有率等同于顾客忠诚度;将与竞争对手的区别等同于品牌的区别。这些误区导致了企业在构建品牌的过程中常常走到相反的路上。

可口可乐即使生产部门遭遇火灾化为灰烬,但可乐还能继续畅销,因为它可以利用周转的时间差找另一个饮料厂继续生产。而秦池、三株等曾经的广告巨人仅仅因为一点微小的失误就轰然倒地。广告是获取知名度的重要工具,但广告并不等同于品牌的建立。很多企业不顾一切地在央视投放广告,使某一名字广为人知并在一段时间内销量猛增。但过度的广告投放、服务成本与产品包装,以拼价格换市场,以适应竞争对手的变化为策略,这样做的结果不是构建品牌而是伤害品牌。

七、中国品牌未获得人格化的认同

企业的产品进入市场后分为四种情况:第一种是商品,特征是顾客知道产品的名字,但只知道它是"产品类别中的一个"之外,例如菜市场上的各种蔬菜;第二种是拥有了名字的商品,特征是顾客知道其名字,并认为它有别于其他产品,例如在超市的各种商品;第三种是拥有品牌的商品,它具有顾客所指明的需要,顾客同意用更高的价格接受其产品,例如宝马;第四种是拥有了强劲品牌的商品,除了具有品牌的特征外,还可以拥有目标顾客,并且目标顾客将其品牌人格化并正面认同,同时品牌企业对于目标顾客而言无所不在,例如麦当劳。

中国企业还不具备做品牌的能力,是因为中国企业的产品只是达到商品或者拥有名字的产品的阶段,还没有能够拥有品牌或者强劲品牌的各种条件。对于大部分中国企业而言,顾客知道它们的名字,但是有关这个企业的产品是否有别于其竞争对手的产品,顾客没有太多的感受;对于顾客想要的差别,企业多数是没有能力给到,大部分的顾客不会很确定地指明要哪一个企业的产品;中国企业更多的是采用低价销售的市场策略;而企业的目标顾客是谁?他们的需求如何?这些问题很多企业回答不了,或者根本就不关心,也因此无法获得人格化的认同。

从本质上来说,构建品牌是关于定义有竞争力的强劲价值定位,并持之以恒地将此定位价值交付给顾客的过程。为了做到这一点,公司必须回到服务顾客的基本工作上,只有基于这个出发点管理其业务运作,公司才会理解如何才能产生品牌。

当然,从理解到产生,或者说是从认识品牌到拥有品牌,还有一个漫长的过程。

八、如何构建真正的品牌?

从真正理解品牌,到真正拥有品牌的过程,可以归纳为以下几步:

第一步:识别。在这一步里,企业需要非常清晰地传递产品的价值主张,非常认真地贡献产品的质量,并且很好地设计自己的标志系统,使得顾客可以清晰地认知,非常容易地记忆和区别。可口可乐、奔驰、耐克、苹果这些公司的识别力量都极其强大。相反,中国的企业常常希望模仿,总是想让自己的标志与著名商标类似,反而对于产品质量的投入和关注不够。

第二步:价值链管理。价值链的管理和权力分配,体现在供应商、制造商、销售商、顾客等多方面,没有所有品牌构成成员的恰当的资源分配,就不可能形成对于品牌的共识。因此需要品牌企业能够很好地协同价值链成员之间的价值分配与协调,使每一个成员都能为顾客价值做出贡献。

英特尔和微软是两个隐含在价值链中的成员,因为他们自身价值的贡献,会决定一台电脑的运行速度和操作有效性,因此无论是之前的IBM,还是现在的联想、戴尔,都在每一台PC上标注英特尔和微软的标志。因为英特尔和微软可以管理PC的价值链,也就获得了品牌地位。

第三步:始终如一交付价值的经理。为确保产品、销售以及价值定位之间协调一致,必须对从产品设计、生产到销售、分销和定价这一完整的业务流程进行管理。但大部分经理人并没有把自己和品牌打造联系在一起,认为自己只是一个管理者。这也许是中国企业打造品牌过程中最容易出现问题的环节。当产品质量无法满足交付标准的时候,经理人为完成业绩,会放弃质量标准;处于有利的竞争地位时,会选择牺牲消费者的利益来换取一时的增长。这些行为长久来说必然对品牌造成伤害。

第四步:清晰沟通价值的员工。品牌的真正代言人是企业的一线员工,只有一线员工能清晰地表达企业价值追求,产品才会真正深入人心。在一家公司调研时,看到员工很认真地对顾客说:"购买我们的产品非常划算,因为竭尽全力降低成本，是我们公司的价值理念。"但顾客却放弃选择这家公司的产品，他说"担心这家公司的产品质量不够好，因为公司竭尽全力降低成本，也许会偷工减料。"这应该是员工在传递公司价值主张时，没有清晰地表达。另外一种情况，是员工未从内心里认同自己的产品，甚至把这种情绪传递到了顾客那里。

第五步：可细分的忠诚顾客。顾客被明确细分出来，并具有忠诚度是衡量品牌的一个关键指标。如果发现自己所提供和推动的产品利益并不真正为目标消费者所看重，重新确立产品的价值定位和市场战略就非常有必要。

路易-威登了解到它的细分顾客，是那些希望彰显自己优越、富有的人群，因此总是把"LV"的标志非常张扬地置于产品最明显处；另外一群顾客则希望是低调的奢华，希望品味和财富被隐藏起来，因此爱马仕设计了更高的价格，更加独特性以及产品类型的唯一性满足了这个细分的顾客群。

第六步：能够承受的增长速度。增长应该是品牌的基础而不是相反，如果一个增长带来的是顾客认同的损伤，这样的增长就不是企业和品牌能够承受得了的。

丰田公司在反思2010年的"质量门"事件时，发现因为丰田追求全球行业第一的位置，不断进行扩张，使得在最近5年来把增长放在企业战略的第一位，而忽略了丰田作为经营哲学的"质量"，更忽略了顾客对于丰田产品可靠性的信任和依赖。

第七步：真正的利润增长。构建品牌需要大量的投入，从产品设计、供应商选择、生产过程的标准控制，渠道有效性、交付的价值，最终到顾客感知的价值，在这个长长的价值链的每个环节都需要投入，并以高标准来完成。也正因为在价值链的每一个环节的高投入，使得顾客在获取产品的时候，愿意支付高的价格，并感受到高的价值，而在这时候，往往品牌已深入到顾客心中，或者说品牌已经打造成功。

经过这样的七步，才可以确认企业品牌发展的道路完成，之后循环反复、不断持续，企业才会得到一个真正的品牌。

附：构建品牌的时机

何时才能找到构建品牌的时机，取决于以下几个方面：

一，产品是否拥有独到的价值。产品是品牌的载体，没有好的产品不可能产生品牌。好的产品能够满足顾客的需求，而且能够给顾客独特的感受。

二，能否实现个性与可见度。例如，可口可乐虽然一直保持口感不变，却不断推出新的包装，不断与各种活动紧密结合，这让保持口感和红色标志的可口可乐一直彰显着自己的个性和可见度，无法让人忘怀。

三，是否拥有稳定可靠的渠道。好的品牌都是渠道创新者与建设者。它们能够与渠道分享和创造价值，能够和渠道一起满足顾客的需求，渠道也因为品牌企业而充满了活力。

四，是否具有向顾客传递并沟通价值的整个业务系统。品牌意味着顾客的忠诚度、顾客的价值定位、顾客对于价格的敏感性等，这些要素的获得不是企业哪一个方面做好就可以得到，需要企业整个业务系统支持才可以得到。

违背或不能够满足这些条件，构建品牌只会把企业葬送。秦池、三株等曾经辉煌的企业，因为不能很好地理解构建品牌的时机，只是简单地理解为通过大量广告就可以打造品牌，结果毁掉了企业本身。管理者需要明白：品牌不是企业的目标，只是一个结果。企业需要构建上面四个条件，并寻找属于自己的一条品牌发展的道路，用时间去努力奠定构建品牌的基础，当时机成熟时，品牌自然为顾客所认同。

（原载：《北大商业评论》，2013年第2期）

回到顾客身边才能生存

中国企业面对的复杂程度,超过了其他地区的企业,这源于几个方面,第一,我们在思维上比较注重我们看得到的,摸得到的东西,但是市场已经变到了你摸不到,看不到的阶段。第二是因为每个人的欲求管理没有我们想象的那么复杂。我们很多时候可能会陷入自我成长的困境当中,并不清楚外部如何变化,基于这样的讨论,所以最近几年来,我一直把研究回归到最基本的未来做探讨。如果我们转型或发展,要思考的基本东西是什么?

市场的确在改变,IBM的研究报告说,今天已经过渡到重构前端的业务上来,以前我们注重的是产品,是企业自己内部的能力,比如对产品的理解,对技术的理解,甚至是对成本的理解和规模的理解。但是今天我们必须转移的方向是要走到前端去,必须回到与顾客之间的渐变上。回到这个部分,我们才知道这个市场发生什么变化。最近我们在观察华为为什么做手机,也看到所有的优秀企业做的一些调整。现在大家谈转型之路。但到底转到哪里去?可以有各种理由讨论。比如战略转型,业务转型或财务转型,又或是增长的转型。但是这所有的地方都有一个根本的问题需要回答,就是你转到哪里去,那些都是路径,我们必须回到我要真正转到哪里去,这是基本的要求。

我们回到顾客那里,才能真正转得过去。以顾客为目标,这不是一个很简单的观点。想想所有的努力当中是不是以顾客为中心。当困惑这些变化的时候,必须要有两个纬度要做基本的反思。第一个纬度是对行业和顾客的理解是不是真的跟他走在一起。现在遭遇的农业发展困境,从顾客的期望来讲是可靠与安全。从产业的角度讲,必须寻找成长的空间。但土地、环境和污染的挑战,使得你在这个产业当中的挑战,超乎企业自己把控的东西。在这种情况下,在产业的规律和顾客的期望之间,我要真正找到成长的途径和路径就必须知道这方面发生了什么变化,或它的挑战在哪里。另外一个纬度是整个产业当中你真正的价值在哪里,你能不能跟顾客一起把这个价值创造出来，并且贡献你的力量。这两个纬度的反思，是今天整个市场带来的根本性变化。

现在企业的问题在于远见不够，没有看到整个社会、整个产业发展的变化。今天的企业跟过往最大的区别，就是过往的企业叫利益共同体，今天的企业叫价值共同体。以前比较关注顾客的利益，股东的利益，员工的利益。但现在企业的范式变了，不再是利益相关，是价值相关。所以企业的外延和内涵已经全部改变，今天如果仅仅关心股东、顾客是不够的，你必须关注你的分销商，甚至你的终端顾客，他是你企业的构成成员。这个改变是我认为的企业经营当中最大的改变，这使得我们企业管理的范式全部改变。

以前可能关注的是内部的成本，内部的机会，内部的组织绩效跟考核。今天关注的是绩效、成长和推进。所以，现在已经从技术、人才、内部的战略转到对商业流程的理解，对市场和顾客信息的获取。企业的关键要素也做了一个彻底的改变。第一个关键的要素就是我们之间应该是一种数据跟技术和标准的交流，而不再是一个贸易跟贸易与商业的关系。应该从企业所有的价值链环节中保持一致的追求方向和共同的方法，以及对产业的理解。这个关键要素已经做了根本性的改变，这种改变使得我们在整个思维方式上，要求一定要回到顾客那一端。这句话不是现在说的，10年前我跟同事讲，唯一能解雇我们的人是顾客不是老板。现在看诺基亚，非常可惜。很多大企业被淘汰，某种意义上就是因为离顾客越来越远，你只要离顾客远了，你肯定就被淘汰了。这样的变化和对公司的全新认识，使得我们对经营的认识就需要做出调整。经营最根本的东西是什么，是用有限的资源创造最大的附加价值，这是我们做经营的人最有价值的地方。

我个人认为，在经营当中要回归到四个基本要素上，只需要在四个元素上认真做努力，因为这四个元素可以帮助我们创造更加大的附加价值。

第一个是顾客价值。要真正获取经营上的价值，首先要为顾客创造价值。很多时候大家问，顾客价值是什么定义，我在研究的时候，很想把定义给大家找出来，当我做研究的时候，我发现顾客价值并不是用定义去概念的东西，它是一个描述性的概念。换个角度，它是一种思维方式。我前几天参加了一个论坛，现在所有的大会都有大屏幕，结果放这个片子的时候，停电了，音响系统全停了，所有的工作人员急得要命，几个重要领导坐在前面，大家被吓出一身的冷汗，我就等了两分钟，看大家怎么做。结果两分钟，他们在找原因，我就在想，现在要以顾客为中心，他们需要的是什么，就是听到声音，有没有电没有关系，屏幕在，声音在，就行，我就站起来，跟他们说，你就照着屏幕的字念，大家听到声音就可以了，这事就解决了。但是为什么这么多工作人员，管理在那里跑来跑去，停了三分钟，没有人去想，顾客现在要什么，这就是我讲的顾客思维。

第二个要素是成本。成本必须合理，这个合理的成本要有竞争力，我是坚决反对低成本的。前30年用的低成本不是真正的低成本，我们用的是比较优势，使得成本看起来低。但是真正讲成本的时候，必须是合理的。因为成本贡献品质，贡献我们讲的所有投入的价值，成本是一个投入价值的评定。你的投入价值够，你的成本就应该高。如果你的成本低的时候，我就会认为你的投入价值不够，所以我必须认为我的成本是合理的，而且要有竞争力。我们能不能真正尊重劳动价值，真正符合工作的期望，我们对浪费怎么理解，是不是可以让管理再简单，再简单。最重要的是真正创造价值的人，是不是真的摆在一线，这是我们需要经营的第二个元素。

第三个元素是规模。我最近遇到很多企业规模很大，但是不是都有效，换个角度而言，你是拥有最大规模的人，但是你并没有真正获得规模。所以，什么规模不重要，因为规模本身跟顾客没有直接相关关系，一千亿的企业对于消费者来讲，和他没有关联。

第四个要素是我们的盈利是什么？我觉得盈利一定要有人性关怀，当你拥有人性关怀的时候，你才可以真正创造价值。为什么苹果出现的时候，会有这么多人喜欢，因为它非常清楚地知道现在用户的需求是什么。我从LV这个品牌上终于理解了盈利怎么做。有人问我，陈老师你是不是认为你是成功幸福的女士，我说是。我说这还能看出来，他说能，他说我没有一个LV的包就不幸福。于是我就去香港排队买包，在太阳底下晒着，结果进去一看一个包8000元，我瞪大眼问服务员一个包8000元？服务员上下看了我一眼，对我说一看你就不幸福。你在看这些的时候，就会有感觉，你会发现它的价值会给你非常美好的感受。这就是我们经营上需要大家关注的东西，就是这四个基本元素。

我们比较在意内部的运营和效率。战略是我们跟别人做不一样的事情，运营是我们跟别人做一样的事情。今天在运营上面，你可能要做的，就是回到顾客这端，做跟别人不一样的事情。就需要关注以下几点：

第一，是不是真正以顾客为中心。我有一次到企业，老板很开心，他说我们现在都是以顾客为中心，我一看，确实是，他墙上挂了很多条幅，其中有一条是对待顾客要像家人一样好。然后我问他，你对家人好吗？他不吱声了。后来他又改了对待顾客要像上帝一样。但是中国人不信上帝。最后他终于搞懂了，对待顾客要像对待朋友一样。因为他对朋友最好。我举这个例子是想说明我们在理念上想得很美，但是没有想这个就是顾客要的吗？

第二，顾客真的需要最低的价格吗？顾客需要的是价值不是价格。这些东西都是我们真正需要了解的。

第三，能不能增值，你增加的价值和创造的价值是什么。我相信很多地方都可以，比如信任，比如我们长期的付出，内部的认同。

第四，是不是真正能把顾客价值传递到顾客的手中。当价值全部给顾客的时候，是不是公司就不能盈利了，我现在被问得最多的就是这个问题。不会，如果我们把价值传到顾客手中，我们就真的成功了。

第五，顾客是不是真的满意。你跟他建立忠诚的关系，才是最重要的。

第六，公司能不能变大。其他人还有没有机会。在今天我还是认为，任何人都有机会进入市场，关键是我们能不能跟顾客走在一起。

（原载：《中国中小企业》，2014年第1期）

服务应创造独立价值

"在未来10年中,服务将会步入产业的前沿",最近10年里有无数经济学家说过这句话,而企业家在这方面的实践显然比学者们更早。从20世纪90年代中期开始,许多曾被视为制造业巨头的企业,就已开始把注意力转向服务业。

郭士纳在刚上任IBM总裁时就断言,在未来的10年里,信息技术产业内服务会成为市场的主导,而不是硬件和软件。一本IBM的小册子上写道:IBM是世界上最大的服务企业。韦尔奇发动的旨在把通用电气的增长率增加到两位数的"第三次革命",重点之一就是推动该公司更深入地进入服务业。

服务也已成为许多中国企业推动营销的战略思维,但观察中国企业服务的实际绩效时,却发现一个奇怪现象:一方面如阿里巴巴、海底捞以及招商银行等服务类企业,通过以服务取胜,获得了非常好的效果;另一方面大多数中国制造业企业在服务上的努力,却并没有带来期望的回报。

为什么会是这样呢?

一、免费服务是错误模式

从认识论上,中国制造业企业基本都是用服务来弥补产品的不足,因此服务并未带来产品的附加价值。而在方法论上,基于这种补偿心理,免费也就成为了基本模式。于是普遍结果就是,拉高了顾客期望,支付了更高的成本,但顾客并不满意。

因此必须明确地指出:免费服务作为一种服务模式是错误的。

道理很简单:如果不对自己的服务收费,就没有压力迫使企业明确自己的承诺;如果不对服务收费,也绝不会关心客户最需要的到底是什么——我只管做那些我想到的事就好了。

必须认识到：服务与产品之间不是一个相互提升价值的关系，而是为顾客创造价值的两个同等重要的方面，两者不是互补关系，而是平行关系。产品的价值须由产品自己来解决，服务的价值须由服务自己来解决。

因此，绝不能把服务当作弥补产品不足的手段，服务必须能够带来增值。尽管这个道理很简单，一些企业却屡屡犯错。

一位企业中层管理者买了一部手机，半年修四次，每次维修中心的态度都极好，派人上门取、维修期间给代用机、修好了专人送回来，全是免费的。但她发誓说再也不用这个牌子的手机了。这家公司投入了大量的资源做服务，试图用服务去弥补产品的不足，但它们失败了。这家公司当年的业绩表现证明了这位顾客绝不是唯一逃离者。

把服务定位于弥补产品不足带来的顾客不满，是一个非常可怕的观念。这些企业在意识到客户不满的同时，高举服务的大旗，却忽略了产品才是战略的中心。正如上面所分析的，服务应该能够带来增值，如果服务没有增值，服务就没有意义。

其实许多企业咨询人士每次在听到企业强调自己服务如何有效、及时和终生相伴的时候，都反而会感到很紧张——担心企业是因为对自己产品不够自信，担心在使用的过程中发生故障，因此把服务放在了非常重要的位置，并不惜投入巨大的资源。

一家拥有自主创新产品的公司在讨论其发展战略的会议中，经理人认为服务是其最大的优势，因为这家公司拥有超过400人的服务队伍，而对手的服务队伍不到10人。经理们坚持这是自己超越对手的最重要部分。但需要问一个问题：为什么对手只需要10个人的服务队伍，而且在销售规模和市场占有率上和你并没有太大的差距？相反，可能因为对手认为自己的质量更可靠，而且使得顾客也相信了这一点。而你400人的服务队伍却让顾客了解到你产品质量的可靠性有待确认。

所以，在强调服务是企业优势的时候，管理者应当认真思考：服务带给顾客的价值是什么？服务是否在替代产品发挥作用？服务是否在弥补产品的不足？一定要清晰地回答这些问题，并找到答案，唯有这样，才会尽量减少服务替代产品价值的情况出现。

Genius Bar（天才吧）是苹果直销店的特色服务之一，你对Mac或iPhone有任何疑问，或需要技术支持，都能在Apple Store零售店内的Genius Bar得到友好和专业的建议。这些苹果天才都在苹果总部接受过专业培训，对苹果的全线产品了如指掌，能完满解答从查找故障到着手维修的一切事务。只要提前预约，店里就可以为顾客保留座席。发掘一种绝佳方式以了解和体验全新的苹果产品是苹果公司设计的服务"补偿"。免费的私人购物服务能确保你不受干扰地享受资深Specialist苹果专家为你提供的私人服务：展示苹果产品，提供建议并回答你的任何问题，而顾客不需要有任何压力——完全没有购买的义务。

苹果公司凭借着服务"补偿"与苹果产品进行完美的互动，在整个服务的设计和过程中，不会因为产品不足做补救措施，而是为顾客购买产品的增值需求做出努力。这些用心设计的服务提升了人们对于产品的兴趣，并诠释了产品本身的价值。

二、服务必须具有独立的价值

一家机械制造公司设有两个事业部，产品分别是小型包装机和小型食品机。和其他珠三角无数民营企业的成功经验一样，它以低价和快速的模仿占据了低端市场。它们的客户一方面极为欢迎这些物美价廉的产品，一方面又对不稳定的质量怨声载道。

为了安抚这些受伤的客户，它建立了庞大的售后服务网络，每年的利润又有很大一部分重新回到了客户那里。于是虽然销售额保持两位数的增长，利润率却直线下滑，更要命的是，客户依然怨声载道，依然一有机会就选择更优质的进口产品。

老板为此寻求咨询公司的帮助。后者问他："你的服务收费吗？"老板说："当然不收！"顾问说："那就开始收费吧！"

老板对于这个建议非常惊讶，但是他决定试试。当售后服务部门被迫要向顾客收钱时，他们发现单凭维修机器根本不可能，同时发现自己原来还可以为客户做更多的事情：帮助客户培训维护人员从而减少生产停机时间、帮助客户改善工艺从而挖掘设备潜能、帮助客户设计配套方案从而实现总成本最低。直到有一天，售后服务部门突然发现，两个事业部的两类产品往往分别销售给同一个客户，而售后服务部门完全有能力把这两类产品与一些外部产品加以组合，从而为客户提供完整的产品线解决方案。而客户愿意为这样的方案支付的价钱几乎是设备款的25%！

一年后，这家企业又一次实现了营收和利润率的同步增长，同时客户满意度大幅提升。新利润来源于它的售后服务部门，这个部门不但实现了服务收费，而且当年这个部门实现的设备销售额占到整个公司的15%。现在,这个部门已经不再叫售后服务部了,而改名为客户增值服务部。

这个故事,表面看起来匪夷所思,道理却非常简单:客户愿意付钱的服务才是他真正需要的,换言之,凡是无法为企业带来利润的服务,就无法保证为客户创造价值,当然,也就不能指望客户能够真正满意。

上汽通用汽车金融公司的贷款利息比银行高出了1.1~1.5个百分点。总经理魏德明说:"我们相信这样的利率真实地反映了我们服务的价值。我们的目标是把世界一流的服务带到中国来,并成为市场中最优秀的公司,我们不期望通过低价竞争达到这个目标。"

魏德明说得没错,低价竞争不但无法达到优秀的目标,相反会使得企业远离这一目标。但战略理论从来没说过不能低价,只是说低价不能成为优势。

三、有价值的服务来源于对客户价值的深刻认知

深圳某地产集团旗下有一家物业管理公司,其收费水平在所属区域不高也不低,客户评价也是不咸不淡。集团老总希望提高住户的满意度,同时也明白价格战是死路。于是他要求物业公司提供更全面、更丰富的服务内容。这个战略叫作"用价值竞争,而不用价格竞争"。结果在资源的不断投入下,客户满意度有了小幅提升,但赢利一落千丈。

后来集团采纳了一个看似奇特的建议:降价,一直降到物业公司铁定亏本的水平,然后要求物业公司必须赢利,否则整个管理团队走人。一年后,这家物业公司被评选为深圳最佳物业公司之一,无论是经济指标还是顾客满意指标都名列前茅。

原因很简单,当物业公司的管理团队发现原来的物业服务肯定无法赢利时,他们就去开发了一系列的有偿服务,这些有偿服务帮他们赚了钱;更重要的是,这些服务恰好是住户需要的,而顾客支付的价钱却比原来还低。用理论来说,在集团投入没有改变的前提下,物业公司优化了自身的资源配置和投放,物业公司和住户都从资源使用效率的改善中获得了利益。

到底哪个是价格竞争,哪个是价值竞争?这个问题不是字面上看起来那么简单。关键是要找出哪些是客户真正需要的服务,然后把所有资源都投入进来。在客户不需要的地方花的每一分钱最后仍要客户买单,忽视了这一点的企业要警

惕：你的客户已经在准备离你而去——你浪费的资源使得他们支付了本不用支付的高价。

不要用服务弥补产品的不足，不要提供一厢情愿的服务，你提供的服务必须具有独立的价值。当然，你的服务是否有价值，只能由顾客来评判。

四、让顾客判断价值

让顾客来决定什么是有价值的服务，这是对于服务判断的基本原则，如果打算从服务入手来获得竞争能力，就要把握这个基本原则。竞争获胜的本质在于找到恰当的细分市场，把企业的所有资源用以满足这一细分市场的客户需求。成功地执行服务战略需要四个步骤：了解顾客，让顾客了解你，知道哪里需要改进，改进自己。

五、了解顾客

企业经常幻想留住所有顾客，这是不现实的。企业应该懂得每个顾客的价值，从而发展出越来越强的细分能力，从一般的人群细分发展到基于需求的细分，最终成为基于购买和优先模式的特殊细分。

重要的不是大顾客，而是能让企业赢利的顾客。不要一味将资源用在所谓的大顾客身上，所有顾客都应该享受服务，关键是要对每个层次的顾客提供相应的服务，使服务成本和潜在收入相匹配。必要时甚至要剔除一些服务成本太高的顾客。

因此另一个重要细分尺度是财务细分：了解每个细分部分的特殊顾客带来的利润率，据此识别出哪些是最有利顾客的特征，并决定如何更经济地为每个层级服务。

如果不对服务收费，就永远不会知道顾客的利润率，也就不会关心到底应该为谁服务。

六、让顾客了解你

公司透过清晰的制度表达并积极实现服务承诺，能大大加强顾客满意度。

当提到承诺时，很多公司通常会走进一些误区。例如有时候，公司认为让顾客高兴非常重要，因此试图为顾客做所有的事情。但是这个目标是不现实的，因为很多要求如"多功能""质优""便宜"……不可能全都满足，要想全都做好反而会导致公司在每个方面都做不好。如果想增加超过期望值的机会，公司就不应该集中于"顾客想要什么"，而应该是"顾客最重视什么"，把大部分资源集中于一两件与顾客最相关的事情上。

另一个误区是公司不明确告诉顾客具体的承诺，所以当公司没有满足顾客要求的承诺时，顾客会感到很惊讶。因此公司需要给用户一个重要概念：告诉顾客公司的承诺并积极做到。

七、知道哪里需要改进

了解并且对顾客满意度做出反馈需要企业有超出历史、超出表面现象的眼光，因为历史和表面现象不能帮助企业有效检查问题，甚至反而误导和掩盖对问题的发现。这尤其需要观察顾客对公司所作所为的反应（例如每个顾客的投资回报率），以及什么因素影响顾客满意度（例如员工流失率）。

客户愿意对你的服务付费，这就是最清楚的肯定，比任何市场调查都更加清楚有效。

直接的顾客回馈，无论好坏都是对市场趋势的了解，是形成新产品思想的最好来源，因此成功的企业总是能够不断地从顾客投诉中获利。经过持续记录并评价顾客的不满、需求、回馈以及购买活动，公司能够找出未满足的需求以及潜在的问题，可以利用调查结果重新定义顾客策略，并改进操作执行。

当然，如果不收费，大多数顾客都不愿意告诉公司他们什么时候感到失望，相反，他们会告诉其他顾客。付了钱的客户则会来公司投诉。这一点很重要，因为投诉的顾客给了公司改正、改进的机会并阻止了负面的口头影响。

八、改进自己

顾客满意度与股东价格相关联，但问题是企业中大多数人都不是股东，所以需要一个办法强迫他们持续地、始终如一地关注客户满意度。最简单的办法就是迫使他们不断寻找能让客户买单的机会，客户买单的同时也就清楚地告诉了你，是做错了还是做对了。

同样是米老鼠、唐老鸭，迪士尼乐园在全球长盛不衰，而迪士尼连锁零售店却表现平平，这是为什么？

迪士尼乐园收取了高额门票，就不得不创造出独特、丰富的体验项目，用心去描绘、激发每个人心里潜藏的梦想。在迪士尼乐园，每一位员工都被称为"演员"，米老鼠、唐老鸭就是表演的道具，员工的任务就是利用这些道具"制造欢乐"，而管理阶层的任务就是"分配角色"。新员工到迪士尼乐园上班的第一天，并不会被告知"你的工作是保持这条大道的清洁"，而是"你的工作就是创造欢乐"。迪士尼乐园利用服务创造出了独特价值——"制造梦想，激发快乐"。

而在迪士尼乐园之外的连锁零售店，却与其他商店没有区别，令人失望。这正是因为迪士尼零售店没有收门票，所以也不费心设计有价值的服务。米老鼠还是米老鼠，唐老鸭还是唐老鸭，产品没变，服务也没带来增值，迪士尼零售店从来都是个平庸的竞争者。

所以需要再次强调，服务不收费，就不会带来增值，服务没有增值，就没有意义。

（原载：《北大商业评论》，2014年第3期）

经 营

食品安全
——我们的价值追求与行动承诺

食品是人类赖以生存和发展的基本物质条件。历史上,作为重要的战略资源,食品对一国的政策会产生巨大的影响,有时甚至能够决定战争的胜负,影响王朝的更迭。今天,随着生产力水平的进步,中国的食品产业取得了巨大的成就。经中国食品工业协会测算,2015年我国食品工业完成工业增加值占全国工业增加值的比重高达12.2%,已成为国民经济的支柱产业。食品由于自身独特的生活属性,还承载了丰富的文化元素。国画大师张大千曾有言:吃是人生最高艺术。透过食品,人们得以品味蕴含其间的浓郁人文风情,感受历史与现代的交融积淀。

民以食为天,食以安为先。"安全"是食品品质最重要的保障因素,脱离"安全"的"品质",犹如无源之水、无本之木。食品安全直接关系着国民的身体健康和生命安全,关系着社会的和谐稳定与国家的健康发展。2003年,"国家食品药品监督管理局"正式挂牌成立,标志着我国政府与时俱进、切实抓好食品安全工作的决心。

34年来,新希望六和秉承着"为耕者谋利,为食者造福"的理念,从田间到餐桌,从饲料、养殖、屠宰加工到终端食品,我们一丝不苟地做好每一个环节,筑造起了一座连接15万养殖户和14亿消费者的桥梁。34年来,世界一直在变化,有一种东西却是不变的,那就是我们的信仰和追求——向消费者提供安全可靠的食品。每一个新希望六和人,因为心中装着15万养殖户,装着14亿的消费者,装着在20个国家作为中国企业一张名片的责任和使命,一步一步走过来,走过了34年。我们深知价值追求不仅仅是宣传和营销的口号,更是实实在在的行动承诺。

新希望六和的食品安全工作,由公司董事会委派的专职董事督办,专职副总裁负责落地执行。近年来,新希望六和在"源头控制""过程控制"和"市场监控"三个方面推出了独特的食品安全保障手段,并且通过设立食品安全一级部门,逐步加强食品安全工作的系统化管理能力。

2015年2月13日,新希望六和从公司内外抽调食品安全和品质控制骨干成立了由董事会、公司总部直管的一级部门——安全环保部。我们建立起2000余人的直属食品安全管理团队,全面负责公司的食品安全管理、品质控制、风险预警与控制等工作,对公司下属60余家工厂的原辅料采购、生产、储存、运输、销售全部环节进行安全监管,建立以食品全产业链为主线的食品安全控制体系和食品安全追溯体系。

——源头控制。从2013年开始,新希望六和正式启动"农场成长计划"(又称"福达计划")。该计划旨在通过公司的专业技术能力帮扶养殖户,提高养殖户的养殖水平,带动单位经营效益增加。同时,通过养殖技术专家的定期进场服务,确保公司可以掌握养殖源头的兽药使用情况。截至2016年2月,"福达计划"数据库覆盖养殖户超过30万户。此外,公司还通过金融担保和P2P贷款服务为合作养殖户提供资金支持,帮助养殖户改善养殖条件。截至2015年底,已经累计为农户提供近200亿元的资金支持。通过与上游养殖户的深度合作,极大增强了公司对源头食品安全地把控能力。

——过程控制。首先,借助物联网系统,确保原料、辅料、产品检测数据的客观和准确。所有入厂前的原料必须经过内部第三方化验室进行安全监测,并通过应用"物联网"信息平台,实现样品二维码扫描、数据自动上传、分析和打印报告等功能,将分散的仪器和数据进行管控,确保检测数据的客观性和真实性,从而有效规避人为干扰的影响。

其次,在工厂生产过程的关键控制点监控上,公司仿照美国农业部第三方驻厂监管的方法,由安全环保部人员入驻各工厂,对工厂生产工艺、关键岗位和关键岗位人员进行监控,借助移动信息终端,通过自主研发的"点检系统"将生产过程关键工艺参数、CCP点检测数据等信息实时上传,并定期进行数据的分析,每月对工厂进行产品安全质量综合评定,按照评定结果对食品安全第一责任人进行考核。

——市场监控。公司的产品质量检测员会不定期地、不定点地在终端产品市场进行抽检,样品将以盲样的方式送到公司的质量安全检测中心和区域化验中心进行安全指标和产品品项的检测,确保在流通环节产品的质量安全,以最大的努力保证公司将最安全的食品交付到消费者手中。

在客户投诉方面,新希望六和依照国际和国内先进的客户投诉管理实践,建立了由总部直属投诉管理体系,处理搜集来自消费者和企业客户的投诉信息。在客户投诉管理系统中积极引入了多种信息化工具，为消费者打造了简单和方便的信息反馈形式和沟通渠道，同时也将整个投诉处理信息化和流程化，极大地提高了投诉和举报处理的效率和准确性。同时公司已经建立了由10余名知名教授和专家学者组成的食品安全顾问团，通过定期推送食品安全小知识和食品热点解析，为客户和消费者义务宣传科学的食品知识，倡导科学消费、良心经营的理念。为了更好地落实执行国家最新颁布实施的《食品药品投诉举报管理办法》，公司同时设立了针对内部员工信息反馈的内部举报机制。

2015年9月，新希望六和加入GFSI（Global Food Safety Initiative，全球食品安全倡议），并成为"GFSI中国"理事会联席副主席单位，全面参与到"GFSI中国"的相关工作中，2015年11月，作为中国唯一的农牧食品企业代表，新希望六和应邀出席2015年中美农业与食品研讨会食品安全创新圆桌论坛并做主题发言，同年，我们也有幸获得中国肉类协会第一批《中国肉类食品安全信用体系建设示范项目企业》荣誉称号。相信这些机会与荣誉，既是对新希望六和在食品安全工作上不懈努力的肯定，也是对我们未来继续做好食品安全一线排头兵的最好鼓励！

对食品生产经营企业来讲，食品安全是基石、是核心，如果把企业看作一个生命，那么食品安全就是空气，是企业赖以生存最紧迫的需求。新希望六和将始终贯彻"做好食品安全忠诚卫士、筑牢食品安全钢铁长城"的企业精神，坚守"不让一点不合格原料进厂、不让一点不合格产品出厂"的企业承诺。为消费者提供安全、优质的食品，为推进行业食品安全的发展做出持续的贡献。

（原载：《中国食品药品监督》，2016年第4期）

有价值的服务要让顾客来决定

顾客满意往往被等同于顾客服务,但顾客满意比顾客服务的范围更广,它包含很多因素。例如:服务类型、产品质量、价格可达成性。提到使顾客满意,优秀的公司意。识到不能试图满足所有人想要的所有事情,而是依靠一两个关键因素。

让顾客来决定什么是有价值的服务,这是判断服务的基本原则,如果打算从服务入手来获得竞争能力,就要把握这个基本的原则。竞争获胜的本质在于找到恰当的细分市场,把企业的所有资源用以满足这一细分市场的客户需求。成功地执行服务战略需要五个步骤:第一,了解并明确你的顾客;第二,确保你的顾客认识你;第三,随时知道你做得好不好;第四,知道究竟哪里需要改进;第五,改进你自己。

要使这个战略有效,你必须专注于盈利。顾客愿意付钱是最可靠的信号,专注盈利可以使你随时知道自己有没有偏离航道。

一、了解并明确顾客

企业经常幻想留住所有顾客,这是不现实的。企业应该懂得每个顾客的价值,从而发展出越来越强的细分能力:从一般的人群细分转为基于需求的细分,最终成为基于购买和优先模式的特殊细分。

企业必须以真正的顾客为中心,重要的不是大顾客,而是能让企业盈利的顾客。不要一味将资源用在所谓大顾客身上,多关注能让企业赢利的顾客。所有的顾客都应该享受服务,关键是要对每个层次的顾客提供相应的服务,使服务成本和潜在收入相匹配。必要时甚至要剔除一些服务成本太高的顾客。

因此,另一个重要细分尺度是财务细分:了解每个细分部分的特殊顾客带来的利润率。如果能够根据利润率区分顾客,企业就能识别出他们最有利顾客的特征，并决定如何经济地为每个层级服务。

如果你不对自己的服务收费，你永远不会知道你的顾客的利润率。如果不对自己的服务收费，也绝不会有人关心到底应该对谁服务。

二、确保顾客认识你

公司能够透过清晰的制度表达并积极实现服务承诺，能大大加强顾客满意度。

当提到承诺时，很多公司通常会走进一些误区。例如有时候，公司认为让顾客高兴非常重要，因此试图为顾客做所有的事情。但是这个目标是不现实的，因为如此多的要求例如"方便""一致""便宜"，不可能全部都满足，要想全都做好反而会导致这些公司在每个方面都做不好。如果想增加超过期望值的机会，公司就不应该集中于"顾客想要什么"，而应该是"顾客最重视什么"，把公司的大部分力量集中于一两件与顾客最相关的事情。

另一个误区是他们不明确告诉顾客具体的承诺，所以当他们没有满足顾客要求的承诺时，他们会感到很惊讶。一旦公司的顾客策略制定，他们需要给用户一个重要概念：告诉顾客他们的承诺并积极做到。

顾客满意往往被等同于顾客服务，但顾客满意比顾客服务的范围更广，它包含很多因素，例如提供服务类型、产品质量、价格可达成性。当提到使顾客满意，优秀的公司意识到不能试图满足所有人想要的所有事情，而要依靠一两个关键因素。

如果你不对自己的服务收费，就没有压力迫使企业明确自己的承诺。如果不对自己的服务收费，也绝不会有人关心客户最需要的到底是什么——我只管做那些我想到的事就好了。

三、知道自己做得如何

了解并且对顾客满意度做出反馈需要企业的眼光超出历史，超出表面现象，历史和表面现象不能帮助你检查问题。公司应该观察顾客对公司所作所为的反映（例如每个顾客的投资回报率），以及什么因素影响顾客满意度（例如员工流失率）。

客户愿意对你的服务付费，这就是最清楚的肯定，比任何市场调查都更加清楚有效。

四、知道需要改进之处

直接的顾客回馈，无论好坏都是对市场趋势的了解，是形成新产品思想的最好来源。成功企业总是能够不断地学习了解，虽然看上去很荒谬，但确实公司可以从顾客投诉中获利，而并不仅仅只是一个不满的顾客。

经过持续记录并评价顾客的不满、需求、回馈以及购买活动，公司能够找出未满足的需求以及潜在的问题，可以利用调查结果重新定义顾客策略，并改进操作执行。

不幸的是，如果你不收费，大多数顾客都不愿意告诉公司他们什么时候感到失望，相反，他们会告诉其他顾客。

付了钱的客户不一样，他们会来公司投诉。这一点很重要，投诉的顾客给了公司改正的机会，采取改进措施能够潜在地保留有价值的顾客关系，阻止负面的口头影响。

五、改进自己

顾客满意度与股东价格相关联，这是一个真理。问题是企业中大多数人都不是股东，所以你需要一个办法强迫他们持续地、始终如一地关注客户满意度。最简单的办法就是迫使他们不断地寻找能让客户买单的机会，客户买单的同时也就清楚地告诉了你，你做错了还是做对了。

服务与产品之间不是一个相互提升价值的关系，而是为顾客创造价值的两个同等重要的方面，两者不是互补关系，而是平行关系。

敏锐的读者会发现，我现在谈的已经不仅仅是服务增值的问题，而是谈到了对服务进行收费能有效驱使企业本身提升竞争力。同样是米老鼠、唐老鸭，迪士尼乐园在全球长盛不衰，而迪士尼连锁零售店却表现平平，这是为什么？

迪士尼乐园收取了高额门票，就不得不创造出独特、丰富的体验项目，用心去描绘、激发每个人心里潜藏的梦想。在迪士尼乐园，每一位员工都被称为"演员"，米老鼠、唐老鸭就是表演的道具，员工的任务就是利用这些道具"制造欢乐"，而管理阶层的任务就是"分配角色"。新员工到迪士尼乐园上班的第一天，并不会被告知"你的工作是保持这条大道的清洁"，而是"你的工作就是创造欢乐"。迪士尼乐园利用服务创造出了独特价值："制造梦想，激发快乐。"

全球10个游客最多的主题公园，迪士尼占八席。而在迪士尼乐园之外的连锁零售店，却与其他商店没有区别，令人失望。

这正是因为迪士尼零售店没有收门票，所以也不费心设计有价值的服务。米老鼠还是米老鼠、唐老鸭还是唐老鸭，产品没变，服务却没带来增值，迪士尼零售店从来都是个平庸的竞争者。

借助这个例子让我再强调一下本人讨论的主旨：服务与产品之间不是一个相互提升价值的关系，而是为顾客创造价值的两个同等重要的方面，两者不是互补关系，而是平行关系。产品的价值须由产品自己来解决，服务的价值须由服务自己来解决。决不能把服务当作弥补产品不足的手段，服务必须是能够带来增值。如果服务没有增值，服务就没有意义。

（原载：《今日养猪业》，2017年第4期）